Antoine Brunet
Jean-Paul Guichard

O OBJETIVO HEGEMÓNICO DA CHINA

O IMPERIALISMO ECONÓMICO

Actual Editora
Conjuntura Actual Editora, Lda.

Missão
Editar livros no domínio da Gestão e Economia e tornar-se uma editora de referência nestas áreas. Ser reconhecida pela sua qualidade técnica, **atualidade** e relevância de conteúdos, imagem e *design* inovador.

Visão
Apostar na facilidade e compreensão de conceitos e ideias que contribuam para informar e formar estudantes, professores, gestores e todos os interessados, para que através do seu contributo participem na melhoria da sociedade e gestão das empresas em Portugal e nos países de língua oficial portuguesa.

Estímulos
Encontrar novas edições interessantes e **atuais** para as necessidades e expetativas dos leitores das áreas de Economia e de Gestão. Investir na qualidade das traduções técnicas. Adequar o preço às necessidades do mercado. Oferecer um *design* de excelência e contemporâneo. Apresentar uma leitura fácil através de uma paginação estudada. Facilitar o acesso ao livro, por intermédio de vendas especiais, *website*, *marketing*, etc. Transformar um livro técnico num produto atrativo. Produzir um livro acessível e que, pelas suas características, seja **atual** e inovador no mercado.

Prefácio de **João Sousa Andrade**

Um dos cinco nomeados para o
PRÉMIO TURGOT 2012

**Antoine Brunet
Jean-Paul Guichard**

O OBJETIVO HEGEMÓNICO DA CHINA
O IMPERIALISMO ECONÓMICO

O OBJETIVO HEGEMÓNICO DA CHINA
O IMPERIALISMO ECONÓMICO

TÍTULO ORIGINAL:
La Visée Hégémonique de la Chine. L'imperialisme Economique

Copyright: © Antoine Brunet e Jean-Paul Guichard, 2012

Prefácio: © João Sousa Andrade e Conjuntura Actual Editora, S.A., 2012

Direitos reservados para todos os países de língua portuguesa
por Conjuntura Actual Editora, S.A.

AUTORES
Antoine Brunet e Jean-Paul Guichard

CONJUNTURA ACTUAL EDITORA, S.A.
Sede: Rua Fernandes Tomás, 76-80, 3000-167 Coimbra
Tel.: 239 851 904 · Fax: 239 851 901
Delegação: Rua Luciano Cordeiro, 123, 1.º Esq., 1069-157 Lisboa
Tel.: 213 190 240 · Fax: 213 190 249

www.actualeditora.com

TRADUÇÃO
Luís Filipe Sarmento

REVISÃO
Victor Silva

DESIGN DE CAPA
FBA

PAGINAÇÃO
MA

IMPRESSÃO E ACABAMENTO
Pentaedro, Lda.
Agosto, 2012

DEPÓSITO LEGAL
348189/12

Toda a reprodução desta obra, por fotocópia ou qualquer outro processo, sem prévia autorização escrita do Editor, é ilícita e passível de procedimento judicial contra o infrator.

 GRUPOALMEDINA   Coimbra · Lisboa · São Paulo

BIBLIOTECA NACIONAL DE PORTUGAL – CATALOGAÇÃO NA PUBLICAÇÃO
BRUNET, Antoine,   e outro
O objetivo hegemónico da China:
o imperialismo económico / Antoine Brunet, Jean-Paul Guichard
ISBN 978-989-694-030-0

I - GUICHARD, Jean-Paul

CDU 339
     327

Índice

9   Prefácio

15   Introdução

23   **Capítulo 1**
A China, uma superpotência capitalista e totalitária

25   1. A China, igual aos Estados Unidos da América
32   2. A China, totalitária e capitalista
40   3. A eficácia do cocktail «capitalismo + totalitarismo»
42   4. A canibalização das economias desenvolvidas

47   **Capítulo 2**
Como a Inglaterra e os Estados Unidos da América se tornaram hegemónicos

49   1. O «modelo mercantilista» e a sua contestação pelos autores «clássicos»
55   2. A estratégia com que a Inglaterra construiu a sua hegemonia
57   3. O século de ouro do Império Britânico (1815-1918)
62   4. A ascensão dos pretendentes: Alemanha e Estados Unidos
65   5. O surgimento dos Estados Unidos através das crises
69   6. O flagelo do mercantilismo e as lições da história

73   **Capítulo 3**
A estratégia mercantilista dos excedentes externos e as suas vantagens

73   1. O mercantilismo ou a «necessidade» dos excedentes externos
75   2. O crescimento, a despesa interna e o saldo externo
77   3. Dois obstáculos ao crescimento
78   4. Países mercantilistas e países deficitários: ser credor ou devedor?
79   5. A estratégia do endividamento
81   6. A estratégia mercantilista
82   7. A superioridade da estratégia mercantilista

Capítulo 4
O Japão, modelo da China

- 85
- 86   1. A «nova era» (Meiji) e o imperialismo japonês (1854-1920)
- 87   2. A ascensão do militarismo e o episódio totalitário (1920--1945)
- 89   3. O segredo do elevado crescimento do pós-guerra (1945--1965)
- 93   4. O Japão indispõe os Estados Unidos (1965-1985)
- 95   5. O conflito Estados Unidos-Japão (1985-1995)
- 98   6. Concorrentes ou subcontratantes: a diferença entre o Japão e a China

Capítulo 5
A estratégia mercantilista da China

- 101
- 101   1. A confirmação do totalitarismo e as suas implicações
- 103   2. A adoção do «modelo japonês» e o desenvolvimento das atividades de subempreitada
- 105   3. Custo salarial chinês «recorde do mundo»
- 110   4. Controlo dos câmbios, intervenções e dissimulações
- 116   5. Um capitalismo totalitário «patriótico»
- 118   6. Transferências de tecnologia e poder comercial
- 120   7. A aproximação China-Estados Unidos em detrimento do Japão (1972-1995)
- 123   8. Um exemplo da ligação entre os negócios e a política: as pressões a propósito de Taiwan
- 125   9. Um sistema de sanções e gratificações das empresas ao serviço da política chinesa

Capítulo 6
O excedente comercial chinês desestabiliza o mundo

- 129
- 130   1. O fim de Bretton Woods e a concorrência japonesa
- 131   2. A emergência da China e a desindustrialização americana
- 133   3. Complacência em relação à China e dureza com o Japão
- 135   4. A exigência de uma rentabilidade de 15% no setor terciário e a fuga para a frente dos países desenvolvidos
- 139   5. «Uma das maiores potências do planeta destrói a indústria de outros países»
- 142   6. Cenário de catástrofe: a salvação estará em Châteauroux?
- 144   7. A crise está em preparação desde 2001
- 150   8. A China é responsável pela crise
- 154   9. Será necessário continuar a fazer o jogo da China?

157	**Capítulo 7**
	Uma guerra económica não dissimulada
157	1. As lições estratégicas que a China retirou dos fracassos da URSS e do Japão
159	2. Uma estratégia de guerra económica que tem por objetivo desestabilizar os países ocidentais
163	3. O mundo deveria tremer, mas vive na inconsciência
163	4. Os países ocidentais têm a exclusividade de uma crise grave e prolongada
165	5. A suposta cooperação «Chinamerica» é na realidade «Chimerica»
168	6. Um nó corredio em volta das economias do G7 para as asfixiar
171	7. Uma primeira reação: relançamento orçamental e, depois, imobiliário (2001-2008)
172	8. Uma segunda reação: relançamentos orçamentais massivos e simultâneos (2009-2010)
176	9. Terceira reação: restrições orçamentais na Europa, fuga para a frente nos Estados Unidos (2010)

179	**Capítulo 8**
	O confronto torna-se agora generalizado
180	1. Os objetivos e meios económicos
186	2. Os objetivos e meios «geopolíticos»

203	**Capítulo 9**
	A estranha passividade dos países desenvolvidos perante a China
204	1. A cegueira dos países desenvolvidos
206	2. Uma realidade virtual: o consenso dos países desenvolvidos
208	3. A prudência das empresas e dos governos face ao totalitarismo chinês
209	4. O lobby chinês
214	5. A finança e o lobby chinês
216	6. A cegueira do mundo académico
218	7. A passividade dos Estados leva ao aventureirismo
220	8. O medo

223	**Capítulo 10**
	Pôr a China em xeque
223	1. Os países desenvolvidos não escaparão a um confronto com a China

225	2. A lição das crises
227	3. Uma reavaliação significativa do yuan desejável, mas pouco provável
229	4. A necessidade de proteções aduaneiras e o obstáculo da OMC
231	5. A solução: os países desenvolvidos devem sair da OMC para criar uma «OMC Bis»

Prefácio

NÃO HÁ MUITO TEMPO, as primeiras notícias sobre globalização a que estávamos a assistir, que correspondiam, afinal, à terceira fase da globalização (1989/...), davam-nos uma ideia até poética de um mundo transformado numa aldeia global. Isto apesar de a primeira fase da globalização, a que resultou dos "descobrimentos" portugueses, assim com a segunda que se lhe seguiu (1850/1950), terem gerado profundas desigualdades e coexistido com períodos de violência extrema. Como nos adverte John Kenneth Galbraith, "Há poucas vivências no dia a dia que sejam semelhantes às lições da história. Aqueles que não conhecem estas estão condenados a repeti-las" (*A Short History of Financial Euphoria*, Penguin Books, N. Iorque, 1994, p. 105). E de repente, a nova realidade desta fase da globalização entra-nos pelas portas dentro: destruição de empregos, retrocesso social! Dos ideais da Revolução Francesa, "liberdade, igualdade e fraternidade", apenas resta o primeiro, os restantes foram excluídos ou esquecidos.

A noção de imperialismo supõe uma relação de dominação que não é apenas económica e política, mas é também territorial e cultural. O seu exercício pressupõe a expansão territorial e colonial, de um ponto de vista formal, ou apenas material, correspondendo a um domínio de facto. Do ponto de vista cultural assistimos a uma agressão dos valores nacionais dos territórios sujeitos a essa dominação. Em geral, as razões económicas ditam a sua existência, pela necessidade de matérias-primas, de mão de obra barata e de mercados consumidores.

A China, que conheceu desenvolvimentos financeiros muito antes de qualquer outra economia ocidental, faz parte daquele mundo desconhecido e imaginário que a colocou na "Idade do Ouro" do mito grego. Países como a China, a Índia e o Japão eram encarados no passado como sociedades estáticas desde a antiguidade, incapazes de se transformarem e desenvolverem. O Renascimento não contribuiu para uma melhor compreensão dessas sociedades. O centralismo europeu era sustentado numa mentalidade que o conduzia a apenas reconhecer os valores do cristianismo e os da Grécia e Roma Antigas. A rota marítima Lisboa-Goa (1510), conjugada com a rota Malaca-Macau-Japão (1577), não nos levou a um melhor conhecimento e respeito pelas diferenças vindas do Oriente. Este relacionamento resumia-se a avultados lucros que deveriam ser repetidos porque se baseavam numa base não sustentável. O imperialismo britânico conduziu à primeira guerra do ópio (1839-1842) e, aliado à França, à segunda guerra do ópio (1856-1860). A moral ocidental não foi afectada por isso, o comércio aumentou e os lucros dispararam. A civilização ocidental fortalecia-se.

As primeiras décadas do século xx marcam o claro declínio do imperialismo britânico face à nova potência tecnológica, militar e económica, os EUA. Mas as mudanças culturais são mais lentas, e ainda em 1944 em Bretton Woods os ingleses tiveram a veleidade de propor uma organização internacional das trocas e do sistema monetário internacional que não reconhecia a definitiva supremacia norte-americana. E nos anos oitenta, a Senhora Margaret Thatcher e o seu sucessor John Major falavam da hipótese de um sistema monetário europeu com concorrência de moedas nacionais. Como se a estabilidade e importância do Marco Alemão (Deutsche Mark) não tivessem remetido a Libra para um lugar secundário na própria Europa! As mudanças também são lentas nas práticas comerciais e financeiras, e se o dólar passou a ser "a" moeda internacional após a Segunda Grande Guerra, apenas na primeira metade dos anos sessenta ultrapassou o uso da Libra nas transações internacionais. Quando hoje alguns dirigentes chineses falam no futuro domínio da moeda chinesa, que preveem para muito em breve, tal não passa de miragem e desconhecimento da história. No entanto, é gritante o fecho das instituições internacionais ao reconhecimento do poder, dito "importância", de alguns dos países emergentes e sobretudo da China. É preocupante a falta de reconhecimento por parte dos "velhos" imperialistas acerca dos novos poderes económicos mundiais.

Com o final da Segunda Grande Guerra, o imperialismo norte-americano ficou definitivamente fortalecido e reconhecido com a organização das instituições internacionais. Da ONU ao estabelecimento da NATO, passando pelo FMI, Banco Mundial e criação do famoso e já extinto GATT, aliada à recusa de uma organização internacional das trocas, a posição norte-americana estava defendida. A criação da Organização Mundial do Comércio (OMC) surge com o GATT esgotado nos seus objetivos. Não fora a atual crise e o FMI estaria remetido a uma posição de "espetador" do sistema monetário internacional, e ainda assim .... Os sistemas cambiais posteriores à crise do dólar de 1971/1973 e as alterações havidas em 1976, na reunião da Jamaica, criaram um novo FMI sem poderes face a desvalorizações cambiais competitivas. Na Europa, a tentativa de uma dimensão social avançada por Jacques Delors, em face dos progressos do mercado único, não teve o sucesso desejado e a porta ficou aberta às práticas de "dumping social" - conceito não conhecido pela OMC. O grande projeto europeu da liberdade interna, de um mercado único e de eliminação da "fortaleza Europa", para a criação de um mercado mundial, tinha implicações que apenas lentamente se tornaram claras. A remuneração de miséria dos trabalhadores de países ditos emergentes, como a China, irá criar desemprego na Europa e nos EUA, irá permitir produzir a custos muito baixos e levar a que os bens comprados pelos assalariados destes países baixassem de preço. No imediato, lucros avultados, desemprego e pressão sobre salários e direitos, adquiridos e tomados como irreversíveis, destes trabalhadores.

A passagem dos velhos imperialistas para os novos, e a afirmação destes, nunca se fez de uma forma tão pacífica como se está a fazer hoje. Talvez por isso esta fase de transição e de mudança se faça com anestesia e também seja tão difícil adaptar as instituições internacionais à nova realidade económica onde a China assume uma posição central. Mas passagem pacífica com anestesia não significa ausência de violência, violência interna com a criação de uma sociedade desigual, e extremamente competitiva, e violência externa com a destruição de sectores industriais por empresas que não se distinguem essencialmente das fábricas da primeira revolução industrial. Passagem também potencialmente violenta pelo controlo de reservas financeiras de um Ocidente perdulário que se deixa apanhar nas complexas malhas dos credores. A crise de 2007 pôs uma parte do Ocidente a saldos, e para a mercantilista China basta esperar o melhor momento para "ir às compras". Pela primeira vez, vemos surgir uma mudança de domínio mundial em que a "potência" a ocupar o novo lugar não o faz acompanhada de um reconhecido poderio militar. As suas armas são o seu regime totalitário e finalmente a vitória do conceito que os velhos imperialistas ingleses e norte-americanos não conseguiram impor como lei e religião universal: o comércio livre. Mais do que nunca as palavras de Marx e Engels acerca do comércio livre no Manifesto Comunista deixam-nos estupefactos com o actual poder chinês. Mas mais do que possa aqui ser dito neste prefácio, o profundo trabalho de Antoine Brunet e Jean--Paul Guichard aqui está para nos fazer perceber o contexto e as formas que a mudança imperialista comportam. As mudanças são profundas, não são apenas de hoje, e o futuro reservará à obra destes autores um lugar ímpar pela sua capacidade de perceberem e passarem à escrita este momento histórico de submissão do Ocidente e das suas democracias a este novo poder totalitário.

A primeira posição (Cap. 1) de Antoine Brunet e Jean-Paul Guichard sobre a China é que se trata de um Estado totalitário que se tornou uma potência comercial, financeira e militar. A sua conquista de fontes de matérias-primas e de mercados tem sido feita através de diplomacia económica. Os argumentos económicos e financeiros têm substituído os de carácter político e militar, como era característica dos imperialistas do passado. O nascimento e desenvolvimento do imperialismo inglês e americano é abordado no Cap. 2. No capítulo seguinte, os autores defendem que o alargamento dos mercados externos é uma necessidade vital para o desenvolvimento da China. A história ensina que na ausência de mercados externos nenhum capitalismo nacional se tornará hegemónico a nível mundial. No Cap. 4 a estratégia de desenvolvimento seguida pela China, que procura ter em conta o modelo japonês de crescimento, de 1945 a 1980, e de estagnação económica, no período posterior, é analisada pelos autores. E em continuação (Cap. 5) os autores respondem à questão de como um país destroçado pela Revolução Cultural pôde empreender a tarefa de criar excedentes jamais alcançados. Reparemos como um imperialismo na sua pós-maturidade, como o norte-americano, se tornou no banqueiro do Mundo, emitindo moeda que pagava os seus desequilíbrios externos e que era fundamental às trocas internacionais, e um imperialismo nascente se torna um cofre (fechado) do Mundo. A entrada na OMC, em 2001, veio criar desequilíbrios mundiais (Cap. 6) que o seu comportamento de acumulação financeira ainda mais agrava. Antoine Brunet e Jean-Paul Guichard defendem (Caps. 7 e 8) que estamos perante uma guerra económica que procura fugir aos erros da ex-União Soviética e do Japão e a progressiva manifestação de uma vontade de defesa militar do que entendem ser a sua soberania. A Crise de 2007 trouxe à China a possibilidade de escolher, em grande liberdade, as alianças mais fáceis e mais proveitosas, em termos de mercados e de transferências tecnológicas. Por isso no Cap. 9 os autores falam-nos da estranha passividade, sobretudo, dos países do Ocidente, em face da evolução económica e financeira interna e mundial. Ou, seguindo o espírito dos autores, não será antes o resultado de uma frutuosa colaboração de empresários e políticos com o novo poder e a perspetiva de um novo mercado de 1 324 milhões de pessoas (20% do total mundial)? O Cap. 10, a finalizar, levanta a questão de fazer frente a este desenvolvimento desigual para o Ocidente, gerador de desemprego e de forte desindustrialização, em suma, de empobrecimento relativo. Mas talvez o mais escandaloso seja a passividade das instituições internacionais, como o FMI e a OMC, em face de práticas cambias e comerciais desleais.

Antoine Brunet e Jean-Paul Guichard conduzem-nos, neste livro, a uma análise única do processo de mudança a que assistimos de forma passiva e que está a criar um mundo muito diferente daquele que conhecemos, onde uma China totalitária se torna na potência hegemónica. Trata-se de um livro para nós e para os nossos filhos e netos.

João Sousa Andrade
Professor Catedrático na Faculdade de Economia da Universidade de Coimbra
e Investigador de Economia Financeira no GEMF

Introdução

«Quando a China acordar, o mundo tremerá»

Napoleão Bonaparte
Santa Helena, 1816

1789, 1989... Há datas que se retêm! 1789: a tomada da Bastilha constitui um símbolo de liberdade para toda a humanidade. 1989: o mundo celebra de diversas maneiras o bicentenário deste evento. Reteremos principalmente essa imensa esperança suscitada pela queda do Muro de Berlim, a «Revolução de Veludo», o colapso do império totalitário soviético, os povos que reencontram a liberdade pacificamente. Esquecemos um pouco depressa que nesse ano teve lugar a «Primavera de Pequim» e que, a 30 de maio, os estudantes colocaram na própria praça de Tiananmen uma estátua, uma alegoria da democracia... em frente do retrato de Mao! O poder estava dividido, hesitava, mas não tardou muito a responder a esta exigência de liberdade e de democracia: a 4 de junho, a estátua foi esmagada por um tanque blindado e os estudantes foram massacrados pelo glorioso exército popular da China. Uma vez mais foi feita a opção pelo totalitarismo, de uma maneira muito espetacular.

Esquecemos estes acontecimentos, pois a nossa memória é seletiva. Apenas retemos da obra de Deng Xiaoping a restauração do capitalismo na China. Ocultamos a guerra que ele fez contra o Vietname, em 1979, o apoio que deu aos Kmers Vermelhos, a repressão implacável na China em 1989 e, sobretudo, a própria natureza do capitalismo totalitário que promoveu na China e que a Europa tão bem conheceu com Mussolini e Hitler! Esquecemos tudo isto porque apenas queremos ver na China de hoje o parceiro incontornável com quem o mundo faz «bons negócios». Não queremos ver, ou acreditar, que o projeto da China consiste precisamente no domínio do mundo e na generalização do modo de organização totalitária que já prevalece dentro das suas fronteiras.

Não é, certamente, agradável, mas será uma perspetiva inverosímil? O que se segue é para mostrar que, se o mundo não reagir, este será o destino que o espera. É necessário afastarmo-nos de uma vez por todas desta afirmação, repetida, mas nunca demonstrada, segundo a qual o capitalismo, para poder florescer plenamente, teria necessidade da democracia, o que pressupõe que a China, porque é capitalista, entraria inevitavelmente na via da democracia...

Sobre este ponto, Deng Xiaoping e os dirigentes do Partido Comunista Chinês deram, no entanto, uma resposta muito clara: querem impedir a instauração da democracia na China. Agora, querem demonstrar que, na prática, o capitalismo totalitário é o modelo «vencedor» perante o capitalismo democrático.

Desde há pouco mais de dois séculos, o mundo foi sucessivamente dominado por duas grandes potências: a Grã-Bretanha e os Estados Unidos da América. O destino imperial de um e do outro foi acompanhado pela exportação de normas e de valores «democráticos», herança da Europa das Luzes do século XVIII, essencialmente franco-inglesa. O mundo viveu, assim, sob o domínio de potências que desenvolveram um capitalismo «democrático».

As apostas essenciais situavam-se já ao nível do comércio externo, o que deu lugar a oposições, por vezes, muito violentas. Cada grande nação percebia muito bem a grande vantagem que excedentes externos sucessivos podiam constituir. Mas como a soma dos saldos positivos e negativos do comércio mundial é nula, só uma grande nação podia obter tal resultado.

A Inglaterra foi a primeira nação a conduzir permanentemente e de maneira eficaz uma estratégia mercantilista, ou seja, uma estratégia que visava assegurar-lhe excedentes externos continuados. O seu trunfo essencial residia no domínio dos mares pela sua marinha. Teve, no entanto, de superar, primeiro, a resistência de França, de Luís XIV até Napoleão, e, depois, a da Alemanha imperial, de 1870 a 1918.

Os Estados Unidos da América, graças a uma mão de obra barata e a abundantes recursos naturais, acederam, por sua vez, ao estatuto de campeão mundial dos excedentes externos no início do século XX e, mais ainda, depois da Primeira Guerra Mundial. A partir de 1940, esta performance permitiu aos Estados Unidos da América suceder ao Império Britânico enquanto potência hegemónica. Era preciso, no entanto, superar, entre 1942 e 1945, o desafio que lhe dirigiam as potências capitalistas totalitárias (a Alemanha nazi, a Itália fascista, o Japão militarista). A seguir, em 1989, foi necessário vencer (sem um confronto militar direto) a União Soviética, que propunha ao mundo um modelo alternativo ao capitalismo, a burocracia totalitária. Ao mesmo tempo, os Estados Unidos da América puseram fim à rivalidade insuportável do Japão, que implementava uma estratégia mercantilista sustentada no protecionismo monetário.

Primeiro, o Japão, entre 1960 e 1989, e, depois, a China, que o imita desde 1989, fomentaram um modelo de desenvolvimento capitalista sustentado em excedentes comerciais consideráveis, eles próprios ligados a uma desvalorização não menos considerável das suas respetivas moedas. Estes dois casos de «protecionismo monetário» suscitaram, contudo, nos países ocidentais, reações muito diferentes.

Enquanto a indústria do Japão oferecia ao mundo produtos acabados em concorrência direta com todos aqueles que saíam da indústria dos países ocidentais, a China captava tudo o que se prendia com o fabrico em subcontratação. As empresas americanas sofriam com a rivalidade japonesa, mas beneficiavam de um aumento acentuado das suas margens, graças ao abastecimento muito barato obtido na China. Por isso, a oligarquia americana dos negócios opôs-se ativamente ao Japão, mas permaneceu complacente com a China.

Em 1989, quando se desmorona o sistema soviético, minado pela burocracia, e o rival japonês mergulha na crise, «empurrado» pelos Estados Unidos da América, começa a emergir uma potência capitalista duplamente singular: totalitária quanto ao seu regime político e, ao mesmo tempo, mercantilista quanto à sua estratégia económica. Esta potência é tão-somente a China.

Da experiência soviética, Deng Xiaoping reteve que não é possível alcançar a hegemonia mundial apenas pela confrontação diplomática e militar. Ele percebeu que era indispensável obter, em primeiro lugar, a hegemonia económica. Consciente de que um sistema burocrático nunca a permitiria atingir, resolveu que a China deveria renunciar em 1978 à burocracia e optar definitivamente pelo capitalismo, o que implicava a restauração da empresa privada e uma organização económica descentralizada. O grave erro cometido pelos ocidentais foi o de pensar que a China acabava de optar pelo capitalismo e, ao mesmo tempo, pela democracia. Depois de 11 anos de ambiguidade, entre 1978 e 1989, o Partido Comunista Chinês (PCC) retirou a máscara e afirmou a sua opção irreversível: o capitalismo totalitário, em vez do capitalismo democrático. Desde então, infelizmente para os democratas do nosso planeta, o PCC concentrou-se em redemonstrar que o capitalismo não é absolutamente incompatível com uma organização totalitária da sociedade, uma sociedade na qual todo o indivíduo deve submeter-se ao Estado e ao Partido que o dirige[1], venerando os seus símbolos[2].

Da experiência japonesa, Deng reteve que, na trajectória para a hegemonia económica, há um instrumento de uma eficácia temível: o protecionismo monetário.

Em suma, ver-se-á que a China, através da estratégia económica que implementa, desestabiliza os países desenvolvidos para lhes retirar a hegemonia mundial, ao mesmo tempo que se permite reforçar ainda mais o seu regime político e exportá-lo ulteriormente para vários países do planeta.

Os fatores do desencadeamento da crise gravíssima que abala o mundo desde 2007 situam-se obviamente ao nível dos riscos excessivos e muito pouco controlados assumidos pelos sistemas bancários americano, britânico e europeu; são apenas, no entanto, fatores «imediatos».

A crise atual tem, na realidade, uma causa bem mais profunda: os excedentes comerciais recorrentes, enormes e crescentes realizados pela China desde a sua admissão na Organização Mundial do Comércio (OMC), em 2001, que resultam, no essencial, de uma taxa de câmbio da moeda chinesa manipulada e largamente subavaliada. Esta subavaliação pode perdurar graças às enormes intervenções em divisas efetuadas pela China; esta vende diariamente yuans por dólares e euros; acumula, assim, reservas em dólares e euros que constituem também posições credoras consideráveis sobre os Estados Unidos da América e a Europa. Deste modo, com as suas repetidas intervenções, a China aumenta, ao mesmo tempo, a sua parte no mercado mundial de bens e serviços e a sua posição credora sobre os Estados Unidos da América e a Europa. O trapaceiro ganha, portanto, duas vezes, primeiramente no plano comercial e depois no plano financeiro; mais do que isso, aliás: enfraquece os seus rivais.

O colossal défice externo que a China inflige aos países do G7 enfraquece consideravelmente o crescimento das suas economias. Estes países, para evitar a recessão prolongada que os ameaça, são, assim, forçados a praticar políticas aventureiras de estimulação renovada da sua

---

[1] «Desejamos dez mil anos de vida ao grande Partido Comunista Chinês, que tem sempre razão», dizia a bandeirola exposta na fachada do hotel Beijing, em Pequim, próximo da praça de Tiananmen, a 5 de junho de 1989; Adrien Gombeaud, *L'homme de la place de Tiananmen*, Seuil, 2009, p. 62.

[2] «Todos os cidadãos devem adorar e proteger a Praça de Tiananmen como se deve adorar e proteger a mãe pátria. A praça é sagrada» (extrato de um editorial do *Jornal do Povo*, datado do dia seguinte à instalação da «deusa da democracia» na praça de Tiananmen; cf. A. Gombeaud, *op. cit.*, p. 48).

procura interna. Por isso, praticam políticas monetárias e orçamentais sempre mais audaciosas; mantêm taxas de juro a níveis excecionalmente baixos, o que desencoraja a poupança e encoraja o endividamento; e toleram, finalmente, défices públicos crescentes. Dessa forma, pôde ocorrer um milagre: os países do G7, apesar do considerável impacto recessivo do colossal défice externo que a China lhes impõe, conseguiram, durante muito tempo, manter um significativo crescimento do seu PIB.

Foi esta política patética – porque cai no que prendia evitar – que os bancos centrais do G7, liderados pelo FED [Federal Reserve System], levaram a cabo, com aparente sucesso, até 2007. Os dirigentes chineses também dão a sua própria contribuição colocando as suas enormes reservas de dólares em obrigações a longo prazo do Tesouro americano e as suas enormes reservas de euros em obrigações a longo prazo dos Estados europeus. Sabiam que estavam a levar os juros a longo prazo ocidentais para níveis baixos quando os juros a curto prazo já tinham sido reduzidos pelos bancos centrais do G7.

Durante quatro anos consecutivos (2003-2007), as economias do G7 deram, assim, a impressão de poder superar o obstáculo constituído pelos défices repetidos do seu comércio externo, que lhes eram infligidos pela China. Dirigentes ocidentais e dirigentes chineses chegaram mesmo a felicitar-se por terem conseguido que fosse possível compatibilizar o crescimento mundial e o enorme desequilíbrio do comércio externo, que ainda aumentava mais, entre a China e os países do G7.

Todavia, a história veio lembrar aos dirigentes ocidentais que se o artifício sobre o qual tudo assentava pôde ser mantido durante quatro anos, não o poderia ser indefinidamente. Em 2007, descobriram bruscamente que os processos de endividamento não podiam continuar infinitamente: os devedores fixam limites ao seu endividamento e os credores não têm um desejo ilimitado de emprestar, além de que, por outro lado, as suas capacidades financeiras são obviamente limitadas. Quanto à ginástica financeira desenvolvida depois de 2003, longe de levar a cabo as maravilhas prometidas, revelou-se catastrófica, como todos agora sabem.

O ano de 2007 é o do regresso às duras realidades: os artifícios perdem, de um momento para o outro, toda a sua imaginada magia. O alto nível alcançado pelos preços do setor imobiliário conduziu a uma quebra de vendas, seguida de uma quebra dos preços. Daqui resultou imediatamente uma crise bancária e financeira muito profunda, que interrompeu com carácter de permanência o processo de endividamento que alimentava o crescimento económico. Surgiu, então, uma recessão acentuada. Ao contrário das ilusões veiculas pelos aprendizes de feiticeiro (Greenspan e Bernanke, nomeadamente), havia uma incompatibilidade absoluta entre o colossal excedente externo que a China pretendia manter e a procura de um crescimento significativo e duradouro do PIB nos países do G7.

Conquanto a China tenha já, sem dúvida, ficado a par dos Estados Unidos da América em volume do PIB (cada um deles com cerca de 20% do PIB mundial)([3]), a diferença entre as taxas de crescimento das economias chinesa e norte-americana permanece na ordem dos 8 pontos percentuais, desde há cerca de dez anos. Ora, se esta diferença se prolongar e até mesmo se acentuar, o poder económico americano será, então, rapidamente ultrapassado pelo poder económico da China, com todas as consequências que podemos imaginar.

Tendo em conta o objetivo, inconfessado mas muito real, de domínio por parte da China, esta não tem qualquer interesse no «jogo cooperativo», o que, aliás, ela evita fazer, como podemos verificar todos os dias, pelo menos se nos recusamos a meter a cabeça na areia como as avestruzes.

Perante a agressão chinesa contínua, as nações de todo o mundo deveriam proteger-se, não só através de ações de salvaguarda a curto prazo, mas também pelo estabelecimento – ainda exequível, mas o tempo urge – de um sistema de relações económicas internacionais traçado com o objetivo de que haja equilíbrio nas trocas comerciais. A tarefa é difícil, mas não impossível. Porém, quando deveriam fazer prova de firmeza, as nações ocidentais, pelo contrário, revelam-se fracas.

Uma primeira razão tem a ver com o facto de os países democráticos, devido à sua organização democrática, serem menos reativos e terem menos capacidade de sustentar um confronto com um país totalitário poderoso como a China([4]).

Há uma segunda razão ainda mais preocupante do que a precedente: muitas empresas ocidentais podem obter lucros extremamente elevados graças às suas operações massivas de abastecimento na China. Por isso, elas têm um interesse direto na manutenção pela China de uma taxa de câmbio de combate como a que pratica atualmente. De certa maneira, estas empresas são um «inimigo interno» no próprio seio das nações de onde provêm!

([3]) O PIB (Produto Interno Bruto) é calculado aqui com base nas «paridades de poder de compra».
([4]) Devemos recordar como as «democracias» da França e da Grã-Bretanha deram provas de fraqueza perante o crescente perigo da Alemanha nazi, na década de 1930.

Existe, por isso, um poderoso *lobby* pró-chinês nos Estados Unidos da América com grandes empresas, homens políticos influentes, universitários de renome e jornalistas. Este fenómeno está em vias de vingar também na Europa. Na guerra económica em curso, a batalha das ideias poderá muito bem ter uma influência decisiva: irão as nações agredidas continuar a tergiversar e a bater em retirada para finalmente capitularem, ou irão, por fim, decidir-se a lutar contra a desindustrialização e a perda de substância económica que as afetam? É necessário ter em conta que a desindustrialização está já muito avançada e que não será substituída pelas novas tecnologias, pela investigação e pelo desenvolvimento, ou pelas atividades *high tech*: o tema da sociedade «pós-industrial» é apenas um logro ideológico...([5]) Serão as futuras gerações da Europa e da América obrigadas a ir mendigar trabalho na Ásia, com o nível de salários ali praticado, ou estarão elas condenadas a vegetar na pobreza no interior dos seus próprios países?

As questões económicas, políticas e sociais que, hoje, estão no centro das oposições entre as nações assinalam, para além das questões «materiais» relativas à riqueza, ao bem-estar e ao crescimento, uma oposição fundamental entre os valores da liberdade, defendidos por países que se reclamam da democracia, e os valores da subjugação dos indivíduos ao Estado, defendidos por países em que a China é o mais importante.

Em breve, especificaremos as características essenciais da China dos nossos dias: uma superpotência, ao mesmo tempo capitalista e totalitária, cujo sucesso assenta numa estratégia mercantilista extremamente eficaz de excedentes comerciais. Uma retrospetiva histórica permitirá constatar que houve precedentes desta estratégia. A Inglaterra e os Estados Unidos da América percorreram o caminho para a hegemonia chegando, também eles, a excedentes comerciais importantes contínuos.

Examinaremos sucessivamente os mercantilismos asiáticos contemporâneos: em primeiro lugar, o do Japão, que foi o precursor, e a seguir o da China, cujo capitalismo totalitário triunfa ao utilizar, por sua vez, a arma do protecionismo monetário. Veremos, então, como a China, através do enorme desequilíbrio comercial que impõe aos Estados Unidos da América e a outros países desenvolvidos, gerou uma gravíssima crise económica e financeira nestes países.

Os dirigentes chineses congratulam-se secretamente com as dificuldades dos países do G7. Com as decisões que tomam, não hesitam em agravá-las. A sua atitude cada vez mais arrogante indica claramente a

---

([5]) Na mesma ordem de ideias, o «conceito» de mundo multipolar constitui objetivamente uma maneira de dissimular o propósito hegemónico da China.

vontade de ver o seu país arrebatar a hegemonia mundial aos Estados Unidos da América. Isto é confirmado pela multiplicação de iniciativas ofensivas em todos os outros domínios para além da economia (desenvolvimento de programas militares, reivindicações territoriais, intimidação de alguns países, etc.). Perante a agressão chinesa, a passividade dos países desenvolvidos é um grande problema. Não é tarde de mais, no entanto, para anular os esforços da China! Há ainda uma via possível, mas, neste momento, falta, para o efeito, a vontade política.

*
* *

Não gostamos muito dos «mensageiros da desgraça». Cassandra nunca foi um êxito. Os temas que são considerados aqui e a maneira de os tratar poderão surpreender, e talvez mesmo chocar. Contudo, já em 1997, um livro notável, *The Coming Conflict With China*[6], descrevia bem a natureza da China, ao mesmo tempo que anunciava o que iria acontecer: «*And yet China seems moving toward some of the characteristics that were important in early-twentieth-century fascism. There is a cult of the state as the highest form of human organization...*». [E, no entanto, a China parece partilhar cada vez mais as características dos países fascistas do início do século xx. Tem em particular o culto do Estado como forma suprema de organização humana...].

O conflito com a China totalitária não é algo para vir a acontecer, porque já está presente!

Como muitas vezes no passado, trata-se de um conflito que opõe um imperialismo ascendente, que aspira ao domínio mundial, a um imperialismo que domina ainda a cena mundial, mas que se encontra já em declínio.

A arma essencial que a China utiliza nesta luta é económica: a manipulação da sua taxa de câmbio, expressão da sua política tipicamente mercantilista, que lhe proporciona gigantescos excedentes comerciais que são a base do seu poder.

O seu imperialismo, que visa a hegemonia mundial e é, ao mesmo tempo, político, militar, económico, cultural e ideológico, pode ser designado como um imperialismo «económico» pelo modo de ação que lhe é próprio.

---

[6] Richard Bernstein e Ross H. Munro, *The Coming Conflict With China*, Alfred A. Knopf inc., Nova Iorque, 1997, Vintage Edition, 1998, p. 61.

Capítulo 1

A China, uma superpotência capitalista e totalitária

O MUNDO DESENVOLVIDO está a sofrer uma crise cuja gravidade se vem revelando ao longo do tempo como sendo comparável à de 1929. Os países que o compõem veem as suas indústrias a desaparecer progressivamente[7]. O desemprego e o subemprego instalaram-se permanentemente a um nível extremo e com todo o seu cortejo de patologias sociais. As finanças públicas tornam-se catastróficas, obrigando os Estados, uns a seguir aos outros, a aplicar precipitadamente planos draconianos de restrições orçamentais, por pressão dos seus credores externos.

Mas quem são, então, esses credores externos que muitas vezes se escondem sob o vocábulo «mercados»? Parece ser segredo de Estado[8]. O segredo pode ser parcialmente desvelado por quem for obstinado: o Estado americano reconhece uma dívida de 850 milhares de milhões de dólares ao Estado chinês e o *Financial Times* adiantou, sem ser desmentido, o número de 630 milhares de milhões de euros para a dívida total dos Estados soberanos da Zona Euro ao Estado chinês.

---

[7] Em 2009, em consequência direta da crise em França, desapareceram, no total, 256 000 empregos do setor empresarial, dos quais 168 000 assalariados da indústria (*Le Monde*, 07/08/2010).

[8] A Agence France Trésor gere a dívida pública em França. 68% dessa dívida era detida por «não residentes» em 31/12/2009. «Gostaríamos de ver isto mais claro, mas a AFT recusa obstinadamente fornecer informações detalhadas por país e por tipo de detentor não-residente». «Contactado por nós, o diretor-geral recusou dar-nos essa informação» (Philippe Herlin, *France, la faillite?*, Eyrolles, 2010, p. 67).

Como é que a China, supostamente «pobre», pôde chegar a esta posição dominante?[9] Como veremos, graças aos excedentes comerciais gigantescos, que são equivalentes aos défices dos países desenvolvidos e que derivam da formidável subavaliação da sua moeda, o yuan. É um *dumping* comercial contra o qual a Organização Mundial do Comércio, a OMC, nada pode fazer. Mas sobre isto os analistas nada dizem e o grande público nada sabe.

A China, dizem-nos, é um país muito pobre que se desenvolve graças a uma gestão séria e responsável; é um país emergente, mas tem um futuro risonho; é um país pacífico e, como tal, um fator de equilíbrio no mundo. A subavaliação do yuan seria apenas uma fábula inventada por aqueles que, no Ocidente, e especialmente nos Estados Unidos da América, conduzem políticas irresponsáveis de criação monetária exagerada ou aprovam e aplicam regulamentações bancárias insuficientes... Nós estamos à beira do abismo, mas, dizem-nos, bastaria um regresso à ortodoxia orçamental, às regulamentações adequadas dos bancos e também a um esforço no domínio da investigação e do desenvolvimento para que pudéssemos voltar a ter um crescimento saudável e forte!

Trata-se de uma negação da realidade que é largamente partilhada, apesar de algumas vozes que tentaram alertar a opinião pública. Por exemplo, não dizia já Maurice Allais, em 1999, que «a abertura mundial sem peias [...] é a causa essencial de uma crise profunda que pouco a pouco nos conduz ao abismo»[10]? Ele compreendera perfeitamente o grande perigo que ameaçava as sociedades ocidentais, mas nós não o escutámos. Na mesma época, em 1997, foi publicada, por outro lado, nos Estados Unidos da América, uma obra que antecipava notavelmente o que iria acontecer: *The Coming Conflict With China*[11]. Teve algum sucesso, mas foi rapidamente esquecida.

Ao repetir-nos que as nossas dificuldades vêm do laxismo monetário e da irresponsabilidade do setor bancário, os *media* mostram-nos a árvore que esconde a floresta. Veremos a seguir os fundamentos desta

---

[9] Com o título *Aide à la Grèce, la Chine voit toujours grand*, o jornal satírico *Le Canard enchaîné*, de 6/10/2010, põe um dirigente chinês a dizer: «nós não queremos comprar a Grécia, nós queremos comprar a Europa».

[10] Maurice Allais, *La mondialisation, la destruction des emplois et de la croissance, l'évidence empirique*, Paris, 1999. A morte recente deste Prémio Nobel deu lugar a numerosos artigos, nomeadamente o do *Financial Times* que, citando uma personalidade francesa, declarava: «One can say that Maurice Allais predicted everything that is going on now, everything» (*FT*, 13/10/2010). [Podemos dizer que Maurice Allais previu tudo o que está a acontecer agora, tudo].

[11] Richard Bernstein e Ross H. Munro, *The Coming Conflict With China*, Alfred A. Knopf inc., Nova Iorque, 1997, Vintage Edition, 1998.

cegueira do Ocidente perante a verdadeira guerra económica que lhes inflige uma China que tem agora a economia mais poderosa do mundo e que pretende exercer no futuro a hegemonia mundial.

1. A China, igual aos Estados Unidos da América

a) *O primeiro dos recursos económicos: a população*

Este imenso país que é a China, o Império do Meio, tem uma população de cerca de 1340 milhões de habitantes, 20% da população mundial, mais que a população da Índia ou de qualquer outro país. Esta população está distribuída desigualmente pelo seu território de 9,6 milhões de quilómetros quadrados, porque grandes espaços são desertos áridos ou zonas de montanha praticamente vazias de qualquer presença humana, de maneira que o centro da China e as suas regiões costeiras estão densamente ocupadas. A esta enorme população, é necessário acrescentar a de Hong Kong[12] (7 milhões de habitantes), assim como a de uma diáspora presente, não somente no Sudeste da Ásia, mas também nos países desenvolvidos, com os Estados Unidos da América à cabeça. Os números são incertos, mas podemos avançar uma ordem de grandeza de 50 milhões de habitantes em todo o mundo[13].

Apesar da exiguidade do seu território útil relativamente à sua população, o país consegue ser globalmente quase autossuficiente no plano alimentar. Aliás, a própria imensidão do seu território permite à China possuir muitos recursos minerais (carvão, metais)[14], à exceção, porém, do petróleo e do gás, cujas jazidas são muito limitadas.

---

[12] «Um só país, dois sistemas!», diz o *slogan* do PCC.
[13] Ter em conta esta diáspora justifica-se pelo forte sentimento de pertença dos diferentes componentes desta a uma comunidade chinesa de certa maneira universal, bem como pelo papel económico extremamente importante que esta diáspora tem na própria China ou, esteja onde estiver, para a China.
[14] O subsolo chinês contém alguns metais raros e atualmente muito cobiçados, porque são indispensáveis à eletrónica de ponta, à aeronáutica e à engenharia espacial. Estas «terras raras» deram lugar a uma chantagem política de Pequim em relação ao Japão e aos Estados Unidos da América, em outubro de 2010. A China, que assegura 90% da produção mundial, está, assim, numa posição de força, e a OMC não pode fazer grande coisa contra as roturas de contrato por parte dela!

b) *A primeira potência comercial do mundo*

A China é a primeira potência comercial do mundo. Em 2009, as suas exportações ultrapassaram, pela primeira vez, as da Alemanha, distanciando-se ainda mais das do Japão e dos Estados Unidos da América. Com efeito, esta performance fora realizada muito antes desta data, porque as estatísticas chinesas relativas às exportações são fortemente subvalorizadas pelo facto de não levarem em conta, nem as exportações das sociedades estrangeiras estabelecidas na China, nem as de *joint ventures* (filiais conjuntas entre capitais estrangeiros e capitais chineses), ainda que contabilizem as importações.

Aliás, a China é o país que tem o maior excedente comercial do mundo, cerca de 250 milhares de milhões de dólares por ano, segundo os números do governo chinês, mas mais ou menos 600 milhares de milhões de dólares por ano, se tivermos em conta os saldos comerciais de cada um dos países do planeta com a China. A diferença é em grande parte devido ao motivo já mencionado atrás[15].

c) *Um «PIB» da mesma ordem que o dos Estados Unidos da América*

Embora a China seja ainda um país «pobre», o seu produto interno bruto (PIB) é, como iremos ver, igual ao dos Estados Unidos da América. Isto está longe de ser admitido por todos. As estatísticas macroeconómicas do PIB, para o ano de 2009, são de 14,5 biliões de dólares para os Estados Unidos da América e de 33,5 biliões de yuans para a China [16]. Como tornar estas medidas comparáveis? Ao utilizar a taxa de câmbio entre as duas moedas, a que preside às trocas económicas entre a China e o resto do mundo e que é fixada, não pelo «mercado», mas pelo Estado chinês!

Em 2009, esta cotação era de 6,83 yuans por dólar. Com esta base, o PIB da China seria de 4,9 biliões de dólares, ou seja, somente 34% do PIB americano e 96% do PIB do Japão. Para quem visitou a China, isto parece verdadeiramente muito pouco!

Parecerá ainda mais escasso se nos referirmos aos dados estatísticos setoriais. Assim, a China é o primeiro consumidor de ener-

---

[15] Isto traduz uma vontade deliberada do governo chinês de minimizar a magnitude do excedente comercial do país, como se verá seguidamente.
[16] Dados do Fundo Monetário Internacional.

gia do mundo([17]) e, muito acima dos Estados Unidos da América([18]), o primeiro consumidor de aço, de cobre refinado e de alumínio. É o primeiro consumidor de cimento, o que atesta a importância do seu setor da construção e da engenharia civil. O número de automóveis vendidos no seu mercado interno excede largamente o dos Estados Unidos da América, mesmo que se trate, por agora, de viaturas, em média, mais modestas. Em suma, à vista destes números, é difícil acreditar que o PIB da China seja apenas o dobro do PIB de França...

É melhor proceder a uma avaliação com base no método das paridades de poder de compra, que os grandes organismos internacionais utilizam, reconhecendo assim implicitamente a subavaliação da moeda chinesa. Esta paridade era de 1,96 yuans por dólar até à modificação, em finais de 2007, que a elevou para 3,4 yuans por dólar([19]).

Sobre tais bases, obtém-se, então, um PIB da China, em 2009, expresso em dólares, de, respetivamente, 17,1 biliões de dólares (120% do PIB americano) e 9,8 biliões de dólares (69% deste PIB). A diferença é significativa. Podemos reter uma ordem de grandeza: em 2010, o PIB chinês terá sido igual ao PIB americano, isto é, cerca de 20% do PIB mundial([20]).

d) *A primeira potência financeira do mundo*

No fim do ano de 2010, a China deterá reservas de divisas de um valor global de cerca de 4 biliões de dólares, ou seja, cerca de 80% do PIB nominal «oficial» estimado de 2009, e que deveremos comparar com o montante total de fundos que o conjunto dos *hedge funds* do planeta gerem, que é «somente» de 2,7 biliões de dólares([21]). Estas reservas estão colocadas em diferentes «gavetas»: reservas oficiais de divisas da

---

([17]) Este consumo de energia é relativo ao carvão, petróleo, gás natural, energia nuclear e energias renováveis. Note-se que a China produz e consome anualmente mais de 1200 milhões de toneladas de carvão. Compreende-se, perante a leitura de tal dado, por que razão a China não quer assinar o protocolo de Quioto.
([18]) A China consome 46% do aço vendido no mundo, contra 6% dos EUA, 41% de alumínio contra 11% dos EUA, 39% de cobre refinado contra 9% dos EUA
([19]) Esta modificação ocorreu sem uma verdadeira explicação, nem justificação. Podemos suspeitar que o Banco Mundial e o FMI cederam a um intenso *lobbying* da China, que está tanto mais embaraçada para justificar a sua política quanto a diferença entre a taxa que impõe e a paridade do poder de compra se revela elevada.
([20]) Esta informação está em conformidade com os dados físicos que foram mencionados acima. Mas que crédito poderemos atribuir às estimativas da Goldman Sachs, que anuncia «audaciosamente» que o PIB chinês será igual ao PIB americano «a partir de 2025»?
([21]) Fonte: *Financial Times* de 27/05/2010.

China e de Hong Kong, cerca de 2,9 biliões de dólares, fundos soberanos da China e de Hong Kong, cerca de 1,1 biliões de dólares.

A China detém, assim, contando com Hong Kong, 30 a 40% das reservas de divisas do planeta[22]. O privilégio americano do dólar como moeda de reserva está, portanto, seriamente afetado. Com efeito, quando os Estados Unidos da América emitiam dólares para além das suas fronteiras, eles dispersavam-se pelas mãos de muitos bancos estrangeiros, pelo que podiam continuar a gastar, e até a emprestar, para além dos seus meios, sem incorrer em qualquer sanção. Contudo, quando a China, agora sua rival, vê concentrarem-se os dólares nas suas mãos, à medida que os Estados Unidos os vão emitindo, o caso muda de figura. Os Estados Unidos da América fecham-se perigosamente numa relação devedor-credor: a emissão massiva de dólares para o estrangeiro[23] não faz senão reforçar e acentuar a vassalagem financeira perante a China.

O estado chinês é, agora, o ator mais influente nos mercados de câmbios dos países desenvolvidos, podendo à sua vontade valorizar ou desvalorizar o dólar em relação ao euro[24] ou ao iene. Para além disso, a China domina muito claramente o mercado de títulos dos Estados ocidentais. Detém, com efeito, e de longe, a maior carteira de obrigações do mundo: no fim de abril de 2010, detinha 850 a 900 milhares de milhões de dólares de obrigações do Estado americano[25] e 630 milhares de milhões de euros de obrigações dos Estados da zona Euro[26]. Sabendo que cerca de 75% das reservas totais de divisas da China estão colocadas em obrigações dos países ocidentais, isto significa que o Estado chinês concentra nas suas mãos uma carteira de obrigações ocidentais da ordem dos 3 biliões de dólares, 12 vezes mais do que a maior carteira obrigacionista ocidental (225 milhares de milhões), gerida pelo grupo financeiro PIMCO.

A China, sendo a credora do mundo, tem finanças públicas muito saudáveis: a dívida pública representa apenas 20% do PIB nominal «oficial» de 2009 e está coberta, portanto, a 400% unicamente pelos ati-

---

[22] A incerteza provém do montante dos ativos cambiais dos países do golfo Pérsico, que mantêm com sucesso uma opacidade total quanto a eles.
[23] Esta emissão massiva de dólares para o estrangeiro resulta, como é bom recordar, do desequilíbrio, também ele massivo, da balança comercial americana.
[24] Uma campanha chinesa de difamação do dólar faz subir o euro em relação ao dólar (de 1,3 dólares para 1,5), entre março e novembro de 2009. Depois, a China exigiu publicamente a recuperação do dólar. Este revalorizou-se em relação ao euro, que volta a cotar-se em 1,30 dólares, de novembro de 2009 a junho de 2010, movimento que foi acelerado na primavera após a crise das finanças públicas do Sul da Europa.
[25] Fonte: US Treasury.
[26] Fonte: *Financial Times*.

vos cambiais (80% do PIB); o contraste é enorme com os países desenvolvidos, cujas dívidas públicas se situam, em geral, entre os 80% e os 120% do PIB, e que, à exceção do Japão, têm reservas de divisas muito modestas. Esta solidez financeira permitiu à China, em 2008-2009, e para grande surpresa dos especialistas ocidentais, praticar sem dificuldade um aumento orçamental massivo para relançar a economia. Isto possibilitou-lhe manter um forte crescimento do seu PIB, apesar de uma desaceleração momentânea das suas exportações para os países desenvolvidos([27]).

Na primavera de 2010, houve alerta vermelho para alguns Estados europeus fortemente endividados. A crise de confiança dos credores fazia correr o risco, então, de levar alguns deles à falência, nomeadamente a Grécia, pelo que foi necessário que o FMI e o BCE organizassem um plano de urgência, incluindo, em particular, um empréstimo de 120 milhares de milhões de euros a três anos a este país. Na verdade, o credor que a China é não ficou neutro, uma vez que foi o primeiro a declarar publicamente, em março de 2010, que a Grécia era apenas a parte visível do icebergue, o que despoletou uma lamentável propagação da crise a outros países europeus. Foi somente após o plano de ajuda à Grécia ter sido criado que a China, de uma maneira ostentadora, comprou novos títulos públicos espanhóis. Trata-se de uma prática muito parecida com a dos «bombeiros pirómanos». Como se sabe, o incêndio que ameaçava a Europa não estava de forma alguma dominado no outono de 2010, como ficou comprovado com a significativa repercussão da crise, desta vez na Irlanda. Retenhamos aqui a terrível capacidade do Estado chinês para tirar partido da sua posição credora de forma a enfraquecer e, eventualmente, desestabilizar os países que se tornaram imprudentemente seus devedores.

e) *Uma grande potência tecnológica e militar*

A China progride muito rapidamente no domínio das tecnologias mais modernas. Acabou o tempo em que, cegos pelo seu etnocentrismo, os dirigentes ocidentais imaginavam ainda que a China era apenas competente a fabricar brinquedos de madeira ou utensílios de plástico

---

([27]) Durante o mesmo período, os países ocidentais também aplicaram aumentos orçamentais, embora menos intensos do que o da China. Contribuíram, no entanto, para aumentar ainda mais as dívidas públicas, cuja consequência foi, na primavera de 2010, uma crise de confiança em relação a certos Estados.

e que continuaria limitada a tal produção. De facto, a China começou por produzir e exportar tais produtos, na década de 1980.

Hoje em dia, porém, o país firmou-se solidamente em todos os setores da produção industrial, com o forte contributo da estratégia das empresas multinacionais que quiseram livrar-se das operações de fabrico[28]. A partir daí, algumas empresas chinesas, depois de terem sido, primeiramente, simples subcontratadas e simples fornecedoras das empresas estrangeiras, surgiram bruscamente como fabricantes de produtos acabados nos mercados mundiais.

A China está, agora, em condições de exportar computadores[29] e comboios de alta velocidade. Amanhã, não resta dúvida de que as empresas chinesas poderão exportar automóveis, aviões ou centrais nucleares. Um domínio muito significativo deste avanço tecnológico é o do espaço e dos programas militares: para além dos Estados Unidos da América, a China é atualmente o único país a conseguir destruir um satélite já em órbita com a ajuda de um míssil terra-ar[30]. No momento em que os Estados Unidos decidem renunciar, por razões orçamentais, ao seu programa espacial de uma estação lunar, a China, pelo contrário, anuncia a sua intenção de ser o primeiro país a construir uma tal estação.

A China possui agora um potencial militar impressionante: é a terceira potência mundial em número de mísseis nucleares, depois dos Estados Unidos e da Rússia, e a segunda em número de submarinos nucleares, à frente da Rússia. Paralelamente, lançou um programa ambicioso de porta-aviões, que irá aumentar sensivelmente as suas capacidades operacionais no mundo, ao mesmo tempo que desenvolve um programa de mísseis terra-mar, que deverá em breve tornar muito mais vulnerável do que é hoje a frota de porta-aviões norte-americanos. Finalmente, construiu uma obra única no mundo: um imenso túnel de 5500 quilómetros de comprimento para «a artilharia de retaliação», em caso de guerra nuclear[31], que confere à China um género de invulnerabilidade estratégica superior até àquela de que dispõem os Estados Unidos da América.

---

[28] Uma estratégia *«fabless»*, segundo disse um velho executivo da Alcatel, ou seja, *«fabrication less»*: sem fabricar!

[29] A China apresentou recentemente um computador científico reconhecido como o que tem a segunda maior potência de cálculo do mundo.

[30] A URSS, como sabemos, teve de renunciar ao seu programa da «guerra das estrelas» por ser muito caro.

[31] Neste túnel são mantidos lança-mísseis retráteis equipados com cabeças nucleares, que se encontram distribuídos a todo o seu comprimento, provisões (água, alimentos, energia, munições) e uma parte do Estado-Maior do Exército (por turnos). Uma tal obra, que está localizada a mais de mil metros de profundidade, faz pensar mais na Grande Muralha da China do que na Linha Maginot!

f) *Uma grande potência diplomática*

O poderio chinês exprime-se de maneira evidente nas relações que a China mantém com uma ampla rede de países aliados, clientes ou sujeitos.

Em 2010, de acordo com um tratado anteriormente assinado, a China criou uma união aduaneira com a Associação das Nações da Ásia do Sudeste (ASEAN), que conta com 550 milhões de habitantes distribuídos por 10 países. A China obteve, assim, uma relação privilegiada com a ASEAN, invejada pelos seus concorrentes, que são o Japão, a Coreia do Sul, Taiwan e a Índia.

A China criou, a partir de 1996, uma espécie de relação privilegiada com a Rússia, que ganhou corpo, por um lado, com a constituição da rede «BRIC»([32]) dos quatro grandes países emergentes, que se consultam de forma regular, nomeadamente quando se avizinham as cimeiras do G20, e, por outro, com a constituição da Organização de Cooperação de Xangai (OCS), que integra quatro países da Ásia Central, para além da China e da Rússia([33]).

A China está omnipresente no continente africano, a tal ponto que se pode dizer que a «China está a comprar a África!». No plano político, tal dá lugar a cimeiras regulares China/África([34]).

A maioria dos países exportadores líquidos de matérias-primas, nomeadamente de produtos petrolíferos, sente-se em dívida com a China pela alta prolongada dos preços das matérias-primas (em dólares), de que os faz indiretamente beneficiar graças ao seu forte crescimento económico([35]). Por isso, o crescimento do PIB mundial reforçou-se de uma maneira espetacular até ultrapassar os 5% ao ano entre 2003 e 2008, fazendo subir em flecha o preço das matérias-primas. Foi somente a partir de 1998, e, mais ainda, após 2001 e a entrada da China na OMC, que a OPEP recuperou progressivamente o seu poder anterior([36]).

([32]) BRIC: Brasil, Rússia, Índia e China.
([33]) Os quatro países da Ásia Central são: Cazaquistão, Quirguistão, Tajiquistão e Uzbequistão. A orientação da cooperação destes países, da Rússia e da China está muito centrada nas questões energéticas, nomeadamente no encaminhamento para a China de recursos da Rússia e da Ásia Central.
([34]) Desde o ano 2000, realizam-se cimeiras China/África de três em três anos. A terceira, realizada no final de 2006, reuniu em Pequim 40 países africanos. A quarta, que teve lugar em meados de outubro de 2009, em Charm-El-Cheikh, no Egito, reuniu 49.
([35]) Com base num PIB igual a 20% do PIB mundial e de um crescimento deste PIB de 10% ao ano, o crescimento chinês explicaria só por si um crescimento mundial de 2% por ano.
([36]) Apesar dos esforços desenvolvidos pela Venezuela de Chavez, a OPEP teve muitas dificuldades, durante a década de 1990, para recuperar o poder que tivera na década de 1970. O advento de um

Finalmente, é particularmente inquietante que a China tenha constituído uma rede de países que lhe estão sujeitos e que, para além disso, inclui as ditaduras mais desacreditadas do planeta (Coreia do Norte, Birmânia, Irão, Sudão, Zimbabué, Bielorrússia e Turquemenistão). A China defende-os na ONU e federa-os: em todas as circunstâncias sabe que pode contar com eles.

g) *A China é uma grande potência e o mundo reconhece-o*

A China tornou-se uma potência de tal maneira incontornável que, desde 2006, os Estados Unidos da América foram obrigados a estabelecer um quadro de concertação com ela. Foram obrigados a fazê-lo com a URSS entre 1961 (caso dos mísseis russos em Cuba) e 1989 (queda do Muro de Berlim). Naqueles anos resignaram-se a formalizar um primeiro «G2» entre eles e a URSS. Isso traduziu-se em cimeiras sucessivas entre as duas maiores potências, com agendas cada vez mais sobrecarregadas.

Desde dezembro de 2006, os Estados Unidos foram obrigados a instituir um segundo «G2», desta vez com a China, que teve por objeto o «Diálogo Estratégico e Económico entre os Estados Unidos e a China»([37]) e deu lugar a encontros semestrais ao mais alto nível([38]). Os Estados Unidos reconhecem, assim, implicitamente, que a China é a segunda potência do mundo, e talvez em breve sua igual.

Trata-se de uma inversão completa da situação se nos recordarmos do desmembramento da China, no século xix, pelas potências imperialistas!

2. A China, totalitária e capitalista

A história da China moderna é indissociável do partido que a dirige há 60 anos, o Partido Comunista Chinês (PCC). Este nasceu em 1921,

---

enorme polo de crescimento na China foi uma «dádiva» para a OPEP, cujas exportações foram assim revalorizadas.

([37]) US-China Strategic and Economic Dialogue (SED).

([38]) Durante a Administração Bush, tiveram lugar cinco encontros semestrais entre Henry Paulson, Secretário do Tesouro, e o seu homólogo chinês. Durante a Administração Obama, houve já três encontros semestrais entre Timothy Geithner, Secretário do Tesouro, e Hillary Clinton, Secretária de Estado, por um lado, e os seus homólogos chineses, por outro. A ordem do dia destes encontros é cada vez mais multidimensional: dedica-se, já não unicamente às questões comerciais e económicas, mas também às questões financeiras, diplomáticas e militares.

na concessão francesa de Xangai. Era uma época em que o mundo, logo após a Primeira Guerra Mundial, via surgir um dispositivo inédito de controlo social, o totalitarismo, que iria conduzir a uma restrição drástica da esfera da vida privada para que as atividades individuais e coletivas pudessem ficar, na sua totalidade, submetidas ao Estado([39]).

Este novo controlo social concretizou-se, durante o período entre as duas guerras, em duas variantes principais: a do Oeste (Itália e Alemanha), que se adaptou muito bem à organização económica capitalista, e a do Leste (União Soviética), surgida da Revolução russa, que será coletivista e burocrática([40]).

a) *Tomada do poder e período «coletivista»*

No início da década de 1920, o PCC aliou-se ao Kuomintang (KMT), o grande partido nacionalista fundado por Sun-Yat-Sen.

Em 1927, dois anos após a morte de Sun-Yat-Sen, o novo líder do KMT, Chang Kai-Chek, voltou-se contra o seu antigo aliado: era o início de uma primeira guerra civil. O PCC estabeleceu então, em 1931, uma efémera «República Soviética da China». Esta é varrida pelo exército de Chang Kai-Chek. Mao Tsé Tung, o dirigente do PCC, é então obrigado a uma longa retirada (a «Longa Marcha») para controlar momentaneamente uma pequena região montanhosa da China (com cerca de 150 000 km^2). A invasão da China pelo Japão conduziu a uma segunda aliança tática entre o PCC e o Kuomintang.

Quando em 1945 o Japão é derrotado, a luta armada entre os dois maiores partidos chineses foi retomada. Em 1949, o PCC, apoiado pela URSS, vence e proclama a «República Popular da China», presidida por Mao, enquanto o Kuomintang de Chang Kai-Chek se refugia em Taiwan.

([39]) A origem da palavra «totalitarismo» é italiana: *totalitario*. Os «fascistas» definem-se como «totalitários». Logo em 1924, Benito Mussolini resumiu muito bem as suas terríveis conceções com a fórmula: «Tudo no Estado, nada fora do Estado, nada contra o Estado».

([40]) Quando tomou o poder, em janeiro de 1933, com o seu «Partido Nacional-Socialista dos Trabalhadores Alemães» (NSDAP), Adolfo Hitler tomou, em larga medida, Mussolini por modelo, levando, no entanto, mais longe do que este o empreendimento totalitário.
Na Alemanha nazi, na Itália fascista e ainda no Japão imperial, reinava uma ideologia oficial que afirmava deliberadamente a desigualdade fundamental dos homens e dos povos e proibia qualquer via democrática (e que se adaptava muito bem a uma organização capitalista da economia).
Por seu lado, a Revolução Russa de 1917 proclamou a igualdade dos homens e dos povos e anunciou ao mundo que uma classe social particular, a classe operária, iria pôr fim à injustiça do mundo capitalista, ao impor ao mesmo tempo uma organização coletivista da economia e «a ditadura do proletariado».

Os elementos característicos da União Soviética são então estendidos à sociedade chinesa. A propriedade dos meios de produção é abolida de modo a que a vida económica seja o resultado de entidades pertencentes ou obedientes ao Estado. Esta organização coletivista e burocrática da economia mostrou-se relativamente eficaz durante a Segunda Guerra Mundial: permitiu a Estaline resistir vitoriosamente à ofensiva lançada por Hitler. Contudo, em período de paz, este género de organização provou ser totalmente ineficaz e desestabilizador[41].

Na China, o reinado de Mao Tsé Tung (1949-1976) ficou marcado por grandes perturbações económicas e por fases muito graves de repressão e de terror. O «Grande Salto em Frente» provocou a fome, saldando-se por milhões de mortes. A «Grande Revolução Cultural» desencadeou paixões a níveis paroxísticos. Provavelmente nunca saberemos o número exato de vítimas da fome e da loucura assassina, contudo, a ordem de grandeza mais frequentemente referida é de 30 a 50 milhões de mortos. Pior que Estaline!

Com a morte de Mao, em 1976, a China estava «exangue», tanto no plano económico, como no plano político. O Partido Comunista Chinês, que presidira a esta catástrofe, via que o seu poder político podia ficar ameaçado por uma agressão exterior ou por uma rebelião da população chinesa em reação às privações de que era objeto.

b) *Deng e a restauração do capitalismo*

Quando tomou o leme dos negócios, Deng Xiaoping levou o PCC a aceitar que a condição da manutenção da sua hegemonia na sociedade chinesa residia no abandono da organização coletivista da economia que prevalecia desde há 30 anos.

Embora nunca o tenha confessado publicamente, optou, então, deliberada e definitivamente por um regresso ao capitalismo. Rompendo com o dogma comunista da «propriedade coletiva dos meios de produção», privatizou inúmeras empresas públicas, instituiu a descentralização das decisões nas empresas que continuaram públicas, autorizou e encorajou até a criação de empresas privadas, pequenas e grandes, em todos os setores de atividade. A restauração do capitalismo começou

---

[41] Pode considerar-se que a URSS se enfraqueceu notavelmente no plano económico ao não colocar um fim à sua organização coletivista esclerosada. Estava, por isso, muito vulnerável quando, em 1982, os Estados Unidos da América lançaram contra ela uma verdadeira guerra económica, levando em 1989 à implosão do Pacto de Varsóvia e, pouco depois, à da própria URSS.

nos campos, onde substituiu progressivamente as «comunas populares» por explorações familiares e pelo desenvolvimento muito gradual do mercado.

A seguir, em relação com a Feira de Cantão, cuja importância foi considerável para o desenvolvimento da atividade de subcontratação levada a cabo pelas PME, criaram-se «zonas especiais», cujo melhor exemplo é o da cidade de Shenzen, próximo de Hong Kong. A China começava a tornar-se a «fábrica do mundo».

A substituição do coletivismo pelo capitalismo levou, então, muitos observadores ocidentais a pensar que esta situação conduziria necessariamente ao surgimento de uma forma de democracia. Esta conceção ingénua, para além de ignorar a história, iria receber um desmentido contundente: a repressão espetacular e sangrenta da Praça de Tiananmen, na primavera de 1989, onde os estudantes instalaram, em frente ao retrato de Mao, uma estátua, uma alegoria da democracia! Era necessário que a sociedade chinesa continuasse sob a alçada da sua organização política e social anterior. Após a morte de Mao Tsé Tung, em 1976, o seu culto continuava muito presente. O seu enorme retrato continuava a dominar a Praça de Tiananmen, em Pequim, e outros enormes retratos decoraram os estádios durante os Jogos Olímpicos e durante as cerimónias do sexagésimo aniversário da Revolução. Eram símbolos muito significativos, tanto mais que, hoje como ontem, o PCC mantém um silêncio absoluto sobre os milhões de vítimas dos anos 1949-1976.

O PCC e o Estado chinês tencionam não cair no «revisionismo»[42]: não pode ser tolerado que se ponha em dúvida o que quer que seja da obra de Mao. O seu culto deve continuar. Esta recusa de operar uma rutura entre o «período de Mao» e o «período pós-Mao» não é um acaso: o regime político nunca deverá ser contestado, seja qual for o pretexto ou as circunstâncias. Para que a população chinesa continue a obedecer, é bom que se lembre com pavor do «período de Mao» e que continue a acreditar num regresso possível de uma vaga de repressão massiva e brutal por parte do Estado e do PCC.

---

[42] É instrutivo fazer uma comparação com a URSS. Neste país, em 1956, ou seja, somente três anos após a morte de Estaline, Nikita Kruschev apresentou no XX Congresso do PCUS um relatório esmagador sobre os crimes cometidos por Estaline que contrariava totalmente o que se dizia oficialmente da condução da URSS por ele, no período entre 1934 e 1953. O facto de Nikita Kruschev ter assim desdito publicamente o seu predecessor Estaline teve um papel importante nos acontecimentos seguintes na URSS. A partir do momento em que reconhecia publicamente que o seu dirigente supremo cometera erros e crimes, o Partido Comunista da União Soviética, o PCUS, resignava-se a ver parcialmente contestadas a legitimidade e a infalibilidade que procurara anteriormente que a população russa aceitasse. Era um dogma que caía, o que contribuiu depois para enfraquecer grandemente o prestígio do PCUS junto da população russa.

c) *A China manteve-se totalitária*

Como acabamos de confirmar, a China era totalitária antes de 1979 e continuou a sê-lo depois. O seu regime de partido único não admite nenhuma oposição organizada. O Partido Comunista quer garantir que a população continue atomizada perante um Estado todo-poderoso.

Todos os especialistas ocidentais da China concordam ao considerar que, no reinado de Mao, este país era totalitário. Contudo, alguns politólogos pretendem que, depois de 1979, com a «abertura económica», o regime chinês teria sofrido uma transformação: teria passado a ser apenas uma simples ditadura. Outros politólogos, com os quais estamos de acordo, sublinham, pelo contrário, a continuidade do domínio do país pelo PCC e pelo seu braço armado, o Exército Nacional Popular. De resto, se o próprio PCC reivindica a continuidade total do regime desde 1949, então o Estado chinês, reconhecido como totalitário com Mao no poder, continuou a sê-lo depois.

Será bom recordar a este propósito um certo número de factos ([43]):

1 – Não houve nenhuma eleição na China desde que o PCC se apoderou do poder em 1949.

2 – Desde esta data, era proibido qualquer outro partido que não fosse o PCC. Era proibida toda e qualquer associação.

O único sindicato era um sindicato oficial que nem sequer se dava ao trabalho de estar presente ao nível das empresas.

A religião Falun Gong, que surgira e recrutara cerca de 60 milhões de pessoas, foi imediatamente identificada pelo PCC como suscetível

---

([43]) Todos os regimes totalitários utilizam, aliás, alguns dispositivos que lhes são essenciais e que acabam por ser uma espécie de assinatura: 1. a proibição de qualquer eleição democrática, seja ela geral ou profissional, nacional ou local; 2. a proibição de qualquer partido político concorrente do partido único no poder e, mais genericamente, a proibição de qualquer tipo de associação, seja ela sindical, religiosa ou associativa, seja ela nacional ou local; 3. um sistema judiciário totalmente enfeudado ao poder executivo (e ao partido único que o dirige); 4. um dispositivo de repressão policial e militar que não hesita, pelo menos em certos períodos, em aterrorizar a população; 5. o controlo estatal da informação; as informações difundidas pelos órgãos oficiais devem estar conformes com as normas oficiais e com a ideologia do partido único (em que um dos pontos essenciais é que tem sempre razão); 6. o controlo estatal da comunicação entre as pessoas.

Em suma, o regime totalitário é mais do que uma ditadura: pretende eliminar definitivamente qualquer vida democrática; pretende institucionalizar e tornar perene o seu domínio mediante uma transformação profunda e a seu favor das estruturas sociais e de governo político do país considerado. A tese segundo a qual o regime chinês seria apenas uma simples ditadura não está muito longe da tese, pelo menos «otimista», da longa marcha para a democracia!

de prejudicar a sua hegemonia política. A partir de 1999, foi subitamente objeto de denúncias e de perseguições consideráveis pelo PCC. Hoje, parece ter perdido qualquer existência significativa.

O tremor de terra de Sichuan provocou um elevadíssimo número de vítimas. Um grande número dessas vítimas eram alunos que pereceram debaixo dos edifícios escolares que não estavam de acordo com as normas antissísmicas. Houve associações de pais das vítimas que procuraram organizar-se para exigir das autoridades explicações relativas à construção dos edifícios escolares. Apesar do contexto trágico, as associações foram duramente reprimidas.

3 – A imprensa e os **media** estão nas mãos do PCC.

Certamente, os internautas chineses tiveram durante muito tempo acesso às redes internacionais de informação graças ao Google. Mas o divertimento acabou: recentemente, as autoridades chinesas conseguiram provocar a saída do Google, de modo que, atualmente, na China continental, só a agência Baidu, controlada pelo PCC, gere a Internet.

4 – O PCC procura reprimir também todas as formas de comunicação que surjam através da Internet. Se as redes interpessoais se formassem na Internet, isso significaria contornar a interdição genérica de qualquer tipo de associação.

O PCC acaba de proibir a utilização de pseudónimos na Internet para tornar mais eficaz a sua espionagem discreta, mas permanente.

Sobretudo, a China publicou recentemente um decreto que constitui uma agressão a todos os democratas deste planeta: o decreto estipula que doravante só os computadores pessoais equipados com um aparelho de controlo estão disponíveis para venda na China continental.

Imagina-se a prática: o policiamento generalizado ao domicílio (o computador pessoal sob vigilância policial e o aparelho de controlo, uma vez introduzido no domicílio, também poderá, porque não, gravar em vídeo a família na sua vida quotidiana). Em 1949, o grande escritor britânico George Orwell escrevera um romance premonitório de ficção política intitulado *1984*. A ficção não se concretizou em 1984, mas sim em 2010, na China!

Na verdade, atualmente o decreto está suspenso, mas apenas porque os países ocidentais apresentaram um recurso suspensivo junto da OMC, argumentando que o decreto proposto os afastaria do mercado chinês dos computadores pessoais.

5 – O sistema judiciário está totalmente enfeudado ao executivo e indiretamente ao PCC.

A população sofre amargamente no seu quotidiano.

Na realidade, não há um verdadeiro estado de direito. As empresas ocidentais que estão presentes na China também se queixam amargamente.

6 – O aparelho de repressão é considerável.

É uma prática corrente fazer desaparecer os opositores: fica-se a saber, somente muito tempo depois, que oficialmente estiveram presos, muitas vezes depois de terem sido torturados.

Philippe Cohen diz-nos no seu livro *Vampire du Milieu*: «Todos os Chineses conhecem o **dang'na**, os grandes arquivos que têm fichas da totalidade dos 1,3 milhares de milhões de habitantes. Cada dossiê é aberto durante a escolaridade do indivíduo e segue-o durante toda a sua vida, sem que ele jamais tenha acesso a esse documento. Nele são registados os seus resultados escolares e a sua carreira profissional, mas também a sua religião e as suas opiniões políticas».

Só para policiar a Internet parece que foram mobilizados 30 000 agentes.

7 – Na China, como nos outros Estados totalitários, o poder organiza toda uma ideologia que visa desvalorizar definitivamente, no espírito da população chinesa, as noções de democracia e de direitos do homem.

O poder tenta mostrar que estes dois valores não são nem universais nem determinantes. Considera-os valores ocidentais. Deforma-os e denigre-os: a democracia não será realmente exercida e, de qualquer maneira, não será eficaz; por seu lado, a reivindicação dos direitos do homem é assimilada a um culto do individualismo...

O poder recorda que, em todo o caso, estes valores estão ausentes do pensamento de Confúcio. «Os vossos valores não são os nossos», ouvimos repetir, com cada vez mais frequência, aos responsáveis do Estado chinês e do PCC em resposta aos intelectuais ocidentais...

Para além disso, o regime político chinês singulariza-se sinistramente por traços que não se encontram necessariamente em cada um dos países que foram totalitários, mas que justificam mais ainda a caracterização da China como país totalitário:

1 – As populações de origem do Tibete e de Sinkiang foram submersas pelo envio programado de populações de origem Han (cerca de 93%

da população da China) para que renunciassem às suas especificidades e fossem assimiladas completamente no Estado chinês. Mussolini teve uma política análoga para o Vale de Aosta e para o Alto Ádige.

2 – O Estado chinês, desde 1979, permitiu-se uma violação importante dos direitos elementares das famílias ao instituir a regra do filho único e reprimindo muito severamente os desvios a esta regra. Recentemente, em províncias onde o PCC observara que muitas famílias tinham tido dois filhos em vez de um só, praticou a esterilização de milhares de homens e de mulheres contra a sua vontade(44). Por outro lado, o segundo filho não é reconhecido pelo Estado chinês. Os «segundos filhos» tornam-se pessoas sem existência legal, sem direitos, e particularmente sem direito à escolarização...

3 – Em 1949, a China, segundo a orientação da herança soviética, instaurou, e depois manteve, o princípio da interdição da mobilidade das pessoas no território nacional. A interdição não é, no entanto, absoluta e, «por derrogação», as autoridades locais podem dar um passaporte interno temporário, o «**hukou**».

Esta política articula-se com duas realidades. Por um lado, trata-se para o PCC de controlar as populações mais pobres das províncias do interior e de as manter onde estão; por outro, permite fornecer às empresas das regiões costeiras uma mão de obra particularmente dócil e barata, porque particularmente vulnerável.

Com efeito, o número global de **hukous** entregues é contingentado e os seus beneficiários, os «**minyongs**», não têm nenhum direito onde quer que cheguem: não podem ser acompanhados nem pelo seu cônjuge nem pelo seu filho; os que infringirem esta regra não podem escolarizar o filho que os acompanha. Os **minyongs** apenas podem obter uma autorização de permanência definitiva se se tornarem proprietários de uma casa (que lhes é, na maior parte das vezes, economicamente inacessível).

Em suma, o Estado chinês constituiu uma população de homens e de mulheres (cerca de 120 milhões) que vivem sozinhos, longe dos seus familiares e numa exclusão prolongada. Estas pessoas, não nos é difícil de imaginar, encontram-se completamente atomizadas perante o Estado chinês e face aos patrões das zonas costeiras.

---

(44) Isto faz pensar irresistivelmente em certas práticas da Alemanha nazi.

4 – A constituição de uma minoria de privilegiados em torno do PCC (cerca de 76 milhões de aderentes, ou seja, cerca de 5% da população total).

  a. O Partido tem muitos aderentes, mas é deveras seletivo.
  b. O seu modo de recrutamento é a cooptação.
  c. Os critérios de cooptação são a conformidade política e o sucesso profissional.
  d. O PCC tende a integrar a parte mais conformista da elite profissional num género de clube de dirigentes mutuamente motivados para que o sistema social em vigor se mantenha.
  e. Segundo o que foi possível saber, parece que, mesmo no interior do PCC, não existe um funcionamento democrático. Por exemplo, a decisão da repressão em Tiananmen, em 1989, foi tomada numa reunião muito restrita e não estatutária de altos dirigentes do PCC.

Ficamos cientes. É unicamente nos textos oficiais que a China é uma sociedade «harmoniosa». O regime político da China continua a ser totalitário.

3. A eficácia do cocktail «capitalismo + totalitarismo»

Como vimos, a organização capitalista da produção é perfeitamente compatível com um Estado totalitário[45]. Deve-se notar que os Estados capitalistas totalitários nunca foram verdadeiramente objeto de um movimento massivo de rejeição por parte das suas populações. Porquê? Não só por causa de um sistema repressivo que as aterrorizava, mas também porque os regimes instalados, ao mesmo tempo que as privavam de liberdade, conseguiam dar-lhes alguma prosperidade. Deste ponto de vista, é muito problemático esperar, como muitos politólogos ocidentais nos propõem, que o aumento da prosperidade da população chinesa levará a uma reivindicação massiva a favor da democracia.

Outra afirmação falaciosa consiste em pretender que a democracia seria a forma «superior» da sociedade capitalista. Não é. Ao longo dos

---

[45] Antes da China, a Alemanha, a Itália e o Japão foram exemplos de combinação entre totalitarismo e capitalismo, que lhes conferia uma grande força. Se a experiência destes países se viu encurtada, tal ficou a dever-se principalmente por terem feito uma opção militar que os levou a confrontarem-se com uma coligação mais forte do que a deles.

últimos 30 anos, e ainda mais nos últimos 10, é, infelizmente, o fenómeno oposto que observamos: a China teve uma ascensão fulgurante em termos de crescimento e de poder. O tempo trabalhou e continua ainda manifestamente a trabalhar a favor da China perante os países capitalistas democráticos demasiado passivos e agora muito desconcertados.

Infelizmente, é necessário constatar que o facto de a China ser um país ao mesmo tempo capitalista e totalitário lhe valeu alguns trunfos incontestáveis no plano económico.

Como veremos, se os custos salariais em yuans são muito baixos, isso deve-se, ao mesmo tempo, ao peso do desemprego, «natural» se assim poderemos dizer, ao sistema do *hukou* e dos *minyongs*, ao sistema repressivo e à política do filho único, tudo coisas que estão estreitamente ligadas à organização totalitária da sociedade. Quanto aos custos salariais expressos em dólares (que são pertinentes para o comércio externo), eles podem ser extraordinariamente baixos. O baixo custo salarial em yuans conjuga-se, com efeito, com a subvalorização considerável desta moeda, que se apoia num controlo de câmbios draconiano, que só um país totalitário pode fazer respeitar com tal eficácia.

Analogamente, o capitalismo totalitário é necessariamente um «capitalismo patriótico», em que as empresas, sob a difusa pressão do partido único, presente em todos os conselhos de administração, optam sistematicamente pelo que é nacional em matéria de aprovisionamentos, em detrimento, como é evidente, dos exportadores estrangeiros. Nos países capitalistas democráticos, pelo contrário, as grandes empresas comportam-se muitas vezes como se tivessem perdido toda e qualquer nacionalidade e pudessem impunemente tomar decisões estratégicas que se revelam prejudiciais ao seu país.

O Estado chinês desenvolve uma diplomacia económica muito ativa no estrangeiro. Acentua que o acesso efetivo ao mercado interno chinês, que é enorme, depende da sua boa vontade, e que dispõe de meios de pressão extremamente eficazes...

Não se pode, portanto, afirmar de forma alguma que o capitalismo democrático triunfará espontaneamente sobre o capitalismo totalitário. Os analistas que sugerem que devemos manter-nos confiantes na superioridade final do modelo capitalista democrático estão a iludir-nos: não há nenhuma regra absoluta nesta matéria.

Enquanto herdeiros do pensamento de Confúcio e, para além disso, desejosos de não cometer o mesmo erro da URSS, os dirigentes chineses procuram enganar os países desenvolvidos. Por isso, não fazem alarde dos seus sucessos para poderem parecer, durante o maior tempo possível, menos poderosos e menos temíveis do que são na realidade. Eles adoram repetir que a China continua a ser economicamente um pequeno país (o que é absolutamente falso), que está pouco desenvolvida e que tem necessidade de um crescimento muito forte durante muito tempo para sair do seu subdesenvolvimento[46].

A «comunicação» do PCC que visa apresentar a China como um país pobre e pouco desenvolvido é completamente falaciosa, mas de uma eficácia terrível. De facto, funciona. Posteriormente, interrogar-nos-emos porquê. A vantagem para a China é evidente: é necessário manter desmobilizados, durante o maior tempo possível, os Estados Unidos da América e os seus aliados, e não assustar prematuramente nem a Rússia, nem o Brasil, nem a Índia, nem o Vietname, nem os outros países emergentes quanto à capacidade potencial que a China já tem de dominar o mundo.

4. A canibalização das economias desenvolvidas

Não é o mundo inteiro que está em crise, é unicamente o mundo desenvolvido. O crescimento da China, depois de ter atingido «um ponto baixo» com 6,2% no primeiro trimestre de 2009, voltou a subir, com efeito, para 11,9% a partir do primeiro trimestre de 2010. É evidente que este país passou ao lado da crise e, hoje, os especialistas da China inquietam-se quando muito com as tensões inflacionistas ou o excesso nos mercados de ativos, duas doenças características dos países muito prósperos.

Por outro lado, os países ditos desenvolvidos (Estados Unidos da América, Europa, Japão) singularizaram-se sob um duplo ponto de vista. A crise financeira provocou neles uma franca recessão, a maior desde os anos 30 (nos Estados Unidos da América, queda de 4,7% do PIB, sem contabilizar a variação de stocks, entre o quarto trimestre de 2007 e o primeiro trimestre de 2009). Quanto à recuperação económica, revelou-se dececionante, pois as taxas de crescimento continuam muito modestas (nos Estados Unidos da América, o PIB aumentou apenas 1,4% entre o primeiro trimestre de 2009 e o segundo trimestre de 2010). Esta recuperação revelou-se muito reduzida em relação às medidas de retoma, que foram extremas e nunca tinham sido aplicadas anteriormente: os grandes bancos centrais colocaram as suas taxas de juro

---

[46] Esta foi a teoria que Wen Jiabao, o número dois chinês, desenvolveu com toda a seriedade na Cimeira Mundial do Clima, em Copenhaga, em dezembro de 2009!

próximo dos 0% desde finais de 2008, enquanto os défices públicos atingiam em 2009 e 2010 os seus valores mais altos (cerca de 10% do PIB nos Estados Unidos e Reino Unido). Desde a deflagração, em finais de 2009, da crise das finanças públicas na Europa, sabemos que tais défices públicos não poderão ser repetidos, porque os credores internacionais já não os aceitam. Em suma, embora os países desenvolvidos tenham saído da recessão na primavera de 2009, não saíram claramente da crise.

Graças ao nível extremamente baixo dos seus salários e a um regime de câmbios muito particular para a sua moeda (o yuan), a China beneficia de um privilégio exorbitante na concorrência internacional. Isto permite-lhe obter excedentes comerciais colossais em relação aos países desenvolvidos, excedentes que mantém mesmo quando sofrem uma recessão acentuada como a de 2008/2009. É este grande desequilíbrio internacional que explica ao mesmo tempo o crescimento extraordinário da economia chinesa e a estagnação prolongada dos países desenvolvidos.

De alguma forma, os sucessos repetidos da economia chinesa procedem de uma verdadeira «canibalização» da economia dos países desenvolvidos. Estes veem-se, então, condenados à desindustrialização, e à desestabilização social e política que a acompanha inevitavelmente.

A desindustrialização dos países ocidentais começou na década de 1970. Nessa época, os aprendizes de feiticeiro que dirigiam a Organização Mundial do Comércio (OMC) conseguiram impor os seus pontos de vista e instauraram uma liberalização sem controlo do comércio mundial, o que desencadeou a desindustrialização dos países desenvolvidos.

A China, depois de ter ganho uma vantagem considerável em termos concorrenciais, graças às enormes desvalorizações, entre 1990 e 1994, foi admitida, no final de 2001, na OMC, com o apoio dos seus cúmplices, as empresas multinacionais e a finança internacional, assim como com a ajuda da Administração Clinton. Sem demora, a China aumentou, então, os seus excedentes externos e o crescimento do seu PIB.

Como corolário, os países desenvolvidos, por seu lado, iniciaram um deslizamento cada vez mais pronunciado para o abismo, para retomar a imagem de Maurice Allais. Na verdade, foi na China que se concentraram e continuarão a concentrar-se grande parte dos empregos industriais criados no planeta, e isto em detrimento dos antigos países industrializados. Em que outro país poderemos encontrar estabelecimentos da envergadura da filial da empresa Hon Hai, de Taiwan, que, unicamente na cidade chinesa de Shenzhen, emprega mais de

300 000 operários?(⁴⁷) Fabrica componentes eletrónicos para a Sony, telemóveis para a Nokia, Ipods, Iphones e Ipads para a Apple, computadores para a Dell e para a Hewlett-Packard, etc.

Todos os tipos de intervenção contribuíram para esta nova configuração. As empresas chinesas assenhorearam-se de partes consideráveis do mercado mundial de produtos manufaturados, chegando mesmo, na maioria das vezes, a apoderar-se de segmentos inteiros como o dos brinquedos, têxteis, calçado e vestuário, mas também do mobiliário, eletrodomésticos, painéis solares, equipamentos para cimenteiras, TGV, computadores, etc. Tudo isto contribuiu automaticamente para reduzir a atividade e o emprego das empresas fabricantes ocidentais.

A grande distribuição ocidental (Carrefour, etc.) abastece-se cada vez mais em empresas chinesas, pelo que os bens de consumo manufaturados que são vendidos nos países ditos industrializados são cada vez mais «made in China».(⁴⁸)

Numerosas empresas supostamente fabricantes (Apple, Dell, Hewlett-Packard, Motorola, Nike...) abastecem-se cada vez mais na China, pelo que em breve deixarão de criar qualquer valor acrescentado nos países ditos industrializados.

Finalmente, ainda que as grandes empresas fabricantes ocidentais continuem com importantes investimentos industriais, preferem cada vez mais concentrar-se unicamente na China, em detrimento, também neste caso, dos velhos países industrializados.

Os sucessos incontestáveis da China em matéria industrial, como se pode ver, têm como contrapartida um desastre igualmente incontestável, o da desindustrialização dos países ditos industrializados. Este é um processo que desestabiliza todas as sociedades atingidas, porque tem como corolários mais imediatos e mais graves o declínio do emprego global e a explosão do desemprego.

O declínio do emprego conduz a um decréscimo das receitas fiscais do Estado e dos recursos dos sistemas de proteção social (saúde, desemprego, reformas). Trata-se, portanto, de uma desestabilização em geral das finanças públicas, com todo o seu cortejo de funestas consequências: crise prolongada dos regimes sociais (saúde, desemprego, reformas) e degradação dos serviços públicos (transportes coletivos, habitação social e sistemas escolar e universitário).

(⁴⁷) A empresa taiwanesa Hon Hai emprega mais de 600 000 pessoas em todo o mundo. Em 2006, uma reportagem relativa à fábrica de Longhua afirma que um dia de trabalho pode chegar às 15 horas e que há muitos suicídios. Os operários recebem 39 euros por mês.

(⁴⁸) Encontra-se mesmo uma mistificação comercial nas etiquetas com a menção «made for France» seguida da precisão, em caracteres muito pequenos, «in PRC» (People Republic of China)!

A explosão do desemprego leva ao desespero de uma grande parte da população, sobretudo dos jovens sem emprego. Sem uma perspetiva de inserção profissional, sem capacidade financeira para dispor de uma casa, sem verdadeira possibilidade de casar e de criar uma família, muitos jovens veem-se sem descendência e obrigados a permanecer em casa dos pais ou a viver como nómadas. Daí resultam todos os tipos de tentações: o álcool, o consumo de drogas ou o seu tráfico, a prostituição, a violência, a falta de civismo, as diversas formas de delinquência...

O aumento do desemprego significa também uma tendência para a descida dos salários reais, porque se exacerba a concorrência entre aqueles que procuram desesperadamente um emprego. Ao mesmo tempo, as desigualdades crescem desmesuradamente: ainda que algumas classes privilegiadas da população vejam ainda os seus recursos a crescer, os pobres tornam-se mais numerosos e mais pobres! Daqui resultam fenómenos de má nutrição e o desenvolvimento correlativo de algumas doenças. A crise do ensino que temos hoje em França, com o aumento da iliteracia, e a crise da família, que se carateriza nomeadamente pela multiplicação de divórcios, não são, de forma alguma, estranhos a este clima de insegurança, que é o destino de uma parte cada vez maior da população.

Esta profunda desestabilização constitui um verdadeiro sismo para as sociedades desenvolvidas, enquanto a China nada na prosperidade económica e na estabilidade social.

O crescimento económico da China é, atualmente, da ordem dos 10 a 11% ao ano, enquanto o dos países ocidentais se situa apenas em cerca de 1%[49]. Com tal diferencial de crescimento, a China, que é já uma «superpotência», está a caminho da hegemonia mundial. Será que as «velhas nações» o poderão aceitar?

Regressar ao passado não será inútil para podermos formular um juízo.

---

[49] Entre 1979 e 1999, a China teve um crescimento de 8% ao ano, contra 3% dos países ocidentais. Entre 1999 e 2009, os crescimentos são respetivamente de 10% e 1%: o fosso aprofundou-se.

Capítulo 2

Como a Inglaterra e os Estados Unidos da América se tornaram hegemónicos

DESDE HÁ CERCA DE CINCO SÉCULOS, a história é, em larga medida, uma história de práticas mercantilistas. Elas explicam as sucessivas ascensões ao estatuto de potência dos Países Baixos, da Inglaterra e dos Estados Unidos da América.

Hoje, a situação económica e geopolítica do mundo está de novo marcada pelo sucesso das práticas tipicamente mercantilistas lançadas em grande escala pela China. Isso permite-lhe obter gigantescos excedentes comerciais, que constituem a base do seu espetacular crescimento.

As interrogações suscitadas pela crise atual instigam a operar um grande recuo na história: quais foram, nos séculos passados, os fatores que provocaram mudanças comparáveis às de hoje?

Como veremos, a chave do sucesso económico e do poder geopolítico, no caso de um grande país, reside no facto de este conseguir impor as suas práticas mercantilistas ao resto do mundo.

Reportemo-nos a cinco séculos atrás: esta será a ocasião de constatar como são importantes os confrontos internacionais surgidos de rivalidades comerciais e de sublinhar a intensidade da relação entre a procura de riqueza por parte dos capitalistas que animam a vida económica e a busca de poder pelo Estado que os congrega.

Porquê cinco séculos? Qualquer data é arbitrária, mas 1492, a da descoberta da América, é reconhecida como particularmente importante: «começa a era do mundo finito», para retomar uma fórmula de

Paul Valéry. Os progressos da navegação vão trazer mudanças decisivas: o Mediterrâneo será cada vez mais negligenciado no comércio das especiarias pelo facto de os Portugueses terem contornado a África e o comércio transoceânico ganhará cada vez mais importância. Terá, assim, início o domínio da Europa sobre o mundo; da Europa e, mais tarde, da «civilização europeia», se tomarmos em conta a projeção da Europa que são as Américas.

O chamado «capitalismo comercial» já existia, contudo, ganha então um novo impulso com o desenvolvimento do «comércio longínquo»: os séculos XVI e XVII veem surgir numerosas companhias de comércio, como, por exemplo, as várias companhias das Índias, orientais e ocidentais, ou, então, a muito exótica «Companhia dos Fidalgos Aventureiros que negoceiam com a baía de Hudson». Curiosamente, no exato momento em que se afirma o domínio da Europa, esta divide-se: a publicação da *Carta Aberta à Nobreza Cristã da Nação Alemã Sobre a Reforma do Estado Cristão*, de Lutero, data de 1517. É o início da Reforma Protestante, que terá, sem dúvida, uma importância considerável nas trajetórias económicas e políticas da Holanda, Inglaterra, Alemanha e França.

Em relação ao conjunto das atividades económicas dos países referidos, que são essencialmente rurais, o comércio longínquo representa pouco. Contudo, ficará muito ligado ao impulso das manufaturas e terá um papel estruturante no desenvolvimento económico dos países da faixa atlântica da Europa. Dará origem a importantes receitas para os Estados. Estes, em contrapartida, permitirão o desenvolvimento do comércio longínquo. Por isso, as rivalidades sobre este comércio serão também rivalidades entre os Estados.

Num primeiro momento, concentrar-nos-emos no que poderemos chamar «modelo mercantilista», tal como aparece numa pequena obra notável do século XVII, *A Aritmética Política*, de William Petty, modelo que será contestado um século e meio mais tarde pela economia «clássica», injustamente segundo a nossa opinião.

Num segundo tempo, examinaremos o modelo prático «inultrapassável» de todos os mercantilismos que é o Império Britânico. Contudo, todos os impérios têm um fim. Estudaremos também a maneira como uma nova potência se torna sua rival, antes de afastar a potência hegemónica e a substituir pura e simplesmente. Consideraremos, sobretudo, os grandes perigos que ameaçam o mundo durante os períodos em que a concorrência pelo domínio coloca em causa a hegemonia estabelecida.

Por fim, será necessário a crise da década de 1930 e, depois, na primavera de 1940, o colapso militar de França, seu principal aliado, para que a Grã-Bretanha perca o domínio mundial([50]), o qual já se encontrava muito abalado em benefício dos Estados Unidos da América.

Este panorama terá o seu fim com a Conferência de Bretton Woods onde, pela primeira vez, são imaginados dispositivos internacionais suscetíveis de conter as tendências mercantilistas inerentes ao mundo capitalista. Será um primeiro passo que se verificará em seguida ser insuficiente e que será dado sob a égide da potência então dominante no mundo([51]).

1. O «modelo mercantilista» e a sua contestação pelos autores «clássicos»

Até meados do século XVIII, as conceções dos economistas, que tentavam de alguma maneira dar conta do que observavam, insistiam muito na importância do Estado, do comércio longínquo e das necessárias relações entre o Estado e a sua força militar, por um lado, do comércio e da indústria, por outro, e, finalmente, dos excedentes externos. Devido a estes traços comuns, autores tão diversos como William Petty, em Inglaterra, e Colbert, em França, passaram a ser etiquetados como «mercantilistas»([52]).

Contudo, durante séculos, a história do capitalismo, com os seus sobressaltos, as suas crises e as suas guerras, coincidiu, em larga medida, com a história das práticas mercantilistas. Apesar disso, a «ciência económica» teve de denegrir rapidamente os autores que lhe pretendiam dar uma teoria e de condená-los como espíritos obscuros e confusos.

([50]) O domínio mundial não resulta automaticamente de fatores económicos, mas resulta também de um sistema de alianças. No fim da década de 1930, a Inglaterra possuía o seu, cuja peça fundamental era a França.

([51]) No fim da Guerra, os Estados Unidos afirmam-se como potência hegemónica perante as potências que eram candidatas à hegemonia (a Alemanha e o Japão) e que são vencidas, ao mesmo tempo que a Inglaterra já não tem os meios de assegurar o papel que fora seu.
Nos tempos que se vão seguir, pouco significado terá uma grande potência muito atípica, a União Soviética, que, a seguir à Revolução de 1917, sucede à Rússia. Na verdade, a URSS desenvolve um modelo de sociedade, o socialismo totalitário, que é muito singular, opondo-se a toda e qualquer forma de capitalismo, mas que lhe permitirá, no entanto, adquirir uma força militar considerável, ter um papel fundamental no final da Segunda Guerra Mundial e rivalizar depois, durante muito tempo, com os Estados Unidos, no plano geopolítico, para finalmente entrar em colapso em 1989.

([52]) Deixaremos de lado os autores do «mercantilismo espanhol». Com efeito, o naufrágio económico e social da Espanha, devido ao afluxo de metais preciosos provenientes da América, demonstra claramente que a prática da pilhagem não foi muito favorável a este país, nem tão-pouco às representações teóricas às quais deu lugar.

Quem se lembra de William Petty e da sua *Aritmética Política*([53]), para além de Max Weber, que o cita abundantemente em *A Ética Protestante e o Espírito do Capitalismo*(*), ou, mais próximo de nós, François Fourquet([54]), que no-lo fez descobrir? Mesmo Friedrich List([55]), que retomou, um século e meio mais tarde, a mesma problemática, não o conhecia. A sua obra é, no entanto, notável. O que diz ela, então?

A Inglaterra acabava de viver dias difíceis (guerra civil, república de Cromwell, restauração monárquica, guerras contra a Holanda) quando Petty deu os seus bons conselhos, na intenção do rei, para que a Inglaterra pudesse dominar o comércio mundial. Era, ao mesmo tempo, uma análise «objetiva» – «científica», diríamos hoje – e uma «doutrina». Tal corresponde, em larga medida, ao que será a política económica de Inglaterra durante um período muito longo. Por isso, o «modelo» da aritmética política foi, posteriormente à sua apresentação, largamente validada pelos factos.

A Inglaterra, diz ele, deve especializar-se em atividades que produzam o máximo de valor([56]), isto é, no comércio e na indústria, e, por outro lado, descartar as atividades agrícolas suscetíveis de serem substituídas por importações (portanto, isto diz respeito à produção de cereais, mas não à do leite). O comércio externo é de importância capital e as atividades marítimas que o tornam possível são também muito importantes: é necessário exportar produtos manufaturados e importar produtos agrícolas ou outros que não seja possível ou rentável produzir em Inglaterra. O lugar do Estado é primordial: é ele nomeadamente que suporta a marinha de guerra, indispensável à proteção dos navios comerciais.

Desta forma, a Inglaterra deverá obter o «controlo do comércio mundial». Assim, os negociantes-armadores ingleses não só suportam custos menos elevados do que os seus concorrentes – diríamos que se trata de um setor de rendimentos crescentes –, mas também dispõem de melhor informação sobre o estado da «procura» nos diferentes países do mundo, o que permite às atividades industriais inglesas adaptar-se mais rapidamente a estas diferentes procuras do que as dos seus concorrentes.

---

[53] *A Aritmética Política* foi editada em Londres, em 1761, após a morte do autor.
(*) Tradução portuguesa da Editorial Presença, Lisboa, 2001. (N.T.)
[54] François Fourquet, *Richesse et puissance*, La Découverte, Paris, 1989.
[55] Friedrich List, *Système national d'économie politique*; 1ª edição em língua alemã de 1841; nova edição francesa, com prefácio de Emmanuel Todd, Gallimard, Paris, 1998.
[56] François Fourquet vê nesta expressão a invenção do conceito de «valor acrescentado».

O elemento central da teoria mercantilista é a necessidade de gerar excedentes comerciais com o resto do mundo. Estes excedentes, sustentados nas atividades industriais, nas manufaturas, permitem que o ouro entre. Como se pode ver, trata-se de uma doutrina agressiva que, se for aplicada, torna as guerras inevitáveis: não é possível que todas as nações sejam simultaneamente excedentárias nas suas trocas externas, nem que todas possam aspirar a desempenhar um papel hegemónico.

E qual era o papel do ouro em tudo isto? Ele não era o fundamento da riqueza. Esse fundamento era, na verdade, uma população numerosa e instruída, ou seja, diríamos hoje, os «recursos humanos». Era necessário exportar bens manufaturados e fazer entrar ouro no país. O crescimento da circulação monetária era necessário ao desenvolvimento dos negócios e este crescimento económico era necessário de um ponto de vista social. Os cargos no exército e no Estado, bem como os rendimentos dos grandes domínios, não chegavam para assegurar à totalidade das pessoas «bem-nascidas» os rendimentos e o estatuto social apropriados à sua origem. Era necessário, portanto, que o comércio e as indústrias se desenvolvessem, o que pressupunha o aumento da circulação monetária e mercados externos para os produtos. As entradas de ouro eram também necessárias para assegurar ao Estado os recursos indispensáveis para que pudesse desempenhar o papel que deveria ter (nomeadamente no plano militar), essencial para o desenvolvimento dos negócios. Finalmente, era necessário exportar capitais para investimentos no estrangeiro, que, na época do capitalismo comercial, assumiam a forma de «balcões» comerciais, graças aos quais se reproduzia o sistema de excedentes comerciais numa escala mais ampla[57].

A partir do «miraculoso fracasso» da invencível armada, em 1588, Espanha deixa de ser um concorrente perigoso para Inglaterra. Em 1665-67, a Holanda é derrotada e, em consequência da guerra, Nieuw-Amsterdam torna-se New-York. No seu caminho em direção ao

---

[57] Estamos longe do sistema espanhol, em que as entradas de ouro e de prata conduziram à ruína as produções locais e à inflação, às trocas de mercadorias cada vez mais deficitárias. No esquema de Petty, são os excedentes comerciais que devem estimular o conjunto da economia e permitir-lhe, assim, um forte crescimento. O caso espanhol aponta para um perigo mortal da estratégia mercantilista, ao qual voltaremos. O excesso de moeda (de moeda «reconhecida», do ouro obtido pela pilhagem neste caso) leva a importações cada vez mais elevadas e, no fim de contas, à ruína do país ou ao estabelecimento de uma relação de dependência em relação ao exterior. Que um país disponha de uma moeda que desempenhe o papel de moeda internacional – consequência do seu domínio económico – conduz mais ou menos ao mesmo resultado. Por volta de 1900, o comércio externo britânico está equilibrado graças ao Império colonial. As trocas comerciais com a Alemanha e com os Estados Unidos são então deficitárias, o que provavelmente está relacionado com os papéis da libra esterlina e da City de Londres. Da mesma maneira, a partir da década de 1950, os Estados Unidos da América tendem a ter trocas comerciais deficitárias, ainda que o dólar seja a moeda do mundo.

domínio mundial do comércio, resta ainda um adversário de peso, a França. As hostilidades começam em 1755, na América, e estendem-se às Índias. O Tratado de Paris de 1763 consagra então o domínio inglês, ainda que seja contestado durante algumas décadas, até 1815.

Em meados do século XVIII, uma verdadeira viragem teórica fica a marcar as representações económicas: o Iluminismo desenvolve em França e Inglaterra conceções filosóficas individualistas que resultam na ideia de que as trocas económicas são vantajosas para os que nelas intervêm, sejam indivíduos ou nações. A emergência da economia clássica com autores como Smith, Say e Ricardo permite elevar a liberdade das trocas comerciais a uma espécie de dogma, um dogma ainda bem vivo hoje em dia, dispondo mesmo de um instrumento importante: a Organização Mundial do Comércio (OMC).

Dado que a hegemonia inglesa parece estar assegurada, pode surgir uma nova teoria[58]: as trocas comerciais internacionais são vantajosas para todos! Certamente que Adam Smith, em 1776, introduziu alguns matizes: era necessário, apesar de tudo, proteger as indústrias nascentes! 40 anos depois, a indústria britânica teve tempo de se desenvolver, pelo que Ricardo é mais perentório do que Adam Smith nas suas conclusões. É nele que nos iremos deter. O seu modelo canónico é o seguinte: dois países (Inglaterra e Portugal), dois bens e fatores de produção imóveis[59]. Se os custos de produção são mais baixos num país do que noutro para um dos bens e mais elevados para o outro dos bens, então os dois países têm interesse nas trocas comerciais e há «especialização» com um sistema de preços que a justifica. Melhor ainda: se um dos países é mais eficiente economicamente do que o outro mesmo para os dois bens e se os preços relativos forem diferentes, então a troca e a especialização podem e devem fazer-se. Em suma, a troca pode sempre fazer-se e é preferível à autossuficiência, uma vez que ambos ganham! Desde há cerca de dois séculos, houve alguns «aperfeiçoamentos», mas trata-se sempre, como na música, de variações sobre um mesmo tema.

No fim de contas, o livre-cambismo «teórico» (ou dogmático) acaba por, no fim do século XVIII e no início do século XIX, constituir a ideologia económica mobilizadora de Inglaterra, uma vez estabelecida a

---

[58] Adam Smith, *Investigação Sobre a Natureza e a Causa da Riqueza das Nações* (publicado em 1776); David Ricardo, *Princípios de Economia Política e de Tributação* (publicado em 1817); Jean Baptiste Say, *Tratado de Economia Política* (publicado em 1803).

[59] Na realidade, para além da terra, apenas há no seu «modelo» um fator de produção, o trabalho. Supor que este fator é imóvel é verdadeiramente ir muito longe na via dos «factos estilizados». Mais de um século antes dos seus escritos, deu-se o êxodo dos huguenotes, que permitiu fazer da Prússia uma potência importante, e tiveram lugar fluxos migratórios da Europa para a América.

sua hegemonia económica e política. O *Navigation Act*, aprovado por Cromwell, em 1651, de acordo com o qual o essencial do comércio com a Inglaterra deveria fazer-se em navios ingleses, e que foi tão importante para o desenvolvimento do comércio britânico, apenas foi abolido em 1849 (três anos depois da abolição das *Corn Laws*). A «liberdade de comércio» reivindicada pela Inglaterra era apenas uma maneira, entre outras, de reproduzir o seu domínio comercial e industrial, o que lhe permitia realizar trocas comerciais fundamentalmente «desiguais» – como também foram qualificados os tratados que os imperadores da China foram obrigados a assinar na mesma época.

Se a teoria clássica teve o sucesso que se conhece, não foi por se terem espalhado as novas ideias do Iluminismo: aquela teoria também fazia parte das novas ideias. Quando, em 1748, Montesquieu declara em *O Espírito das Leis* que «em todo o lado onde há comércio, há bons costumes», apenas regista o facto de que o comércio ganhou então uma importância considerável – o que não implica necessariamente, também, «bons costumes». Este último argumento corresponde, no entanto, à necessidade de desenvolver doravante o comércio entre as nações europeias, e não somente entre estas e os países não europeus. O comércio longínquo fica então bem estabelecido, as fábricas são incrementadas e as trocas comerciais devem fazer-se em maior escala, o que supõe o seu desenvolvimento, mais do que no passado, entre as nações da Europa.

Ainda que Smith coloque a questão da proteção das indústrias nascentes (estamos em 1776: a supremacia de Inglaterra não está ainda completamente estabelecida), estabelece uma rutura em relação aos autores anteriores: insiste no interesse que têm as trocas comerciais, já não sendo abordada a questão do domínio nem a da conexão entre riqueza e poder, que com ela está relacionada. Para os clássicos, tudo se passa como se as trocas comerciais internacionais estivessem equilibradas, e se isso não acontece, tal não é de forma alguma indício de um problema. Para os mercantilistas, pelo contrário, o desequilíbrio das trocas comerciais é uma aposta importante: fonte de riqueza e de poder para os países excedentários, fonte de empobrecimento e de declínio para os países deficitários. Ora, tanto na representação mercantilista do mundo, como na doutrina mercantilista, as trocas comerciais são desequilibradas: as nações em situação de domínio têm excedentes comerciais que permitem entradas de ouro; reciprocamente, muitos países estão em situação de défice mais ou menos acentuado. Daqui resulta para estes a ruína de algumas atividades, ao mesmo tempo que, por outro lado, as saídas de prata e de ouro podem levar, nessa época, a uma restrição da circulação monetária nefasta aos negócios([60]). Os autores clássicos e os seus sucessores, e mesmo muitas vezes os autores keynesianos, não dão suficiente atenção ao facto de que um país pode ser arruinado pelo simples facto de um certo tipo de inserção no comércio mundial. Na crítica que faz aos autores clássicos, F. List insiste na noção de poder: «o poder é mais importante do que a riqueza [...] a fraqueza entrega nas mãos dos poderosos tudo o que nós possuímos: as nossas riquezas e, para além disso, as nossas forças produtivas, a nossa civilização, a nossa liberdade e até a nossa independência nacional [...].

Como é que, em presença desta ação recíproca do poder, das forças produtivas e da riqueza, Adam Smith pôde defender que o Tratado de Methuen([61]) e o Ato de Navegação([62]) não tinham sido, comercialmente falando, vantajosos para Inglaterra?»([63])

A história económica mundial, desde há, pelo menos, quatro séculos, ilustra o mérito da tese mercantilista: observa-se uma tendência constante de certos países, em posição de domínio ou aspirando a tal posição, para desenvolverem uma política mercantilista, assente em excedentes comerciais contínuos, enquanto outros países, em situação de dominados ou correndo o risco de o ser, procuram resistir e opor-se às práticas dos primeiros. As inúmeras guerras que daqui resultaram assinalam, se necessário fosse, o carácter agressivo e perigoso destas práticas. Estas conduzem necessariamente a relações desequilibradas: alguns países têm excedentes comerciais recorrentes, outros têm défices. Tais desequilíbrios, que levam a situações de colonização económica([64]), a crises económicas e a guerras, devem, portanto, ser evitados([65]).

([60]) Foi exactamente o que se verificou na China em meados do século xix.

([61]) O Tratado de Methuen, ao instituir o desarmamento aduaneiro entre a Inglaterra e Portugal, em 1703, foi um desastre para a indústria de Portugal, nomeadamente para os têxteis, sem nenhuma vantagem real para este país.

([62]) O «navigation act», de Cromwell, impunha que o comércio com a Inglaterra se fizesse em navios ingleses. Esta medida protecionista só foi abolida em meados do século xix, tendo-se tornado então a Inglaterra a potência dominante.

([63]) F. List., *op. cit.*, p. 156.

([64]) Os défices comerciais assim como o endividamento público face ao exterior conduziram no passado países independentes à situação de protetorados (Marrocos, Tunísia) ou de quase protetorados (Turquia, Egito).

([65]) Esta necessidade não é reconhecida pela maioria dos economistas. Assim, por ocasião de um encontro de economistas keynesianos dos dois mundos organizado pelo CEMAFI, em Nice, em junho de 2006, a seguir à intervenção relativa aos excedentes comerciais da China, Jimmy Galbraith haveria de dizer em substância: «Porque é que os senhores querem que as trocas comerciais sejam equilibradas? Não há nenhuma razão para isso...».

2. A estratégia com que a Inglaterra construiu a sua hegemonia

Durante uma parte do século XVII, um pequeno país, a Holanda, conseguira a proeza de dominar o comércio mundial. Foi o resultado de uma política mercantilista inteligente, sendo um dos seus aspetos essenciais a manutenção por parte do Estado de uma importante marinha de guerra, condição da expansão do comércio holandês. O país era, no entanto, demasiado pequeno para poder suportar, durante um longo período, um confronto com o rival inglês. Este, uma vez recuperado da sua guerra civil, vai impor-se na direção do comércio mundial. Contudo, não o fará sem dificuldade, porque terá de enfrentar a potência francesa, durante quase um século e meio, até 1815. No final do século XVII, França é a principal potência europeia, acima da Inglaterra. Todavia, três grandes erros da sua política vão levá-la a uma primeira derrota importante, sancionada pelo tratado de Paris de 1763.

O primeiro erro é da responsabilidade de Luís XIV: a revogação do Edito de Nantes, em 1685, não só implica para França a perda de uma parte preciosa das suas forças vivas[66], mas significa também pôr em causa a obra esclarecida de Colbert. O segundo erro do poder real francês é o seu envolvimento nos conflitos do continente europeu, que desvia uma grande parte dos recursos públicos para apostas sem interesse do ponto de vista da luta pela hegemonia comercial mundial, que supõe uma presença militar ativa em territórios longínquos[67]. Finalmente, Luís XV, com grande inconsciência, deixará definhar a frota de guerra francesa... Sem os apoios militares necessários, a França perderá o seu império americano, a Nova França, ao mesmo tempo que Dupleix se revelará incapaz de estender ou manter a influência já adquirida nas Índias. Em 1763, a guerra pelo controlo do comércio longínquo fica assim largamente comprometida. A supremacia inglesa parece estar no bom caminho. Contudo, a França revela-se um adversário coriáceo. Graças à reconstituição da sua marinha de guerra por Luís XVI, vai empreender uma espécie de vingança no outro lado do Atlântico com o seu apoio decisivo à revolução americana. A vitória da frota francesa comandada pelo almirante de Grasse contra a frota britânica na baía de

---

[66] Em consequência da revogação do Edito de Nantes, que decretava a tolerância religiosa, cerca de 400 000 huguenotes, uma parte muito importante da população instruída do reino, deixou a França para se estabelecer na Suíça (é a origem da «vocação» relojoeira deste país) e na Prússia, onde tiveram um papel decisivo na construção de um Estado moderno.

[67] Os territórios longínquos são, nomeadamente, a América do Norte e as Índias.

Chesapeake, em 1781, permite a vitória de Washington, Rochambeau e La Fayette, em Yorktown, sobre o general inglês Cornwallis, abrindo o caminho para a independência americana.

A origem da guerra da independência é, aliás, inteiramente económica: a colónia inglesa quer, com efeito, desenvolver indústrias locais, em vez de pagar muito caro pelas mercadorias provenientes da metrópole (ou também das Índias, por exemplo), transportadas pela frota mercante britânica. Diversos regulamentos e proibições impediam precisamente o aparecimento de tais atividades com a finalidade de proteger as rendas das companhias inglesas. A colónia optou, portanto, por se emancipar da tutela política inglesa. A sua independência reduzirá os mercados da indústria britânica.

Duas décadas mais tarde, os mercados coloniais, por muito importantes que fossem, passaram a ser insuficientes, e muito, para escoar os produtos das fábricas inglesas, que se encontravam então em plena expansão. A conquista de mercados europeus continentais passou então a ser absolutamente necessária. Isso vai revelar-se difícil: a Revolução Francesa e os seguintes episódios do período napoleónico vão ser sérios obstáculos ao caminho da hegemonia comercial de Inglaterra no mundo.

A contestação desta hegemonia só chegará ao fim com as derrotas de 1814 e 1815.

Por volta de 1800, as indústrias inglesas estão muito mais desenvolvidas do que as do continente, que crescem dentro de um espaço relativamente restrito: o Norte de França, a atual Bélgica, a Holanda e a Vestefália. Há embriões industriais que estão, por outro lado, em vias de nascer fora deste espaço, nomeadamente no Leste de França e no Sul da Alemanha. A Inglaterra, cuja indústria é muito competitiva, pretende instaurar o «comércio livre» com as nações do continente. Contudo, a França, a Holanda e os Estados alemães, espaços nos quais a indústria está menos avançada, não têm interesse a abrir os seus mercados aos produtos ingleses, sob pena de assistirem à rápida destruição das suas indústrias emergentes. Napoleão compreendeu bem isto. Num contexto de conflitos militares, organiza um duplo dispositivo: o «bloqueio continental», uma proteção contra os produtos ingleses, e o «sistema continental», uma espécie de mercado comum. Constrói um grande mercado, acabando com as alfândegas internas num território muito vasto, compreendendo, não só a França, mas também as regiões mais próximas, nomeadamente uma boa parte dos Estados alemães reunidos no seio da Confederação do Reno. O resultado não se faz esperar: o volume das atividades industriais aumenta rápida e fortemente, a salvo da concorrência inglesa. Aqui reside, em grande parte, o segredo do poder do Imperador: este, devido à sua política económica, soube encontrar aliados. Infelizmente para o seu projeto, privilegiou demasiado a França, o que lhe vai custar progressivamente uma parte dos apoios que deveria conservar. A hegemonia britânica vai poder doravante exercer-se em todo o mundo.

List não esquecerá esta lição e irá pugnar pelo estabelecimento de direitos aduaneiros importantes em relação ao estrangeiro quando se constituir o Zollverein dos Estados alemães.

De certa maneira, a Prússia vai retomar com sucesso a política de Napoleão, mas apenas à escala dos Estados alemães. A contestação do domínio comercial britânico nesta época é acompanhada necessariamente pela contestação das ideias da economia clássica, que constitui em parte o objeto do livro de List editado em 1841. Este insiste na existência de fenómenos de domínio: os países que não estão em posição dominante e que querem desenvolver a sua indústria devem, portanto, proteger-se até ao momento em que puderem negociar em pé de igualdade, se é que isso será possível.

3. O século de ouro do Império Britânico (1815-1918)

A partir de 1815, a Inglaterra, com o seu Império, vai reinar durante um século no comércio mundial. Este domínio manifestar-se-á nomeadamente, pelo menos durante a primeira metade do século xix, pelos excedentes comerciais, elemento central da estratégia económica implementada. Para obter tais excedentes, a Inglaterra, de uma maneira muito pragmática, recorrerá, consoante os casos, tanto às práticas de «livre-câmbio», como às práticas protecionistas. O livre-câmbio é invocado quando não comporta qualquer perigo para os produtos britânicos e, pelo contrário, lhes permite imporem-se no exterior. Quando, inversamente, a concorrência é uma ameaça para os produtos domésticos, não hesita em pôr em prática medidas protecionistas. Assim, protecionismo e livre-câmbio serão aplicados sucessivamente em alguns setores, por exemplo na agricultura e nos têxteis. É em nome do livre-câmbio que se desenvolvem as relações com os Estados Unidos da América e com a China, ao passo que, no caso da Índia, recorreu primeiramente ao protecionismo antes de impor o livre-câmbio.

a) *A gestão da agricultura*

No fim do período napoleónico, a Inglaterra instaura as *Corn Laws* para proteger a sua agricultura da concorrência dos cereais do continente. Ricardo ainda escreveu o seu *Ensaio Sobre o Lucro*, de 1815[68], onde recomenda desenvolver as importações de trigo, mas não será ouvido imediatamente. Foi apenas em 1846, no termo de um debate político intenso, que os «economistas» deram razão aos «humanistas» no Parlamento. No espaço de 30 anos, a indústria desenvolvera-se consideravelmente em Inglaterra, ao mesmo tempo que os efetivos empregados na agricultura diminuíam: o peso da agricultura na sociedade inglesa tornara-se suficientemente fraca para que a aceleração do êxodo rural, resultante da instauração da liberdade das trocas comerciais, não constituísse um grande problema para o país[69].

É necessário notar que a gestão do setor agrícola vai muitas vezes dar lugar a práticas protecionistas fora da Inglaterra. Nos países onde a agricultura representa metade ou mais da sua economia, uma brusca queda dos preços, resultante de uma abertura intempestiva à concorrência estrangeira, pode ter efeitos calamitosos, porque o êxodo rural não pode ser compensado pelo crescimento dos empregos na indústria. Por esta razão, no fim do século xix, a França de Méline e também a Alemanha criaram proteções perante o perigo que representava a importação de trigo americano e russo. Mais perto de nós, a falta de atenção a este género de perigo irá favorecer, em boa parte, a ascensão do militarismo no Japão, no fim da década de 1920, como se verá.

b) *Os têxteis e as relações com a Índia*

«A Índia produzia tecidos de seda e de algodão de grande qualidade, a muito bom preço; se os ministros ingleses tivessem permitido a livre importação dos produtos indianos para Inglaterra, as fábricas inglesas de tecidos de algodão e de seda teriam imediatamente de parar [...] a Inglaterra proibiu, portanto, os artigos [...] das Índias Orientais.

---

[68] David Ricardo, *Ensaio Sobre a Influência do Baixo Preço do Cereal Sobre o Lucro do Capital,* Londres, 1815. Ricardo propõe desenvolver as importações de cereais para fazer baixar os salários e, consequentemente, aumentar os lucros.

[69] As consequências da abolição das *Corn Laws* foram dramáticas para a colónia que era então a Irlanda. Em poucos anos, a sua população de 4 milhões de habitantes, que era quase toda rural, diminuiu para metade: um milhão de pessoas pereceu devido à má nutrição e outro milhão emigrou para a América ou para outros lugares.

Proibiu-os absolutamente, e com penas severas [...] preferiu servir-se dos tecidos maus e caros que ela própria fabricava»([70]). Isto é pura loucura, diz-nos List, se aceitarmos a «teoria dos valores» de A. Smith e de J. B. Say, mas «já não o é de acordo com a nossa teoria, a que chamamos teoria das forças produtivas e que os ministros ingleses seguiam sem a ter aprofundado»([71]). Explicita ainda que em 100 anos «os Ingleses ganharam força, uma forma imensa»([72]), que lhes permitiu, posteriormente, ser mais produtivos do que a Índia.

Dado que as fábricas de Manchester e de Liverpool, até aí protegidas da concorrência estrangeira (nomeadamente da indiana), puderam começar a produzir a custos muito baixos devido à introdução de novas tecnologias, por volta de 1870-1880, o comércio de tecidos com a Índia liberaliza-se ainda mais facilmente por, a partir de então, este país passar a ser uma colónia britânica, «a joia da coroa». Em pouco tempo, as importações de produtos ingleses arruinaram a indústria têxtil deste país. A Índia sobreviveu com dificuldade concentrando-se na exportação de produtos de base: chá, café, algodão... e mesmo ópio!

c) *As relações com a república americana*

A colónia inglesa da América, no esquema britânico, não deveria produzir nenhum bem manufaturado. Pelo contrário, estes bens deveriam ser importados da metrópole. A vontade das populações locais de desenvolver as suas próprias produções desencadeou a guerra da independência.

Mais tarde, os Estados do Norte, ansiosos por desenvolver as suas indústrias, impuseram uma estratégia protecionista do Estado federal face ao Império Britânico. Isto não convinha aos Estados do Sul, que prefeririam jogar a carta do livre-câmbio com a Inglaterra para escoar a sua produção de algodão.

Foi esta clivagem entre os interesses do Norte e do Sul que, na verdade, esteve na origem da guerra da Secessão.

Um pouco mais tarde, um presidente dos Estados Unidos da América declararia sumariamente: «Senhores Ingleses: durante dois séculos, protegeram as vossas indústrias e alcançaram sucesso com isso. Hoje,

---

[70] F. List, *op. cit.*, pp. 151-152. O autor faz também uma comparação: «Em relação às suas colónias da América do Norte, a Inglaterra já tivera por máxima não deixar fabricar nem sequer a cabeça de um prego».
[71] F. List, *op. cit.*, p. 153.
[72] F. List, *op. cit.*, p. 153.

dizem-nos que é necessário estabelecer a liberdade de comércio. Ora bem, nós iremos fazer como os senhores fizeram durante dois séculos, após os quais abriremos o nosso comércio!». Esta foi efetivamente a estratégia implementada e que permitiu à indústria americana ultrapassar a indústria britânica por volta de 1900, prelúdio da substituição ulterior (a partir de 1940) do domínio da Grã-Bretanha pelo domínio americano.

d) A «liberdade do comércio» e as guerras do ópio

Senhores da Índia após o Tratado de Paris, os Ingleses não têm grande coisa para oferecer à China, pouco interessada nos seus produtos manufaturados. Vão então organizar o afluxo cada vez mais massivo de ópio ao país. A East India Company lança-se, em 1757, na cultura de ópio em Bengala, com o objetivo de o exportar para a China e para Cantão. Ainda que proibido, este comércio era, no entanto, mais ou menos tolerado: inscrevia-se num conjunto de relações comerciais mais favoráveis à China, que exportava então chá e tecidos de seda e de algodão. Contudo, esta companhia, antepassado do capital inglês nesta região, decide, em 1816, intensificar o seu comércio de ópio de contrabando. As importações deste produto aumentam rapidamente, passando de 4 000 caixas de 65 kg nesta época a mais de 40 000 por volta de 1838, em vésperas da primeira «guerra do ópio». Em consequência deste crescimento, o comércio externo chinês, até então excedentário, torna-se cada vez mais deficitário. Estas perdas de dinheiro[73] contribuem para reduzir a circulação monetária e provocam uma recessão e uma crise orçamental que serão grandemente responsáveis pela ocorrência de distúrbios sociais consideráveis. Independentemente das considerações sobre os aspetos desastrosos do consumo de ópio para a população de Guangdong, o governo chinês decide fazer respeitar a proibição de importar ópio: 20 000 caixas de ópio são apreendidas em Cantão, em 1839, e os traficantes britânicos são convidados a partir.

Este entrave à «liberdade de comércio» é considerado intolerável: «os Ingleses ripostam através de atos de pirataria na embocadura do

---

[73] «Esta fuga do dinheiro chinês, que é essencialmente devida às compras de ópio, não parará durante o século XIX (no final deste século, o ópio constituirá ainda 30% das importações)», *in* Jacques Gernet, *Le monde chinois*, Armand Colin, Paris, 2005, vol. 2, p. 301. Podemos observar de resto que tudo se passa num contexto mundial onde o bimetalismo (ouro/prata) vai ceder progressivamente o seu lugar ao padrão-ouro, desvalorizando assim a prata de que a China dispunha para as suas trocas comerciais.

rio das Pérolas [...]. Os ataques ingleses voltam a acontecer em 1841, após a chegada de reforços: os estrangeiros atacam de novo os fortes de Zhujiang, e ocupam Xiamen, Ningbo e Yangzi, onde a frota inglesa penetra até Nanquim»([74]).

Pelo Tratado de Nanquim (1842), a China tem de pagar uma pesada «indemnização», ceder a ilha de Hong Kong e «abrir ao comércio, ou seja, principalmente às importações de ópio, os portos de Xiamen, Xangai e Ningbo, para além de Cantão»([75]). O aumento do consumo de ópio vai poder crescer cada vez mais, com os seus efeitos de destruturação social e agravamento das finanças públicas. A grande revolta dos Taiping (1851-1863) deve muito a esta situação... Como o contrabando continua a aumentar, serão necessárias novas operações militares. Será a «segunda guerra do ópio», nomeadamente com o saque de Pequim (1860) pelas tropas anglo-francesas e suas consequências: aumento das intrusões estrangeiras... e do «livre» comércio! A East India Company vai desaparecer em 1874, mas novas sociedades vão ter um desenvolvimento fulgurante, nomeadamente a que constitui hoje o primeiro grupo bancário do mundo, a Hong Kong and Shanghai Bank Corporation (HSBC).

e) *O enfraquecimento do comércio externo e a City*

Poderíamos multiplicar os exemplos mostrando o carácter pragmático da política imperial inglesa, segundo a orientação da estratégia mercantilista, que dá à City um poder incomparável. Contudo, é preciso constatar que, nas duas ou três décadas que precedem a Primeira Guerra Mundial, o comércio externo britânico, que fora fortemente excedentário, torna-se equilibrado, e isto somente graças ao Império. Pelo contrário, é deficitário com as duas potências em ascensão que têm, agora, ambições mundiais, a Alemanha e os Estados Unidos da América. A eficácia das políticas comerciais protecionistas destes dois rivais e a evolução das suas demografias conduzem ao enfraquecimento relativo da Inglaterra, que acontece rapidamente([76]). Apesar disto, a Inglaterra é ainda muito rica; os seus investimentos no estrangeiro, em 1914, atingem 19,5 milhares de milhões de libras e representam 43%

([74]) J. Gernet, *op. cit.*, pp. 302-303.
([75]) J. Gernet, *op. cit.*, p. 304.
([76]) A Grã-Bretanha assegura 22,9% da produção industrial mundial em 1880 e apenas 13,6% em 1914. Fonte: Paul Kennedy, *Naissance et déclin des grandes puissances*, Payot, 1988, p. 372.

dos investimentos estrangeiros no mundo. Contudo, estes investimentos, que produzem juros que afluem à City, param de crescer. A Inglaterra, que era um claro exportador de bens e capitais em meados do século XIX, vai doravante viver mais das suas rendas.

4. A ascensão dos pretendentes: Alemanha e Estados Unidos

No fim do século XIX, estes dois rivais da Inglaterra, os Estados Unidos da América e a Alemanha, tornam-se candidatos à sua sucessão no controlo dos negócios do mundo. A intensificação da rivalidade entre a Inglaterra e a Alemanha conduzirá, como se sabe, à Primeira Guerra Mundial. No fim do conflito, os Estados Unidos vão prosseguir com a sua anterior política protecionista/mercantilista; a crise da década de 1930 será para eles o momento de consolidar ainda mais o domínio da sua economia no mundo e enterrar um pouco mais a Europa, que não tinha, no entanto, necessidade disso! A grande depressão será uma calamidade para a Europa Central e para a Alemanha, com o resultado que todos conhecemos: uma guerra preparada por uma política espantosa da Alemanha nazi, que consistia em endividar-se pesadamente junto daqueles com quem tinha intenção de fazer a guerra, na firme convicção de jamais pagar...[77]

a) *A emergência da Alemanha como grande potência*

Sob a direção da Prússia, o grande beneficiário do Congresso de Viena, vai operar-se um longo processo que levará à unificação dos Estados alemães – o «Reich» é proclamado em Versalhes, em 1871 – e, sobretudo, à constituição de um vasto espaço económico, no coração da Europa, dominado pelo capital alemão.

Isto começa em 1834 com uma união aduaneira, o Zollverein. Neste processo, tem-se cuidado, sobretudo, de não afrontar o leão britânico; durante uns 30 anos, este empreendimento é levado a cabo com suavidade, de tal maneira que não se revele como uma ameaça, económica

---

[77] Podemos observar que, na década de 1930, os centros de negócios franceses, entre os quais se encontrava na primeira linha o Banco de França, muito fizeram para assegurar indiretamente o rearmamento da Alemanha com os seus generosos créditos ao Reichsbank. Pode consultar-se a este propósito a obra de Annie Lacroix-Riz, *Le choix de la défaite*, Armand Colin, Paris, 2006.

ou política, nomeadamente face aos países vizinhos. A Prússia, cujo desenvolvimento económico foi importante entre 1830 e 1860, passa então, em 1865, a estar em condições de se afirmar política e militarmente, com três guerras vitoriosas contra a Dinamarca, a Áustria e a França. Com a unidade alemã assim concluída, vai poder continuar o impulso considerável da indústria, quer no interior do Reich quer no exterior, na Europa Central.

Por volta de 1900, a indústria alemã é, a par da dos Estados Unidos, a primeira a nível mundial. Reina, com os seus prolongamentos na Mitelleuropa, num espaço económico de quase 120 milhões de habitantes. Ela está, assim, preparada para fazer da economia alemã a economia dominante a nível mundial, o que passa pelo domínio comercial, condicionado pelo domínio marítimo. Em suma, pacientemente, década após década, a Prússia soube conduzir com sucesso, e por sua própria conta, a mesma política de Napoleão, a do «sistema continental» e da Confederação do Reno, com a grande diferença de que Napoleão foi imediatamente considerado como o «inimigo» da potência dominante do comércio mundial, enquanto a Prússia, aliada de Inglaterra contra ele, pareceu durante muito tempo ser uma potência não concorrente desta.

Depois de 1871, enquanto Bismark foi chanceler do Reich, tudo corria bem para o seu país. Soube manter a França – que era então a única república da Europa – num estado de isolamento completo, o que convinha perfeitamente à Inglaterra, que lamentou Napoleão III e o tempo em que a França praticava o livre-cambismo com ela. O imperador Guilherme não tinha, no entanto, nem as vistas largas, nem a perspicácia, nem a prudência do seu chanceler. Quando decide afastá-lo, em 1890, as relações com a sua tia, a Rainha Vitória, pioram: a Alemanha aparece cada vez mais claramente como a rival económica, política, militar e colonial da Grã-Bretanha. No momento preciso em que o comércio inglês com a Alemanha é deficitário[78], esta decide dar ao almirante Tirpitz a responsabilidade de criar uma frota de guerra «incomparável». Os dirigentes britânicos reconhecem, então, a extensão do perigo que ameaça o seu domínio comercial, tanto mais que a Alemanha reivindica também a possibilidade de constituir um império colonial. É, certamente, o que leva o governo britânico a apro-

---

[78] Nas vésperas do primeiro conflito mundial, a Grã-Bretanha, que pratica o «livre-câmbio» com as suas colónias, é excedentária face a elas. Tem, por outro lado, um nítido défice em relação à Europa continental, que desenvolveu práticas claramente mais protecionistas, nomeadamente a partir de 1879.

ximar-se da França e, mais tarde, da Rússia, antes de rebentar a Primeira Guerra Mundial.

b) *Nas vésperas da Primeira Guerra Mundial, a América mercantilista é também uma grande potência económica*

Em 1865, no fim da guerra da Secessão, começa um extraordinário período de crescimento económico para os Estados Unidos.

O país, dotado de recursos naturais abundantes e alimentado por enormes fluxos de fatores de produção provenientes da Europa (migrações de populações, afluxo de investimentos), regista um *boom* impressionante.

Torna-se rapidamente o primeiro mercado mundial[79], o primeiro produtor de bens manufaturados e o primeiro produtor de bens agrícolas. Em 1914, o rendimento nacional por habitante é aproximadamente o dobro do da Europa Ocidental. O crescimento económico é extremamente forte em comparação com a Europa, o que se fica a dever em boa parte à política protecionista: «o *lobby* dos industriais do Norte é tão poderoso que assegura, através de tarifas aduaneiras cada vez mais elevadas, que o mercado interno fique interdito aos produtos estrangeiros; pelo contrário, importam-se cada vez mais matérias-primas...»[80].

O comércio externo tem aqui um papel decisivo; é largamente excedentário e impele o país para uma dinâmica extremamente forte, em conformidade com o modelo mercantilista.

Paul Kennedy está errado quando afirma: «O papel do comércio externo no crescimento dos Estados Unidos é fraco (em 1913, cerca de 8% do seu PNB provém do comércio externo, contra 26% no caso da Inglaterra), mas a sua influência económica nos outros países é forte»[81]. Kennedy está errado porque adiciona provavelmente as importações e as exportações, o que não tem grande sentido. Na verdade, o que é importante para a análise do crescimento do PIB não são nem as exportações nem as importações, mas o saldo; os 8% aos quais se refere correspondem muito provavelmente a um saldo externo

---

[79] Em 1914, a população dos EUA é de 98 milhões de habitantes, contra 65 milhões da Alemanha, 45 milhões da Inglaterra e 39 milhões da França. O rendimento nacional é de 37 milhares de milhões de dólares nos Estados Unidos da América, 11 na Inglaterra, 12 na Alemanha e 6 na França. Fonte: Paul Kennedy, *op. cit.*, p. 394.
[80] Paul Kennedy, *op. cit.*, p. 395.
[81] Paul Kennedy, *idem*.

positivo da ordem dos 2% a 2,5% do PIB, o que é muito elevado[82], bem mais do que o da Inglaterra, que deve estar próximo de zero na mesma época.

«Tornando-se rapidamente o primeiro fabricante de produtos manufaturados, os Estados Unidos da América começam a escoar para os mercados mundiais as suas máquinas agrícolas, os seus produtos de ferro fundido e de aço, as suas máquinas ferramentas, o seu equipamento elétrico, etc.[83]». Para além disso, as suas exportações evoluem muito favoravelmente devido aos custos muito baixos do transporte marítimo. Mas isto não é suficiente. A política do governo americano, deliberadamente imperialista, visa encontrar novos mercados para os produtos americanos. Depois de terem anexado o Texas e a Califórnia em detrimento do México, na década de 1830, depois de terem desempenhado um importante papel para obrigar o Japão a abrir os seus portos ao comércio internacional, depois de terem contribuído fortemente para obrigar a China a aderir à chamada política da «porta aberta», os Estados Unidos travam e ganham uma guerra com Espanha, permitindo-lhes obter, em 1898, o controlo de Cuba e das Filipinas.

A jovem república americana, que aspira a ser a primeira potência mundial, é, assim, mercantilista, imperialista e colonialista. A Inglaterra, «primeira potência oficial» é obrigada a aceitar compromissos, por vezes um pouco humilhantes, com os Estados Unidos da América sobre a Venezuela, o Canal do Panamá, a fronteira com o Alasca, etc.

5. O surgimento dos Estados Unidos através das crises

a) *O aumento do poder dos Estados Unidos durante o período entre as duas guerras*

A «era de Vasco da Gama» – os quatro séculos de domínio europeu no mundo – termina antes mesmo do cataclismo de 1914, diz-nos o historiador americano Paul Kennedy. Ainda que isto não corresponda verdadeiramente à realidade do mundo, porque a Inglaterra continua a ser, nessa altura, a potência dominante, esta maneira de ver as coisas tem, no entanto, a vantagem de datar nitidamente o início de um pro-

---

[82] Um saldo exterior de +2% do PIB significaria, aqui, exportações que representariam 5% do PIB e importações de 3%.
[83] Paul Kennedy, *idem*.

cesso de regressão da potência europeia, tendo em conta, globalmente, as nações do continente europeu[84].

É, com efeito, o cataclismo de que fala, e cuja responsabilidade incumbe muito largamente às aspirações imperialistas da Alemanha de Guilherme II, que vai dar início a uma espécie de suicídio coletivo da Europa... de que os Estados Unidos da América tirarão amplo proveito. Estes apenas entram na guerra em 1917, no momento em que os protagonistas estão já muito esgotados.

O empenho dos Estados Unidos ao lado das potências europeias ocidentais pode ser analisado de duas maneiras: do ponto de vista militar e do ponto de vista económico. Do ponto de vista militar, o empenho das divisões americanas é tardio e, consequentemente, bem menos oneroso do que o empenho da França e da Grã-Bretanha. Será, no entanto, importante porque fornecerá o suplemento de força necessário à ofensiva final de Foch. Do ponto de vista económico, pelo contrário, o papel dos Estados Unidos é essencial, mesmo antes da sua entrada na guerra: eles fornecem às potências aliadas, nomeadamente à Inglaterra, à França e à Itália, bens alimentares, bens industriais e armamento. Obtêm, assim, enormes créditos sobre a Europa.

Em 1919, J. M. Keynes faz parte da delegação britânica ao Grande Conselho Aliado. A análise que faz leva-o a um diagnóstico premonitório: os Aliados, especialmente a França e a Itália, pedem à Alemanha indemnizações de guerra demasiado elevadas, irrealistas, que conduzirão a prazo a grandes problemas. Contudo, diz ele, a França, a Itália e a Bélgica constituíram o campo de batalha, pelo que é preciso ajudá-las e, nesse sentido, prever «indemnizações» mais reduzidas, mas que poderão ser amplamente compensadas pela eliminação das dívidas de guerra entre Aliados. Não foi escutado, pois a «generosidade» do presidente Wilson não ia tão longe[85]. Iniciam-se então duras disputas políticas sobre o assunto. Estas, como sublinha Paul Kennedy, «vão alargar o fosso entre a Europa Ocidental e os Estados Unidos da América», o qual se ampliará ainda mais na década de 1930.

Devido ao seu papel de credor, os Estados Unidos dispõem doravante de uma praça financeira tão importante como a City: Nova Ior-

---

[84] Se tomarmos em conta o conjunto das nações que constituem a «civilização europeia», então esta regressão apenas começa entre 60 e 80 anos mais tarde.

[85] «Todos os aliados estão endividados à Inglaterra e, em menor medida, à França. Estes dois países estão extremamente endividados aos Estados Unidos da América [...]. Os Americanos pedem que lhes paguem; a França, a Itália e os outros aliados recusam pagar as suas dívidas enquanto não receberem as indemnizações alemãs e os Alemães declaram que lhes é impossível pagar as somas que lhes pedem».

que. No final da década de 1920, são concedidos aos Estados europeus, sobretudo aos da Europa Central e Oriental, consideráveis empréstimos a curto prazo. Com a falta de recursos, nomeadamente de exportações, os juros destes empréstimos são muitas vezes pagos com novos empréstimos… Ao mesmo tempo, o *boom* económico da América obriga a Reserva Federal a aumentar as taxas de juro em 1928, limitando, assim, o montante de novos empréstimos, o que provoca, então, numerosas situações de insolvência. O crash de 1929 agrava ainda mais as coisas e suscita reações em cadeia: a contração geral dos níveis de atividade, a desvalorização de muitas moedas, medidas protecionistas, etc.

Neste conjunto de decisões tomadas em todo o mundo, os Estados Unidos da América distinguem-se pelo seu protecionismo de combate. Em 1930, «ao adotar a tarifa Smoot-Hawley, ultraprotecionista, para ajudar os agricultores americanos, o único país com um excedente comercial substancial torna a aquisição de dólares ainda mais difícil por parte dos outros países e conduz inevitavelmente a represálias que têm efeitos devastadores nas exportações americanas»[86].

O comércio mundial cai muito rapidamente. A crise vai ser severa nos Estados Unidos e na Europa muito mais severa do que noutros lugares. Em 1932, no momento da falência, em Viena, do Creditanstalt, a crise agrava-se na Europa exatamente na altura em que se encontra no «ponto mais baixo» nos Estados Unidos, o que favorece o aumento da propaganda nacional-socialista. Em matéria monetária, é o «cada um por si»: há um «bloco esterlino», assente nas «preferências imperiais» da Conferência de Otava, de 1932, um «bloco ouro», conduzido pela França, um bloco dólar e um bloco iene.

No ano em que Hitler ascende ao poder, decorre uma conferência, em Londres, para debater os problemas monetários do mundo. Nesta ocasião, os Americanos vão mostrar, uma vez mais, mas de uma maneira ainda mais evidente do que é costume, que seguem uma estratégia económica «não cooperativa». Antes mesmo do fim da conferência, decidem de uma maneira unilateral, e sem qualquer consulta aos seus interlocutores, desvalorizar fortemente o dólar, ainda que a sua economia seja já, de maneira clara, intensamente exportadora.

Esta medida contribui para fazer mergulhar a Europa, e sobretudo a Grã-Bretanha, um pouco mais no marasmo. Isto completa, de alguma maneira, a sua perseguição da liderança económica mundial face ao velho leão britânico. Como não estabelecer um paralelo entre a sua atitude face à Grã-Bretanha, em 1933, e a da China, hoje, perante

---

[86] Paul Kennedy, *op. cit.*, p. 454.

eles? A interrupção brutal, em julho de 2008, do movimento progressivo e muito moderado da revalorização do yuan (2005-2008) e a sua recusa deliberada de voltar atrás é, com efeito, o exato equivalente da desvalorização unilateral do dólar em 1933.

b) *Em reação à política mercantilista americana, a Alemanha nazi opta pela fuga para a frente com o endividamento externo*

A estratégia mercantilista, com a realização de excedentes comerciais que a caracteriza, possibilitada por instrumentos económicos protecionistas (direitos alfandegários elevados, taxas de câmbio manipuladas e subavaliadas) ou por meios militares (a abertura dos mercados com ajuda de «canhões»)([87]), permite ao país que a implemente obter um forte crescimento, em detrimento de países deficitários que sofrem com ele e que não podem, por este facto, obtê-lo, por sua vez. É uma estratégia agressiva, expressão de imperialismo económico, por vezes acompanhado por um imperialismo político e militar([88]).

Quando Hitler chega ao poder, os cofres estão vazios. O Reichsbank não tem ouro nem divisas. Mesmo que quisessem implementar uma política de crescimento, estariam perante a impossibilidade de pagar as importações que esta não deixaria de causar! A política que vai ser aplicada por Schacht, inteligente mas cínica, vai permitir resolver o problema: o endividamento no estrangeiro por emissão de títulos do Tesouro do Estado alemão. O regime nazi vai apresentar-se como um regime de ordem (uma «nova ordem») suscetível de agradar aos mercados financeiros: vai colocar em Inglaterra, em França e nos Estados Unidos da América um grande número de títulos do Tesouro. Em França, o Banco de França também vai ter um papel determinante no financiamento da Alemanha.

Quando estes títulos chegam à data de vencimento e é necessário reembolsá-los, procede-se a novas emissões, numa escala sempre maior. Ao construírem, assim, uma «pirâmide» financeira, os seus promotores estavam bem conscientes da impossibilidade em que se encontrariam um dia as finanças públicas alemãs de honrar os compromissos assumi-

---

[87] Faz-se referência aqui ao grande despedaçamento da China por parte das grandes potências, de 1820 a 1945.

[88] Os países mercantilistas, que têm excedentes comerciais recorrentes, não têm todos necessariamente vocação para a hegemonia! É o caso de pequenos países como a Suíça ou Suécia.

dos. Não era um problema seu. O dinheiro emprestado era destinado a relançar a economia alemã, mas também, e sobretudo, a preparar uma guerra contra os que forneciam o dinheiro e que, uma vez vencidos, não poderiam pretender ser reembolsados[89]. Graças a isto, a Alemanha pôde lançar e implementar a política de grandes obras e de rearmamento que todos nós conhecemos, prelúdio do novo cataclismo que iria continuar a destruição da Europa. A estratégia deliberada de endividamento massivo aplicada pela Alemanha voltava-se assim contra os próprios países que pensavam vir a beneficiar com ela.

Quando a prática mercantilista dos excedentes comerciais sucessivos se torna exagerada, pode ver-se punida por efeitos de boomerang imprevisíveis. Os dirigentes americanos, ingleses e franceses não tinham imaginado que mantendo uma posição credora crescente sobre a Alemanha favoreciam, assim, a sua militarização e o repúdio posterior das suas dívidas. Da mesma maneira, a China de hoje, ao possuir uma posição credora que atinge já os 4 biliões de dólares sobre o resto do mundo, não parece encarar a eventualidade de um repúdio coletivo e simultâneo dos seus devedores.

6. O flagelo do mercantilismo e as lições da história

No fim deste sobrevoo histórico, útil, embora sucinto e incompleto, devemos reter esta inclinação para o mercantilismo que está, de certa maneira, inscrita nos próprios genes de um capitalismo mundial no qual a procura de riqueza e de poder estão intimamente ligadas. Três grandes lições podem ser mais particularmente retidas: a) a multipolaridade é um conceito vazio; b) o mercantilismo constitui a estratégia eficaz na via que leva à hegemonia; c) as grandes crises constituem momentos privilegiados nas mudanças de poder à escala planetária.

---

[89] Tudo isto é notavelmente exposto num livro apaixonante do grande historiador alemão Götz Aly, *Comment Hitler a acheté l'Allemagne*, Flammarion, 2008. Esta política de enorme endividamento externo, um endividamento sobre o qual diríamos hoje que não era «sustentável», foi qualificada erradamente de política keynesiana antes de Keynes. Erradamente porque Keynes propõe estabelecer o pleno emprego graças à criação monetária interna, ou seja, graças ao endividamento dos agentes económicos domésticos. Erradamente também porque, no fim da sua vida, Keynes vira bem o perigo que podem representar os desequilíbrios comerciais e monetários muito elevados, como ficara evidenciado pelo seu projeto de criação de uma moeda internacional, o bancor, para equilibrar as trocas internacionais.

a) *Há sempre uma potência hegemónica*

A história tem horror ao vazio: isto é particularmente verdade no «topo» do planeta. A Inglaterra foi hegemónica no século xix e no início do xx, enquanto os Estados Unidos tiveram de esperar até 1940 para lhe arrebatar o cetro, que conservaram até hoje e que a China está preparada para assumir, se a ele renunciarem. Decididamente, a multipolaridade, referida demasiadas vezes por alguns, não parece que se venha a materializar na história contemporânea.

É claro que, mesmo que chegue ao topo, a potência suprema vê-se constantemente desafiada por outras potências ambiciosas que procuram arrebatar-lhe a hegemonia. A Inglaterra foi desafiada, sempre em vão, pela França, primeiro, e pela Alemanha e pelos Estados Unidos da América, depois. Foi necessário esperar até 1940 para que os Estados Unidos conseguissem finalmente arrebatar a hegemonia à Inglaterra. Por sua vez, os Estados Unidos da América tiveram de se concentrar em derrotar, pela guerra, as intenções hegemónicas da Alemanha e do Japão, antes de terem de oferecer resistência à rivalidade da URSS, durante quase 45 anos (1945-1989) e à do Japão, durante mais de 25 anos (entre 1965 e 1991). Os Estados Unidos veem agora a sua liderança ameaçada pela forte e fulgurante ascensão que a China iniciou em 2001, data da sua entrada na OMC.

b) *O mercantilismo é a estratégia eficaz na via da hegemonia*

A estratégia mercantilista que conseguir manter continuamente os excedentes comerciais é a estratégia incontornável que os países capitalistas mais ambiciosos, os que procuram a hegemonia, devem adotar. Esta estratégia permitiu à Inglaterra estabelecer a sua supremacia durante 130 anos e aos Estados Unidos da América a sua desde há 70 anos. Era também esta a estratégia que a França e a Alemanha seguiam quando ameaçaram seriamente a hegemonia do Império Britânico, sem poder, no entanto, obtê-la. Foi também esta a estratégia que o Japão adotou durante os anos em que ameaçou seriamente a hegemonia americana. Finalmente, esta estratégia foi adotada pela China, desde há 15 anos, o que lhe permitiu já um forte e fulgurante aumento do seu poder, o qual, por sua vez, lhe possibilita, hoje em dia, rivalizar muito seriamente com os Estados Unidos da América.

Pelo contrário, a Alemanha e o Japão dos anos 1940 não tiveram capacidade para pôr em execução uma estratégia mercantilista. Como não o conseguiram, quando tentaram arrebatar a hegemonia à Inglaterra e aos Estados Unidos da América, adotaram uma estratégia diretamente militarista, o que os conduziu, como se sabe, à derrota total, após os cinco anos medonhos da Segunda Guerra Mundial.

De igual modo, fracassou a tentativa da URSS de disputar a hegemonia aos Estados Unidos, não só porque os seus dirigentes teimaram em manter o coletivismo, mas também porque o seu fiasco em matéria económica os levou a sofrer défices comerciais repetidos, fator de asfixia económica e militar e fator de enfraquecimento geopolítico. Foi o próprio Gorbachev que explicou que a URSS, por falta de recursos económicos e financeiros suficientes, não conseguiu manter a paridade militar com os Estados Unidos quando estes lhes impuseram «a guerra das estrelas».

c) *As crises e as mudanças de poder*

As grandes crises, nomeadamente as crises económicas e financeiras (como as de 1929 e 2007) podem constituir pontos de viragem nas relações entre as grandes potências. Assim, a ascensão de uma ou várias potências, através dos excedentes comerciais massivos e repetidos, pode colocar em dificuldade a potência hegemónica, que entra em declínio devido aos défices comerciais que lhe impõem a ou as potências ascendentes. Isto pode acabar por desencadear uma grave crise económica no seio da potência hegemónica em declínio: podemos pensar, por exemplo, na crise que a Grã-Bretanha viveu nos anos 1930([90]) ou, então, na crise atual, desde 2007, que é no essencial a dos Estados Unidos da América e dos seus aliados.

A engrenagem de uma grande crise provoca um confronto geral, uma confusão geral, entre a ou as grandes potências ascendentes e a potência hegemónica em declínio; as potências entrechocam-se; lutam umas com as outras; todos os golpes baixos são permitidos.

Nos anos 1930, ainda que sejam, no entanto, já largamente excedentários, os Estados Unidos erguem pesadas proteções aduaneiras em 1930 e desvalorizam fortemente o dólar em 1933. Recentemente, em julho de 2008, ainda que a China seja já altamente excedentária, interrompe, deliberada e definitivamente, o processo pelo qual reduzia muito lentamente a enorme subvalorização do yuan.

([90]) É preciso distinguir aqui a crise americana de 1929 da crise europeia dos anos 1930, que ela desencadeou; a crise europeia foi uma crise de endividamento.

Em todo o caso, as cartas são redistribuídas. Assim, após a Alemanha infligir em junho de 1940 um grave revés militar à aliança franco-britânica, os Estados Unidos tornam-se sem contestação a primeira potência mundial. Hoje, a China, por sua vez, procura instrumentalizar a crise de 2007 para tentar apoderar-se do cetro mundial: ela toma todo o tipo de iniciativas que visem prolongar e acentuar a crise que persiste nos Estados Unidos da América e na Europa.

Capítulo 3

A estratégia mercantilista dos excedentes externos e as suas vantagens

NA ÁSIA, desde o fim da Segunda Guerra Mundial, o Japão primeiro e a China depois, que o imitou, desenvolveram uma estratégia de procura do crescimento e da riqueza sustentada nas exportações. Esta estratégia mercantilista, que não é nova, é de uma eficácia terrível. É necessário, portanto, compreender os seus mecanismos com a ajuda de um processo analítico que tenha em conta os elementos históricos que foram atrás referidos.

1. O mercantilismo ou a «necessidade» dos excedentes externos

Antes que o comércio longínquo ganhasse um impulso considerável, a questão da circulação monetária, embora esta fosse ainda muito limitada, era de uma importância crucial para o crescimento económico de cada país e para a riqueza e poder do seu soberano. Na esfera comercial de uma economia quase em autossuficiência, a soma das despesas efetuadas podia ser bem inferior à soma dos rendimentos do período que as precedia, devido à acumulação de riquezas sob a forma de entesouramento de moeda. O crescimento era, portanto, difícil num contexto onde o ouro era o instrumento das trocas comerciais. A procura da riqueza ao nível do conjunto da sociedade, riqueza cuja expressão era o ouro, era assim contrariada pelo papel monetário que este desempenhava: a esfera da circulação monetária comportava fugas.

Para contornar esta dificuldade, os príncipes eram levados a admitir, em certos períodos, o bimetalismo. Praticavam também manipulações monetárias que consistiam em reduzir a quantidade de ouro das moedas, provocando por vezes uma acentuação do entesouramento de «boas» moedas, com a «má moeda» a expulsar a boa, de acordo com a expressão consagrada. Tudo isto não era, no entanto, muito satisfatório, pelo que as economias passavam, por vezes, por longos períodos de estagnação.

A abertura crescente das economias da Europa Ocidental, devido ao desenvolvimento do comércio longínquo, nomeadamente transatlântico, a partir do século xvi, iria permitir a implementação de uma solução bem melhor: as entradas de ouro preconizadas pelos autores «mercantilistas».

Haverá primeiro o período do chamado mercantilismo espanhol. As entradas de ouro, permitidas pelas operações de pilhagem na América, não serão benéficas. Ao possibilitarem que a Espanha proceda a importações massivas, irão arruinar as fábricas emergentes deste país, precipitando-o numa decadência prolongada. Por outro lado, as entradas de ouro que resultam de excedentes comerciais assentes no desenvolvimento das fábricas irão permitir a países como a Holanda ou a Inglaterra registar um crescimento notável.

O elemento central da teoria mercantilista é que é necessário gerar excedentes comerciais com o resto do mundo. Estes excedentes assentes nas atividades industriais, nas manufaturas, permitem fazer com que o ouro entre. Como se pode ver, trata-se de uma doutrina agressiva que, se for aplicada, provoca guerras inevitáveis: não é possível que todas as nações sejam simultaneamente excedentárias nas suas trocas comerciais externas, nem não podem também todas elas pretender ter um papel hegemónico.

Para «ganhar o ouro», um país mercantilista, como foi a Inglaterra, não hesitará em usar a força, em ser «imperialista». Os países que conseguiam, de maneira permanente, exportar mais do que importavam libertavam-se, desta forma, da dificuldade que o entesouramento representava para a sua economia. O crescimento das suas atividades produtivas podia, portanto, prosseguir facilmente ao longo do tempo. Inversamente, os países deficitários tinham uma economia deprimida, pelo que tinham tendência, de uma maneira ou de outra, a perder a sua soberania e a tornar-se colónias ou protetorados dos países mercantilistas.

2. O crescimento, a despesa interna e o saldo externo

A partir do fim do século xix e até à Conferência de Bretton Woods, em 1944, aparecem sistemas bancários dotados do poder de criação de moeda *ex-nihilo*. Este poder encontrava-se, no entanto, limitado pelo facto de o papel-moeda emitido pelos bancos ser convertível na moeda-ouro detida pelo banco central, que era forçado assim a fazer com que o montante dos créditos bancários e o do papel-moeda que gerava fossem proporcionais ao stock de ouro do banco central. Por imperfeito que fosse, este sistema bancário constituía um grande progresso na luta contra os efeitos do entesouramento.

A partir de Bretton Woods, há um novo progresso na via da criação monetária: doravante, a convertibilidade em ouro dos papéis-moedas nacionais fica definitivamente abolida. Apenas o dólar é convertível, e unicamente pelos bancos centrais. A partir daqui, torna-se possível o défice orçamental. A ortodoxia orçamental dos anos 1930 passa a ser apenas uma má recordação. Por outro lado, o crédito bancário é extremamente facilitado, não só às empresas, mas também às famílias. O crédito e o endividamento, seu corolário, constituem, agora, uma alternativa – que não deixará de ter os seus perigos, como se verá – ao desenvolvimento dos excedentes externos. Para o mostrar de maneira analítica, vamos apresentar sucessivamente a ficção de uma economia fechada e a situação bem mais realista de uma economia aberta, fazendo trocas comerciais com o exterior.

Numa economia fechada e carecida de sistema financeiro, a procura relativa a um dado trimestre seria no máximo igual ao rendimento do trimestre precedente e, portanto, ao PIB do trimestre precedente. Consequentemente, na ausência de mudanças técnicas, o crescimento zero seria o melhor que se poderia esperar.

Consideremos, então, uma economia que seria ainda fechada, mas que, afortunadamente, estaria dotada de um sistema bancário que emitiria uma moeda fiável. Com este fenómeno inovador, as condições institucionais estão reunidas para que, em alguns países, alguns agentes internos (famílias, empresas, coletividades públicas) se possam endividar por um montante globalmente superior à poupança de outros agentes internos. Neste caso, poderemos considerar que se adiciona à despesa do PIB precedente um suplemento de despesa devido ao endividamento. A despesa interna do trimestre será, então, superior ao PIB do trimestre precedente. Noutros países, pelo contrário, apesar das condições institucionais, o montante global pelo qual alguns agentes internos se endividam poderia ser inferior ao montante global pelo qual os outros agentes internos poupam. Em tal situação, o PIB anterior já não pode ser gasto integralmente, uma vez que uma fração dele vai alimentar a poupança superior ao endividamento. A despesa interna do trimestre seria inferior ao PIB do trimestre precedente.

De maneira geral, a diferença entre a despesa interna de um dado trimestre ($DINT_n$) e o rendimento do trimestre que o precede (PIB_{n-1}) é igual à diferença entre endividamento e poupança[91].

$$DINT_n - PIB_{n-1} = (endividamento - poupança)_n.$$

Como, por outro lado, em cada período, a despesa determina uma produção e um rendimento que lhe são iguais, temos: $DINT_n = PIB_n$.

Resulta que o crescimento do PIB pode escrever-se como sendo igual ao saldo do endividamento e da poupança do trimestre corrente[92]. Numa economia fechada, a condição para que o PIB cresça é que o endividamento de alguns agentes económicos seja superior à poupança dos outros.

A taxa de crescimento do PIB pode, assim, exprimir-se como a diferença entre a despesa corrente e o PIB do período precedente dividido por este[93]. Pode ser positiva ou negativa[*] e será chamada «grau de modulação da despesa interna». Se for positiva, falaremos de estímulo da despesa interna, se for negativa, falaremos de restrição da despesa interna.

Podemos verificar que, quando a política monetária e orçamental de um país é expansionista, este termo aumenta. Da mesma maneira, quando os mercados de ativos bolsistas ou imobiliários estão orientados em alta, os comportamentos de endividamento reforçam-se, tal como se atenuam os comportamentos de poupança. Isto verifica-se muito naturalmente quando aumenta o nível de estimulação da despesa interna.

Convém, agora, abandonar a ficção de uma economia fechada.

Interessemo-nos pelo caso, geral nos nossos dias, de uma economia aberta ao exterior. Nesta configuração, há outro termo, o saldo do comércio externo (SEXT), que é acrescentado à modulação da despesa interna (a diferença entre endividamento e poupança, que se pode chamar endividamento líquido dos agentes internos)[94]. Trata-se, ainda, de um endividamento líquido, mas que diz respeito, desta vez, aos

---

[91] A palavra «endividamento» pode prestar-se a confusões. Trata-se aqui do crescimento de dívidas (ou da sua diminuição) durante um dado período; o mesmo vale para a poupança.
[92] $PIB_n - PIB_{n-1} = DINT_n - PIB_{n-1} = (endividamento - poupança)_n$.
[93] $(PIB_n - PIB_{n-1}) / PIB_{n-1} = (DINT_n - PIB_{n-1}) / PIB_{n-1}$.
[*] Ou nula. (N.R.)
[94] Trata-se do termo ($DINT_n - PIB_{n-1}$).

agentes económicos externos à economia. Se o saldo externo é positivo, há «crédito» do país considerado face ao exterior, se, pelo contrário, o saldo externo é negativo, há endividamento do país considerado face ao exterior.

Tal como numa economia fechada, o crescimento do PIB é explicado por um endividamento líquido. Numa economia aberta, trata-se da soma de dois termos onde cada um traduz um endividamento líquido[95]. Podemos, então, escrever:

$$PIB_n - PIB_{n-1} = (DINT_n - PIB_{n-1}) + SEXT_n.$$

Ao dividir estas grandezas pelo PIB do trimestre n-1, vê-se que a taxa de crescimento trimestral se exprime, então, como uma soma de dois termos: por um lado, $(DINT_n - PIN_{n-1}) / PIB_{n-1}$, ou seja, o «grau de modulação da procura interna», já em evidência no caso de uma economia fechada, e, por outro, $SEXT_n / PIB_{n-1}$, ou seja, o saldo externo em relação ao PIB do trimestre precedente.

3. Dois obstáculos ao crescimento

A poupança monetária coloca um problema ao bom funcionamento da economia: uma fração do rendimento resultante da produção ao longo do trimestre corrente não é gasta no decorrer do trimestre seguinte. Há, assim, uma «fuga» no circuito económico «despesa–produção–rendimento–despesa». Devido a este facto, na ausência de medidas particulares, a despesa do trimestre seguinte determinará uma produção que será inferior à do trimestre corrente. A poupança monetária, que se justifica de um ponto de vista «microeconómico», coloca um problema a nível «macroeconómico»: constitui um fator depressivo para o crescimento.

Se, ainda por cima, o país tiver um défice comercial continuado, o problema colocado pela poupança monetária vê-se agravado, porque, neste caso, há outra fração do rendimento que pode gerar compras às empresas estrangeiras, não estando disponível para compras às empresas nacionais. Há, assim, não uma «fuga» apenas no circuito económico, mas duas! O défice comercial externo e a poupança monetária são dois fatores depressivos para o crescimento. Por isso, para escapar

---

[95] Quando o saldo externo é positivo, o país considerado adquire, assim, divisas que são créditos sobre o estrangeiro; quando, pelo contrário, o saldo é deficitário, o país considerado vê uma parte da sua moeda migrar para mãos estrangeiras: há endividamento.

à estagnação económica e, assim, estimular a procura global, o governo de um país pode agir, não só estimulando a procura interna, mas também estimulando o comércio externo, para o tornar excedentário. Um país pode, com este procedimento, aumentar a procura, não só «algures no tempo», mas também «algures no espaço».

Quando um país sofre défices externos repetidos, a sua dívida externa aumenta rápida e perigosamente, expondo-o a sofrer uma crise de financiamento externo. Neste caso, as consequências são graves: a curto prazo, o choque pode ser violento e envolver risco de desestabilização do país, enquanto, a médio prazo, o crescimento é fortemente penalizado. Foi o caso do Brasil, dos anos 1970 à década de 1990: sempre que este país aumentava um pouco o seu crescimento, o seu défice comercial aumentava, provocando um ataque contra a sua moeda e obrigando, então, as autoridades do país a organizar uma diminuição deliberada da despesa interna[96].

4. Países mercantilistas e países deficitários: ser credor ou devedor?

Consoante sejam positivos ou negativos, os dois rácios da modulação da despesa interna e do saldo externo permitem distinguir, em teoria, quatro tipos de países[97]. Contudo, no essencial, encontramos somente dois grupos principais de países, que correspondem a rácios de sinais opostos.

Alguns países beneficiam[98] de um «rácio de saldo externo» muito positivo e, por isso, podem permitir-se restringir a despesa interna sem que isso entrave o crescimento do seu PIB, nem o da sua procura interna, bem pelo contrário. Antes do período de crise, era este nomeadamente o caso do Japão e da zona «euro», e, no seio desta, da Alemanha, da Holanda, da Bélgica e da Finlândia; era também o caso da Suíça e da Suécia. Na Ásia, para além do Japão, é necessário assinalar Taiwan, Singapura, Coreia do Sul e, sobretudo, o membro mais eminente deste clube de países, a China. Estes países adotaram com sucesso

---

[96] Foi apenas a partir do momento em que as matérias-primas registaram um prolongado movimento de alta, isto é, desde finais de 1998, que o Brasil conseguiu sair desta dinâmica. As suas receitas de exportação passaram a permitir-lhe ter excedentes. Desde 2001 que o real brasileiro nunca mais foi atacado: o ritmo de crescimento da economia é elevado.

[97] Os países «+ +», «+ −», «− +» e «− −».

[98] O verbo «beneficiar» é utilizado de propósito: os países exportadores líquidos dispõem, com efeito, de uma vantagem considerável para o seu crescimento.

a estratégia mercantilista, baseando o seu crescimento nos excedentes externos.

Como os países não podem ser todos exportadores líquidos ao mesmo tempo, alguns deles têm um rácio de saldo externo negativo, e, por vezes, mesmo muito negativo. Apesar deste obstáculo, chegam, por vezes, a obter um certo crescimento do seu PIB([99]): ainda antes da crise, foi este o caso dos Estados Unidos da América e do Reino Unido e, na zona euro, da Espanha, da França e da Itália. Estes países são, assim, desde há muito tempo, «não mercantilistas» (mesmo se alguns deles foram mercantilistas no decurso da sua história): o seu crescimento assenta unicamente no estímulo da sua despesa interna, resignados como estão a registar défices recorrentes do seu comércio externo.

5. A estratégia do endividamento

Alguns países sofrem défices comerciais crónicos: terão necessidade de ultrapassar o duplo obstáculo da poupança monetária praticada por alguns agentes e dos défices comerciais. Como é que irão conseguir manter, apesar disso, um crescimento digno da produção? É necessário então fazer com que outros agentes económicos gastem mais do que ganham: é necessário encorajar e desenvolver o endividamento. Se os comportamentos desejados dos agentes privados não estão suficientemente conformes com o que se espera deles, o Estado encarregar-se-á de gastar mais do que ganha, optando por défices orçamentais continuados.

Desse modo, um país «keynesiano»([100]) pode manter, durante um período mais ou menos longo, um crescimento apreciável, apesar da adversidade dos dois fatores referidos atrás. É o esquema que caracteriza o crescimento americano de 1947 a 2007, ainda que se trate de um caso inteiramente particular, devido ao papel singular do dólar([101]). De maneira geral, pressentimos que os países que registam défices comerciais recorrentes apenas mantêm o crescimento através do recurso a artifícios aventureiros que hipotecam o seu futuro a mais ou menos longo prazo.

([99]) Um país com um rácio de saldo externo de –5% pode, no entanto, ter um crescimento trimestral de 1% (4% ao ano) se a sua procura interna exceder em 6% o PIB do trimestre precedente.

([100]) Por referência a Keynes, que insistia na importância da despesa pública com o objetivo de passar de uma situação de subemprego a uma situação de pleno emprego, entendemos, aqui, por país «keynesiano» aquele que, tendo défices externos, mantém o crescimento através do recurso repetido ao estímulo da sua procura interna.

([101]) Foi por terem ao seu dispor o dólar como «moeda mundial» que os Estados Unidos da América puderam manter durante um período tão longo, 60 anos, a sua política.

De trimestre em trimestre, o Governo tem de incitar alguns agentes privados a recorrem mais ao endividamento, de maneira a que a procura dirigida às empresas nacionais possa continuar a aumentar. No entanto, o endividamento privado ou público torna-se cada vez mais elevado… A longo prazo, este «modelo» encontra o seu limite: as famílias que cederam à solicitação do endividamento renovado começam a ter medo da dimensão das suas dívidas. De igual modo, as instituições credoras começam a temer a falta de pagamento. É cada vez mais difícil financiar o serviço da dívida pública. Finalmente, a dívida externa aumenta também muito rapidamente. Esta prática económica keynesiana[102], utilizada já não de maneira excecional, mas, pelo contrário, de uma maneira demasiado sistemática, conduz, assim, a uma situação grave: endividamento interno elevado e crescente, quer privado, quer público, e endividamento face ao exterior igualmente elevado e crescente.

A existência destes défices leva o analista a levantar a si mesmo a questão da sustentabilidade do crescimento destes países. A sua capacidade de «encaixar» sucessivos défices externos pode assentar numa situação externa líquida inicial muito positiva ou, então, numa forte credibilidade internacional, que permite um endividamento externo importante. Contudo, os países que se aventuram a manter uma despesa interna muito superior ao PIB do trimestre anterior e que não têm essa capacidade de «encaixar» défices externos repetidos encontram-se muito rapidamente em situação de crise. Foi este o caso do México, em 1995, da Coreia do Sul, do Sudeste da Ásia e da América do Sul, entre 1997 e 2001, da Rússia, em 1998, da Turquia, em 2008, etc.

Se os artifícios do endividamento excessivo forem interrompidos, a máquina económica avaria. Entra, então, em estagnação ou mesmo em recessão prolongada, uma situação de crise que faz pensar no comportamento de um drogado a quem se acaba de suprimir bruscamente as doses habituais. É o que ameaça os países fortemente endividados: os credores estrangeiros apenas podem conceder novos créditos se pensarem que essas dívidas ainda podem ser reembolsadas, mas chega inevitavelmente o momento em que tal já não é possível.

---

[102] Esta «resposta» é historicamente recente. Supõe, com efeito, o abundante recurso ao endividamento, o que supõe, por sua vez, que o sistema bancário possa criar facilmente moeda. Isto esteve excluído enquanto as moedas nacionais eram convertíveis em ouro… ou seja, até Bretton Woods. É necessário observar que é o défice externo que suscita políticas que conduzem ao défice orçamental. Daí a designação de «défices gémeos»

6. A estratégia mercantilista

Um país «mercantilista» é um país que consegue implementar uma política que leva a excedentes comerciais sucessivos. Desse modo, evita que parte do seu rendimento seja gasto no estrangeiro. Pelo contrário, a procura que recupera proveniente do estrangeiro virá compensar largamente a falta de procura associada à sua poupança monetária. A longo prazo, os países mercantilistas conservam, no plano interno, finanças privadas e públicas muito saudáveis e adquirem uma posição credora considerável sobre os países estrangeiros. Garantem um crescimento económico forte, tendo ao mesmo tempo uma posição financeira cada vez mais considerável, que lhes evita terem de recorrer ao endividamento interno.

É, obviamente, uma estratégia muito boa, no entanto, é também muito agressiva por sua própria natureza. Com efeito, se alguns países conseguem alcançar, de maneira recorrente, fortes excedentes comerciais, o que lhes assegura um crescimento forte, outros países sofrerão necessariamente défices sucessivos, o que os obrigará a uma fuga para a frente no caminho do endividamento para obterem um crescimento que é, não obstante, fraco, perigoso e vulnerável. A partir daqui, compreende-se por que razão esta estratégia foi adotada pelos sucessivos países que, ao longo da história, aspiraram a ter uma posição hegemónica.

Os países que gastam menos do que produzem parecem ter um comportamento «virtuoso». Mas se todos os países fossem igualmente virtuosos, o mundo estaria numa recessão permanente! Desta asserção aparentemente sólida resulta a suposta utilidade dos países de comércio externo deficitário, que gastam muito. Como diz Emmanuel Todd, os Estados Unidos, com os seus enormes défices externos, constituem «o Estado keynesiano do mundo». Há, no entanto, qualquer coisa de muito doentio no funcionamento de uma economia mundial que assenta nesta dualidade entre os países mercantilistas e os outros. Com efeito, o comércio mundial poderia equilibrar-se se fossem implementados alguns dispositivos institucionais aceites por todos os países. Era o que parecia desejar Keynes. Na sua ausência, os comportamentos mercantilistas, que podem manifestar-se nomeadamente pelo «*dumping* cambial», constituem verdadeiras agressões aos outros países. Se houvesse, efetivamente, dispositivos de regulação adequados aceites por todos, os saldos comerciais de todos os países ficariam próximo de zero. Neste caso, bastaria a cada país recorrer de maneira moderada ao endividamento interno para obter um crescimento correto da sua economia, e sem que isso fosse um embaraço para os seus parceiros. Pelo próprio facto de os défices comerciais lhes serem impostos, alguns países são conduzidos a aumentar excessiva e doentiamente o seu endividamento interno para compensar a dificuldade que enfrentam, como revelou de maneira espetacular a crise iniciada em 2007 nos Estados Unidos da América.

À exceção dos países «rendeiros», que beneficiam de recursos naturais que exportam, os países que produzem excedentes comerciais fazem-no, geralmente, de maneira recorrente: é esse o resultado da estratégia mercantilista que implementam e que os dota de vantagens económicas importantes na competição internacional. A partir do momento em que vários países importantes conseguem os meios para aplicar uma tal estratégia, fazem oscilar, muito frequentemente contra a sua vontade, os países com os quais têm trocas comerciais, num funcionamento baseado no recurso excessivo ao endividamento para estimular a sua procura interna, com todas as vulnerabilidades que lhes estão associadas. Por isso, a Itália e a França não escolheram deliberadamente uma estratégia não mercantilista: foram, de facto, obrigadas a isso.

7. A superioridade da estratégia mercantilista

Se um país consegue manter-se, por meios leais ou desleais, no clube mercantilista, não tem necessidade, para manter um crescimento significativo do seu PIB, de recorrer ao estímulo da sua procura interna, ao qual são forçados os países não mercantilistas. Ou melhor: o facto de gastar de maneira regular menos do que produziu anteriormente constitui geralmente um meio essencial para implementar a estratégia mercantilista[103], nomeadamente quando está assente em taxas de câmbio subavaliadas. É raro, e mesmo muito raro, que um país possa sustentar o seu crescimento simultaneamente nos dois registos que são o excedente externo e o endividamento interno. Quando isto acontece é sintoma de uma situação transitória: um país mercantilista está a tornar-se não mercantilista ou o inverso. Tais mudanças são, no entanto, pouco frequentes: os países continuam na mesma categoria durante longos períodos de tempo, da ordem de várias dezenas de anos.

---

[103] Uma vez mais, é necessário sublinhar que a despesa interna de um país mercantilista não permanece de forma alguma estagnada: o seu crescimento acompanha o do PIB, e este é, em geral, forte.

A crise atual permite evidenciar a superioridade do modelo mercantilista sobre a sua alternativa. O estímulo do crescimento através do excedente externo é largamente suficiente para assegurar um crescimento correto do PIB. Esta configuração dá, além disso, duas vantagens estratégicas suplementares aos países mercantilistas em relação aos outros.

A primeira destas vantagens é que estes países são muito menos propensos do que os países não mercantilistas ao risco de bolha nos mercados de ativos. Com os seus esforços para encorajar o endividamento e desencorajar a poupança de maneira a estimular a sua despesa interna, estes últimos são levados a reduzir sempre mais as suas taxas de juro reais. Ora, as taxas de juro que estão demasiado tempo demasiado baixas constituem a base a partir da qual se desenvolvem bolhas nos mercados de ativos. Os países mercantilistas escapam a este risco: graças aos seus excedentes externos, podem mostrar-se muito intransigentes em relação às bolhas. Foi ao que se assistiu, em 2006-2007, quando o governo chinês fez rebentar deliberada e preventivamente uma bolha imobiliária e uma bolha bolsista sem que isso conduzisse a economia chinesa à recessão. Esta tornou-se, em última análise, ainda mais robusta.

A segunda destas vantagens é que, no caso de crise mundial que coloque em dificuldade as suas exportações, os países mercantilistas dispõem para o seu crescimento de duas «rodas sobressalentes» intactas e disponíveis, o que não é o caso dos países não mercantilistas. De facto, antes da crise, os países mercantilistas não tiveram de utilizar frequente ou fortemente nem a sua política monetária nem a sua política orçamental. Por esta razão, os seus sistemas bancários continuaram num estado relativamente satisfatório e a sua dívida pública continuou relativamente reduzida. Quando a crise se desencadeia, é-lhes fácil utilizar amplamente a política monetária e a política orçamental, as duas «rodas sobressalentes», para manter um crescimento correto, apesar do recuo sofrido momentaneamente pelas suas exportações. Os países não mercantilistas, pelo contrário, usaram excessivamente, ano após ano, a sua política monetária e a sua política orçamental, acabando por desequilibrar os balanços dos seus sistemas bancários e por aumentar perigosamente a sua dívida pública. Quando a crise chega, as armas anticrise já não estão ao seu dispor...

A «superioridade» da estratégia mercantilista, e o seu perigo, podem ser ilustrados de maneira clamorosa pelos comportamentos do Japão e da China.

Capítulo 4

O Japão, modelo da China

A HISTÓRIA DO JAPÃO desde meados do século XIX é, para a China, uma profunda e múltipla fonte de inspiração. Agredido, tal como a China, pelas nações europeias e pelos Estados Unidos, o Japão soube, rapidamente, modernizar-se e libertar-se da tutela estrangeira: é a primeira lição que Deng Xiaoping vai reter. A experiência da sociedade totalitária e militarista que o Japão desenvolve desde a década de 1930 até à sua derrota de 1945 constitui uma segunda lição tão interessante como a primeira: este fracasso não será, de qualquer maneira, ignorado por todo o mundo! A *success story* do crescimento japonês de 1945 a 1985 tornar-se-á, evidentemente, o modelo de referência privilegiado: um crescimento sustentado nos excedentes comerciais externos, permitido por um iene muito subavaliado. Finalmente, a aceleração económica excessiva do fim da década de 1980 e a queda numa crise prolongada farão meditar os dirigentes chineses, o que lhes será muito útil na gestão das suas relações com os Estados Unidos.

Em suma, o Japão, com os seus sucessos e fracassos, constituirá para a China o exemplo a seguir, ou não, a partir da década de 1980.

1. A «nova era» (Meiji) e o imperialismo japonês (1854-1920)

Devido à pressão estrangeira, o xogum aceita, em 1854, abrir dois portos ao comércio americano; assina mesmo um tratado de comércio em 1858.

Beneficiando das dificuldades americanas (guerra da Secessão), as potências europeias ampliam em seu benefício a abertura obtida e impõem em 1866 uma tarifa aduaneira não superior a 5%: a porta está, agora, escancarada para a entrada dos algodões e lanifícios britânicos.

Estes elementos de destruturação da sociedade japonesa dão à classe dos jovens samurais, pobres e ambiciosos, a oportunidade de depor a velha sociedade feudal, que mantivera o país na sua imobilidade desde há séculos. A partir de 1868, e em poucos anos, a revolução Meiji vai transformar completamente o país. Os seus partidários, que, inicialmente, queriam «expulsar os bárbaros», compreendem que só o poderiam fazer se lutassem com as mesmas armas. Para ficar a par dos Ingleses e dos outros, compreendem que é necessário reformar o país de cima a baixo. Em nome da restauração do imperador, o xogunato é suprimido; os feudos são restituídos ao imperador, com modestas compensações, prelúdio à privatização das terras, que será um elemento decisivo para a obtenção de ganhos de produtividade no setor agrícola.

Os jovens samurais impõem a igualdade de todos perante a lei, o recrutamento militar obrigatório (elemento decisivo nas mudanças que afetam a instituição militar e que, ainda por cima, lhes garantia a adesão do mundo rural), escola obrigatória para todos. Ao mesmo tempo, fazem com que o Estado leve a cabo as grandes obras de infraestruturas que o desenvolvimento dos negócios necessita (portos, estradas, caminho de ferro).

É lançada em 1871 uma nova moeda, o iene. As finanças públicas são reorganizadas, nomeadamente com a substituição do imposto em espécie sobre as colheitas por um imposto em dinheiro sobre a propriedade. Finalmente, as poucas manufaturas públicas que tinham sido criadas pelo xogunato são privatizadas, ponto de partida da constituição de uma oligarquia industrial e dos negócios muito empreendedora. Desse modo, «em 1885, a produção de fio de algodão regista um *boom* que atinge por difusão progressiva os outros ramos industriais. Por volta do final do século, o Japão está irreversivelmente lançado na via da industrialização»[104].

---

[104] Reischauer, *op. cit.*

Tais transformações, e tão rápidas, são impressionantes. A aprendizagem na escola do Ocidente faz-se a um ritmo acelerado e chega a todos os domínios: ciências, técnicas, ideias políticas, administração, arte da guerra. Neste fim do século xix, a moda é o imperialismo: o Japão também será imperialista!

Que o comércio externo do país possa ser excedentário, apesar das suas importações provenientes dos países ocidentais, e que o capital japonês se possa desenvolver muito rapidamente, sobretudo no Japão, mas também no exterior, nas regiões que vai dominar, tudo isto está ligado à existência de uma marinha de guerra e de um exército modernos. A semicolonização da Coreia, um mercado importante, vai entrar em confronto com os direitos políticos da China (o Imperador da China é o suserano da Coreia) e conduzir à guerra em 1894, que é ganha facilmente pelo Japão, que, nos termos do Tratado de Shimonoseki (1895), adquire ainda Taiwan e as ilhas dos Pescadores.

O Japão é, agora, uma grande potência. Assina um tratado de comércio com a Grã-Bretanha, que põe fim aos tratados desiguais (1894), e, depois, em 1902, um tratado de aliança que lhe permite ter mãos livres, dois anos mais tarde, para atacar a Rússia, cuja presença na Manchúria contraria os seus objetivos expansionistas.

Ao anexar a Coreia (1910) e ao confirmar as suas orientações políticas externas (tratado comercial com os Estados Unidos da América, aliança inglesa em 1911), o Japão encontra-se muito naturalmente «do bom lado» por altura do primeiro conflito mundial. Ainda que o seu empenhamento militar continue marginal, tem assim a oportunidade de estender a sua influência e os seus negócios à China... O regresso da paz corresponde ao grande regresso dos aliados ocidentais à Ásia e também ao da concorrência dos seus produtos. Mas, ao mesmo tempo, com os tratados de paz, nascem novas instituições internacionais (a SDN, etc.) e, portanto, novas normas: já não é altura para a abertura de mercados com meios militares...

2. A ascensão do militarismo e o episódio totalitário (1920-1945)

No início da década de 1920, a política externa do Japão, tendo em conta o contexto, será conciliadora. Isso vai implicar uma diminuição drástica (50%) dos efetivos militares, o que suscitará um profundo descontentamento por parte dos oficiais.

88 | O Imperialismo Económico

Por outro lado, ainda que os mercados externos diminuam, o governo facilita as importações de produtos alimentares para satisfazer os industriais desejosos de ter uma mão de obra barata, o que tem por consequência manter os preços agrícolas em níveis muito baixos e provocar uma forte aceleração do êxodo rural. Os fluxos assim libertados não podem ser absorvidos na totalidade unicamente pelo desenvolvimento industrial. Por outro lado, o exército já não constitui um escoamento e também já não há oportunidades de emprego nas colónias ou nos protetorados (Taiwan, Coreia, Manchúria). O êxodo rural, que representava outrora um fator de promoção social, é agora sinal de perda de estatuto. Daí o descontentamento do mundo rural, que representa então 50% da população do país.

A confluência das frustrações dos militares e dos camponeses([105]) vai então levar a um período militarista e bélico, que será catastrófico para o país e para o mundo.

Pouco importa saber em detalhe o encadeamento de golpes, traições e assassinatos pelo qual o poder político, composto maioritariamente por «civis», foi transformado, em poucos anos, num poder exclusivamente militar. Foi verdadeiramente uma contrarrevolução, um regresso ao xogunato, com o Imperador a ter de novo o papel de figura decorativa. A opção militar que é tomada consiste em levar o país duas vezes à guerra: primeiro com a China e, depois, devido aos interesses americanos (e ocidentais) na China, com os Estados Unidos.

A revolução Meiji realizara, no espaço de meio século (1868-1918), uma espécie de milagre, uma obra que parecia ser um êxito total, tanto mais notável quanto se sabe o tempo que foi necessário a velhos países como a Inglaterra ou França para efetuarem a transição do feudalismo para a sociedade industrial. O passo atrás contrarrevolucionário dos militares mostra que as mudanças efetuadas, por muito importantes que fossem, eram ainda insuficientes em certos setores institucionais. Os canais de informação do governo e as grelhas de leitura utilizadas não revelaram provavelmente a gravidade potencial da situação do mundo rural, nem a do exército. A máquina militar, que, até à década de 1920, estava ao serviço do governo e, portanto, do desenvolvimento da indústria e dos negócios, largamente assentes nas exportações, coloca, agora, o mundo da indústria, e, em geral, a sociedade, ao seu próprio serviço.

([105]) O erro dos governos civis da década de 1920 foi o seguinte: contra o parecer dos oligarcas da indústria, deveriam ter introduzido tarifas protetoras para certos produtos alimentares, o que não fizeram. Como se sabe, hoje, a China dá uma grande importância a esta questão dos preços agrícolas e da regulação do êxodo rural; sem dúvida que a experiência do Japão não foi esquecida.

É desta forma que é instaurado no país um capitalismo totalitário dirigido pela casta militar. Esta não compreendera que a conquista de mercados para a exportação poderia ser mais eficaz com meios monetários do que com meios militares! Uma lição mais que a China contemporânea tem certamente em consideração.

3. O segredo do elevado crescimento do pós-guerra (1945-1965)

O verão de 1945 é cruel para o povo japonês: as privações, os bombardeamentos, a humilhação de uma capitulação... O país sai da guerra absolutamente exangue.

A ditadura inteligente da administração militar americana facilita muito a recuperação económica. Evidentemente, de início a ajuda alimentar torna-se indispensável, mas depois, graças ao seu poder não partilhado, aceite pela população, as autoridades de ocupação implementam reformas extremamente úteis para a economia e para a sociedade: novas instituições políticas, reformas fiscais no sentido de uma maior igualdade, alinhamento do direito do trabalho pelas normas ocidentais, desmantelamento dos *zaibastsu*, os cartéis e monopólios de uma oligarquia que fizera o jogo dos militares, e, finalmente, a reforma agrária, que transforma os agricultores individuais em proprietários, prelúdio de uma política agrícola de apoio aos preços, análoga àquela que a Europa introduzira na mesma época[106].

Como observa Edwin Reischauer[107], «o traumatismo material, social e psicológico provocado pela guerra e pela derrota contribui para varrer os últimos vestígios do passado e liberta as forças de renovação. O temor do ocupante dá rapidamente lugar à esperança em dias melhores. A reprovação que rodeia o militarismo e o totalitarismo suscita como antídoto um novo fervor pela *democracia*. Desta forma», diz ele, «uma certeza se impõe: com o retorno à liberdade das trocas comerciais e à paz reencontrada, o arquipélago só poderá reconstituir a sua antiga proeminência e reconstruir a sua economia através do comércio internacional»[108].

---

[106] Doravante, os camponeses estarão relativamente à vontade: o êxodo rural será controlado e o mundo rural já não será o reservatório do descontentamento que fora no final da década de 1920.
[107] E. Reischauer, *op. cit.*, pp. 11 e 12.
[108] Sublinhado por nós.

Mesmo os antigos adeptos da expansão militar descobrem as virtudes de uma «cooperação internacional bem entendida». Esta certeza vai, na verdade, tornar-se num dos elementos estruturantes da estratégia de desenvolvimento implementada no país, o qual, sendo primeiramente submisso, se torna rapidamente parceiro dos Estados Unidos, após a rutura que se opera entre os antigos aliados, em 1947-1948.

Os elementos centrais do modelo de desenvolvimento do Japão, o segredo do seu crescimento durante o período de 1945-85, são três:

— Salários baixos; aumentarão rapidamente, acompanhando o ritmo do crescimento, mas continuando a ser mais baixos, para as mesmas qualificações, do que os dos países ocidentais; o volume diminuto dos salários indiretos (nomeadamente a cotização para a reforma) constitui uma forte incitação à poupança;
— Taxas de juro baixas, que facilitarão grandemente o investimento das empresas;
— Finalmente, uma taxa de câmbio do iene largamente subavaliada, obtida primeiro por um controlo dos câmbios em regime de câmbios fixos e, depois, a partir de 1973, por saídas de capitais organizadas pelo Banco do Japão no quadro do que foi chamado o *dirty floating*.

Para além destes elementos centrais, há outros complementares: diversos obstáculos à entrada de capitais estrangeiros no país, diversos obstáculos, mas eficazes, à entrada de mercadorias estrangeiras[109], ajudas importantes à agricultura para assegurar o pleno emprego (regulação do êxodo rural), regulamentações pouco favoráveis aos ganhos de produtividade em setores pouco envolvidos no comércio externo (como o da distribuição), também importantes para o nível do emprego. Pode-se mesmo acrescentar também a ação planificadora do MITI, sem que tivesse tido, no entanto, a importância que lhe atribuem muitos comentadores.

O resultado do dispositivo assim implementado é um comércio externo florescente, que se traduz por excedentes consideráveis, o que determina um crescimento rápido da economia ao ritmo de 8 a 10% ao ano.

Na origem de tudo isto, é necessário assinalar uma espécie de «presente» dado pelos Estados Unidos à economia do Japão, em 1949:

---

[109] «No seu gigantesco esforço de reconstrução económica, o Japão protegera cuidadosamente as suas indústrias ao introduzir barreiras aduaneiras sensivelmente mais elevadas do que as de todos os outros países industriais» (Reischauer, *op. cit.*, T2, p. 129).

a estabilização da moeda na base de 360 ienes por dólar, decidida pelo general MacArthur, no quadro do «Plano Dodge», que dá à economia japonesa uma vantagem considerável em termos de competitividade[110]. Esta paridade só será alterada em 1971, 22 anos mais tarde.

A elevada poupança bem como as condições altamente favoráveis do crédito permitem às empresas realizar, não só no interior do Japão, mas também no exterior, programas de investimentos muito ambiciosos.

No interior, o crescimento industrial é forte: os efetivos empregados podem crescer e absorver os suplementos de mão de obra disponíveis provocados pelo crescimento demográfico (da ordem de 1% ao ano) e pelo êxodo rural, agora controlado por uma política agrícola protecionista.

De facto, o Estado japonês assegura, através de diversos canais e incitamentos, a realização do pleno emprego, o que é de uma importância capital para o equilíbrio social. O Estado é, sem dúvida, ajudado nesta tarefa pelo substrato antropológico, nomeadamente pelos valores transmitidos pela família tradicional, levando a que aos empresários repugnem os despedimentos, preferindo ficar com os empregados pouco úteis em vez de os demitir[111].

Os programas de investimento das empresas no estrangeiro são muito ambiciosos. São, evidentemente, facilitados pela realização de excedentes comerciais externos. Estes investimentos diretos no estrangeiro (IDE) são de extrema importância para o conjunto do sistema: são eles que permitem, ao mesmo tempo, manter baixos salários no Japão e, um paradoxo aparente, o forte crescimento dos rendimentos salariais médios.

Nos países ocidentais, os investimentos realizados nas filiais de firmas japonesas permitem contornar os obstáculos colocados à livre concorrência e à entrada de mercadorias japonesas. Trata-se frequentemente de fábricas de montagem, nomeadamente no setor automóvel, que necessitam de um número relativamente elevado de operários em relação aos quadros. As atividades de direção, de conceção e de pesquisa e desenvolvimento continuam localizadas na casa-mãe, no Japão. Estes investimentos são instrumentos de penetração de produtos japoneses nos países desenvolvidos.

---

[110] Ver-se-á que, na mesma época, é dado um presente semelhante às economias da Europa Ocidental (Grã-Bretanha, França, Alemanha Ocidental): os Estados Unidos da América pretendem então estimular o crescimento económico dos seus aliados face à ameaça soviética.

[111] Segundo E. Todd, a forma dominante da família é, no Japão, a «família tronco», que transmite valores de autoridade e de desigualdade.

Por outro lado, os investimentos japoneses realizados nos países de baixos salários não têm o mesmo significado: permitem beneficiar de salários extremamente baixos de alguns deles. Excetuando alguns casos particulares, as deslocalizações não conduzem à supressão de empregos no Japão. Ao diminuírem os custos de produção, permitem às empresas em causa ganhar setores do mercado mundial e manter deste modo o potencial de emprego no Japão, modificando, todavia, notavelmente a composição deste, pois reduzem os empregos não qualificados e aumentam fortemente os empregos altamente qualificados, nomeadamente nas atividades de pesquisa e desenvolvimento. Isto implica também, progressivamente, mudanças importantes na composição setorial da indústria japonesa: as indústrias ligeiras, como a têxtil, por exemplo, que eram no início do século as especialidades do Japão, veem as suas atividades cada vez mais destinadas às filiais estabelecidas no sudeste da Ásia (Taiwan, Tailândia, Malásia, Filipinas...), ou, então, na Coreia ou na China continental. Pelo contrário, o Japão torna-se um produtor de primeiro plano na indústria pesada, na construção naval, na química, no setor automóvel, na eletrónica, na ótica, etc.

Na década de 1960, o Japão reata as suas relações económicas com a China e torna-se, nessa época, de longe o primeiro parceiro deste país. A maioria dos comentadores vê neste facto apenas um elemento menor do comércio externo do Japão, representando apenas 2 a 3% do seu volume global. Ao fazê-lo, esquecem-se de assinalar o comércio com Hong Kong, que, de facto, concerne à China. Negligenciam também a circulação comercial entre filiais japonesas situadas na China e outras filiais na Coreia, em Taiwan, na Malásia, etc. A análise dos fluxos comerciais «japoneses» não pode ser dissociada da dos fluxos entre as empresas e estabelecimentos japoneses através do mundo.

A poupança realizada no Japão, a qual já vimos que era considerável (da ordem dos 40 a 50% do PIB, na década de 1960), permite ao capital japonês desenvolver-se rapidamente no país e no exterior. As forças produtivas implementadas em todo o mundo pelo capital japonês produzem no seu seio uma divisão internacional do trabalho particular que tende a concentrar as atividades que necessitam de recursos humanos altamente qualificados em território japonês e a instalar atividades que necessitam muito mais de mão de obra menos qualificada nos países de baixos salários.

Esta divisão do trabalho foi igualmente aplicada proveitosamente pelas firmas americanas e europeias. Contudo, as firmas japonesas mais precoces apoiaram-se no seu crescimento rápido para desenvolver esta organização numa escala maior. É o que explica a importância das atividades de Pesquisa e Desenvolvimento (PD) no Japão. A «PD» tornou-se aqui mais importante em valor relativo do que nos Estados Unidos da América e na Europa, porque as firmas japonesas puderam desenvolver-se mais rapidamente do que as empresas ocidentais[112].

As mudanças que daí resultam na estrutura do emprego por qualificações (e também por rendimentos) no Japão são de uma importância capital: permitem um forte crescimento dos rendimentos salariais médios, ainda que o nível dos salários progrida lentamente em cada nível de qualificação.

Ao fim e ao cabo, o grande crescimento do país, impulsionado pelos excedentes comerciais que resultaram da subavaliação permanente da moeda, não será entendido como um perigo para as economias ocidentais até ao início dos anos 60. A partir daqui, percebe-se que as empresas japonesas constituem perigosos concorrentes para as firmas americanas e europeias.

4. O Japão indispõe os Estados Unidos (1965-1985)

Ainda que importe 20% dos produtos alimentares que consome e a quase totalidade dos recursos energéticos e mineiros que lhe são necessários, o Japão regista sempre fortes excedentes comerciais. Por isso, é pressionado para que reavalie a sua moeda face ao dólar, mas recusa-se a fazê-lo. Nesta época, é já uma potência económica considerável: o seu PIB é o terceiro do mundo com base num cálculo que tem em conta a sua taxa de câmbio extremamente subavaliada e o segundo com base nas «paridades do poder de compra».

Depois de ter posto fim à convertibilidade do dólar em ouro para os bancos centrais, em 1971, o governo americano obtém um acordo (o «*smithsonian agreement*») que previa uma apreciação de 16,9% do iene face ao dólar. Isto não foi suficiente para equilibrar as relações comerciais Japão/Estados Unidos: o Nikuson Shokku (o choque Nixon) é acompanhado de novos impostos americanos sobre as importações e por um acordo de autolimitação das exportações do Japão de alguns produtos, como os têxteis.

O ano de 1973 é duplamente importante: por um lado, o sistema de câmbios fixos é abandonado em benefício dos câmbios flutuantes, por

---

[112] Notemos também que o crescimento excecional das atividades de «PD» no Japão não é necessariamente o resultado de uma suposta especificidade dos seus empresários, que compreenderiam melhor do que os seus colegas ocidentais o interesse de uma «visão a longo prazo»: os Japoneses souberam tirar proveito, antes dos outros e mais do que os outros, das oportunidades que a divisão do trabalho entre as nações asiáticas podia oferecer.

outro, há o «primeiro choque petrolífero». O Japão entra em recessão e, coisa inabitual, regista um défice do comércio externo, em 1974 e 1975, devido, integralmente, à fatura petrolífera. O seu plano de 1975 de relançamento da economia permite-lhe, no entanto, voltar a crescer nesse ano, sendo o único grande país a consegui-lo.

Para conservar a sua vantagem em matéria de câmbios, é-lhe absolutamente necessário contornar a dificuldade que representa a instauração dos câmbios flutuantes. Inventa rapidamente, portanto, o *dirty floating*: intervenções recorrentes e massivas do Banco do Japão no mercado de câmbios, que lhe permitem assegurar uma paridade quase fixa entre o dólar e o iene, perpetuando a subavaliação deste, apesar das variáveis fundamentais que deveriam induzir uma sua forte apreciação. Assim, o Bank of Japan (BoJ) é levado a acumular reservas em dólares no seu ativo. Graças a estas práticas, o Japão pôde limitar somente a 25% a subida da sua moeda, entre 1976 e 1978, ainda que o seu comércio externo fosse cada vez mais excedentário.

O segundo choque petrolífero (1979) é muito facilmente absorvido pelo Japão: o seu comércio externo é, por pouco tempo, ligeiramente deficitário, devido à fatura do petróleo, mas continua excedentário com os Estados Unidos da América e com a Europa. As baixíssimas taxas de juro que o país pratica permitem alimentar fluxos importantes de capitais, sendo agora investidos mais na Europa e nos Estados Unidos da América do que na Ásia.

A década de 1970 constitui um período de grandes mudanças na composição da indústria japonesa. As indústrias ligeiras fortemente trabalho-intensivas são cada vez mais deslocalizadas para os países asiáticos de baixos custos salariais (China continental, Taiwan, Coreia do Sul, Malásia, Filipinas, etc.), utilizando melhor os dois *hubs* constituídos por Hong Kong e Singapura.

Os investimentos são realizados cada vez mais nas altas tecnologias (nuclear, civil, aeronáutica, informática, fibras óticas, biotecnologia...) e nos países desenvolvidos. Ao instalar numerosas filiais nestes países, a indústria japonesa contorna as disposições protecionistas aduaneiras suscitadas pelos excedentes comerciais que produz.

Os países ocidentais sentem-se cada vez mais agredidos por esta invasão de produtos japoneses que coloca em perigo algumas indústrias. As suas recriminações tornam-se cada vez mais frequentes...[113]

---

[113] Não é apenas por parte dos Estados Unidos: em 1980, a CEE pede ao Japão para limitar as suas exportações e, em 1982, recorre ao GATT por causa deste contencioso. O problema é ainda mais grave por se estar, então, numa situação de recessão, com taxas de desemprego que atingem valores nunca vistos desde o fim da Segunda Guerra Mundial.

Negoceiam-se acordos de «autolimitação», que se sabe, mais ou menos, à partida, que não serão respeitados. Formulam-se «queixas», fazem-se «pedidos» e apelos à «boa vontade». Os «economistas» encarregados deste tipo de tarefas demonstram uma impressionante cegueira teórica, evitando falar do que incomoda: dos elementos que estão na base dos desequilíbrios comerciais e que se pretende reduzir, ou seja, das taxas de câmbio!

Por pressão americana, o Japão abole em 1980 o controlo dos câmbios: as importações e as exportações de capitais tornam-se «livres», pelo menos no papel! O Japão, uma vez mais, contorna a dificuldade e continua a organizar exportações de capitais significativas e a desencorajar as importações de capitais. Estas exportações de capitais ferem, por vezes, o orgulho e a suscetibilidade dos Americanos, na medida em que permitem a compra de sociedades ou de bens que têm um valor simbólico nos Estados Unidos. Não só os industriais, mas também os círculos dominantes e a opinião pública mostram-se exasperados perante esta concorrência, entendida justamente como desleal, e, para além disso, como atentatória do orgulho nacional americano.

5. O conflito Estados Unidos-Japão (1985-1995)

A situação americana é agravada devido ao facto de, no início da década de 1980, o dólar se ter fortemente valorizado. Entretanto, os dirigentes americanos, que conseguiram concluir vitoriosamente a competição da chamada «guerra das estrelas» com a União Soviética, têm agora mais liberdade para se ocupar dos seus problemas económicos e nomeadamente da concorrência japonesa.

As reuniões do «G5», no hotel Plaza, em Nova Iorque, em 1985, e no Louvre, em Paris, em 1987, têm por objetivo, entre outros, obrigar o Japão a adotar uma política económica mais expansionista de maneira a reduzir a dimensão do saldo do seu comércio externo.

O Japão vai submeter-se. Deste modo, aumenta sensivelmente o montante das suas despesas públicas. Contudo, para evitar entradas de capital no seu território, que provocariam uma forte valorização da sua moeda, mantém as suas taxas de juro a um nível ainda mais baixo do que no passado, o que, de uma certa maneira, responde às exigências americanas, uma vez que tende a estimular a sua procura interna. A despesa interna aumenta, assim, sensivelmente, tal como as importações, e o iene valoriza-se em 40% entre setembro de 1985 e setembro de 1990. Apesar disto, o comércio com os Estados Unidos da

América permanece excedentário e continua a exportação de capitais japoneses.

A desregulamentação do setor bancário, outra medida que fora imposta, conduz os bancos a conceder mais crédito, nomeadamente ao setor imobiliário, pois as taxas de juro são muito baixas. O resultado será uma euforia bolsista e imobiliária sem precedentes, ainda que não haja o *warning* de uma inflação aparente, porque os preços de consumo não aumentam.

De 1986 a 1988, cem milhares de milhões de dólares de capitais japoneses são investidos no estrangeiro, dos quais cerca de metade nos Estados Unidos. A compra mais emblemática é a do Rockefeller Center, em Nova Iorque, que é um símbolo e passa a ser uma humilhação para a orgulhosa América.

O inevitável crash, cujo «rastilho» é a decisão das autoridades de aumentar as taxas de juro, acontece em 1989. O país mergulha na crise. Os bancos, que, até 1985, tinham vivido protegidos face ao exterior, não se prepararam para a desregulamentação efetuada a partir desta data e incorreram em riscos demasiado elevados. Muitos deles encontram-se virtualmente falidos e o crédito é restringido de forma drástica. Por seu lado, as famílias, que veem perder-se o valor do seu património, reduzem o seu consumo.

Quebra dos investimentos, quebra do consumo: o crescimento económico desaparece. A redução das taxas de juro, decidida depois para relançar a economia, não tem grande efeito. O governo é forçado a lançar-se numa vasta política de despesas públicas. Ela é ainda mais necessária porque as exportações, elemento essencial do crescimento do país, têm tendência para perder o fôlego devido ao forte crescimento do valor do iene face ao dólar, a partir de 1992. Infelizmente, as despesas do Estado não podem prosseguir indefinidamente: a dívida pública é, com efeito, equivalente a um ano de PIB...

Contudo, apesar da crise e apesar do iene se encontrar, em 1991 e 1992, a um nível bem mais elevado (cerca de 20%) do que fora acordado na reunião do Louvre, as exportações japonesas para os Estados Unidos da América continuam a ser muito elevadas e a incomodar fortemente os industriais americanos([114]). Estes últimos serão ouvidos por Clinton.

A partir da eleição deste, em 1992, a Administração americana organiza, por diferentes canais, e em contradição com os compromis-

---

([114]) Note-se que os industriais americanos, que apenas têm alguns acordos de subcontratação com o Japão, têm interesse em que a moeda deste país esteja a um nível elevado. Por outro lado, dado que têm muitos acordos de subcontratação com a China, veem vantagem no facto de a moeda chinesa estar largamente subavaliada.

sos assumidos em Paris, em 1987, uma formidável subida do iene, que atinge em 1995 um nível superior a 80% do limite mais alto previsto pelo acordo do Louvre.

Enquanto a administração Clinton organizava a *Endaka*, a subida rápida do iene (1992-1995), a China levava a efeito uma grande desvalorização da sua moeda (40%), em 1994, depois da realizada em 1990, e com base numa taxa de câmbio já muito subavaliada!

Esta desvalorização massiva, que não suscitou objeções por parte dos Americanos[115], apenas vai agravar ainda mais a situação já precária do Japão, tanto mais que teve um papel desestabilizador no conjunto dos países da região. De facto, a «crise asiática» de 1997 resulta em grande parte desta medida, num momento em que o Japão se vê nas maiores dificuldades, conduzindo a toda uma série de desvalorizações (Coreia, Tailândia, Singapura, Malásia, Taiwan)[116].

Um acontecimento político na China vai salvar o Japão do estrangulamento económico completo que a continuação da *Endaka* teria podido constituir. Em junho de 1995, o Partido Comunista Chinês decide suspender as negociações com Taiwan com vista à normalização das relações comerciais para protestar contra uma visita efetuada pelo presidente de Taiwan aos Estados Unidos da América (uma visita privada à universidade onde se diplomara). Os Chineses fazem saber, por outro lado, que não estão nada satisfeitos com a organização na ilha das primeiras eleições por sufrágio universal, em março de 1996, e tomam a iniciativa de colocar os seus mísseis apontados a Taiwan. Os Americanos, que desejam a estabilidade na região, têm novamente necessidade do seu aliado nipónico.

Uma delegação governamental japonesa vai, então, a Washington para pedir aos Estados Unidos que parem de fazer subir o iene, o que será escutado. A partir daí, os Estados Unidos aceitam uma subida do dólar face ao iene e a Europa uma subida do euro.

As dificuldades da economia japonesa não acabam em resultado destas subidas. Será necessário esperar até ao ano 2002 para que o Japão retome o crescimento. Assim, ao querer limitar o crescimento das suas despesas públicas para não agravar o seu endividamento, o Estado japonês provoca em 1997, sem o ter desejado, uma recessão e também uma deflação. O modelo mercantilista, que funcionara tão bem durante o período de 1945 a 1985, encontra-se agora completamente desfeito...

---

[115] Alguns analistas pretendem mesmo que o governo americano terá enviado sinais de encorajamento à China nesta questão.
[116] As crises dos câmbios vão levar a desvalorizações da ordem dos 20%, deixando sempre, no entanto, uma notável vantagem para a China.

6. Concorrentes ou subcontratantes: a diferença entre o Japão e a China

Em 1999, ao mesmo tempo que o Japão se debate com a sua gravíssima crise, os Estados Unidos da América – que consideram sem qualquer dúvida o episódio das tensões de 1995-1996 entre a China e Taiwan como um parêntesis, um epifenómeno sem consequências graves – procedem ao «lançamento em órbita» da China, rival asiático do Japão. Neste mesmo ano, o presidente Clinton dá o seu aval à entrada da China na OMC, sem sequer se preocupar em colocar a mais pequena condição em relação à taxa de câmbio. Com base numa moeda extremamente subavaliada, este país vai poder obter excedentes comerciais cada vez maiores, nomeadamente com a América. Isso fica a dever-se ao facto de a China ter ganho, na década de 1990, uma importância considerável perante as empresas americanas. Estas abrem filiais em *joint venture*, mas, sobretudo, desenvolvem contratos de subempreitada graças aos quais beneficiam dos níveis salariais extremamente baixos existentes no país. Os Americanos reproduzem as práticas japonesas. Os contratos de subempreitada são extremamente vantajosos e os Estados Unidos não se perturbam particularmente quando a China, em 1994, procede a uma desvalorização massiva da sua moeda – o que, aliás, nunca será demais repeti-lo, será uma das causas que desencadearam a «crise asiática» de 1997. Na verdade, a desvalorização satisfaz plenamente os interesses imediatos das empresas americanas.

A partir de 1989, a China aplica, por sua vez, as receitas que foram tão bem sucedidas no Japão durante os anos 1945-1985: salários baixos, taxas de juro baixas, moeda subavaliada, obstáculos à penetração de capitais estrangeiros. Contudo, os efeitos da aplicação de tal política serão muito diferentes nos Estados Unidos, pelo menos por duas razões. Por um lado, a China é dez vezes maior do que o Japão[117] e, por outro, uma parte importante do capital americano, na posse da oligarquia americana, tem interesses comuns com a oligarquia chinesa, o que não era de maneira nenhuma o caso anteriormente com o Japão[118]. Isso vai induzir uma surpreendente complacência dos Estados Unidos face

---

[117] Em dólares, o PIB da China, em 2008, é da ordem de 7% do PIB mundial. Em paridades de poder de compra, o PIB é de 20%, uma ordem de grandeza pouco diferente da dos Estados Unidos da América. Se nos reportarmos a dez anos antes, os números eram bem mais modestos, mas já eram importantes. A relação de 10 para 1 com o Japão diz respeito, evidentemente, às populações.

[118] Para além disso, de um ponto de vista geopolítico, havia uma estratégia económica que era parecida, em alguns aspetos, com a que fora implementada na época militarista do início dos anos 1940 com a «esfera de coprosperidade do Leste Asiático».

à China, ainda que esta se oponha cada vez mais claramente àqueles, desde a «viragem» de 1989, que foi confirmada em 1994.

Ao contrário da China, o Japão era considerado perigoso, não tanto pelos seus excedentes comerciais e pelos défices americanos correspondentes – a China fazia o mesmo e rigorosamente ninguém se preocupou –, mas porque as firmas japonesas eram concorrentes perigosas das empresas americanas([119]) e porque estas últimas não retiraram benefícios da subavaliação do iene.

A dinâmica do capitalismo japonês, no Japão e nos países à sua volta, teria podido transformar as firmas japonesas em líderes mundiais, suscetíveis de absorver a prazo os seus concorrentes americanos. Esta perspetiva era intolerável. Por isso, era absolutamente necessário «quebrar» este movimento. Para o fazer, invocaram-se os excedentes comerciais do Japão e os défices americanos, suscitados pela taxa de câmbio do Japão. Contudo, a partir do momento em que as firmas japonesas deixaram de ameaçar as suas homólogas americanas, principalmente devido aos lucros fabulosos que a sua articulação com a China lhes permitia obter, parece que os Estados Unidos já não estavam, ou já não estavam excessivamente, preocupados com o seu défice externo. Com Robert Rubin, vão ser relativamente indiferentes às taxas de câmbio e ao seu desequilíbrio comercial, desde que este seja «compensado»([120]) pelas entradas de capitais. A entrada da China na OMC, autorizada por Bill Clinton sem nenhuma condição quanto à taxa de câmbio, deriva deste princípio de indiferença. É um belo exemplo de miopia política e de submissão à oligarquia industrial e financeira do seu país.

([119]) O Japão exporta para os Estados Unidos da América muitos produtos acabados (automóveis, eletrodomésticos, eletrónica, fotografia...) e constitui, portanto, um concorrente. Por outro lado, os seus salários, elevados se tivermos em conta os que são praticados na Ásia, não permitem o desenvolvimento de subempreitadas para a fabricação de produtos intermédios. A China encontra-se no lado oposto e, devido a esse facto, não surge como um concorrente.

([120]) Esta questão da «compensação» do défice externo de um país com entradas de capitais provenientes do ou dos países mercantilistas com os quais comercializa permite à maioria dos analistas minimizar a importância do comércio externo. Na verdade, esta «compensação» constitui um elemento essencial do dispositivo mercantilista: as exportações de capitais facilitam as intervenções de manipulação dos câmbios.

Capítulo 5

A estratégia mercantilista da China

> «Nesse tempo, o capital estava em plena orgia!».
> KARL MARX, a propósito das minas de Potosi.

O MODELO QUE A CHINA VAI SEGUIR, a partir da «viragem» que constitui o ano de 1989, será o de um crescimento baseado em excedentes comerciais externos, permitido por um protecionismo monetário ainda mais intenso do que o do Japão. Terá em relação a este notáveis diferenças: a sua implementação é feita num país imenso, cuja sociedade está organizada de modo totalitário, que se proporá desenvolver, por conta dos países desenvolvidos, atividades de subempreitada e trabalhos por encomenda. Para as empresas ocidentais, a forma de desenvolvimento da China vai revelar-se bem mais interessante do que a do Japão, país ainda aliado dos Estados Unidos. A partir de então, a aproximação entre estes últimos e a China, inicialmente decidida por razões geopolíticas no contexto da guerra no Vietname, vai tomar na década de 1990 uma significação económica cada vez mais marcada e fazer-se, em larga medida, em detrimento do Japão.

O desenvolvimento económico da China retira em grande parte a eficácia das suas trocas comerciais externas do totalitarismo que lhe permite implementar, à escala planetária, um duplo sistema de sanções e de gratificações, quer em relação aos Estados, quer às empresas.

1. A confirmação do totalitarismo e as suas implicações

A China era, no fim da década de 1970, um país totalitário e burocrático que fora devastado pela «Revolução Cultural». A chegada ao poder de Deng Xiaoping, em 1978, vai mudar profundamente a orientação política do país: a liberalização progressiva, controlada e limitada das atividades económicas, associada ao monopólio do partido comunista sobre o Estado, as comunas, os sindicatos e a imprensa, mantendo ao mesmo tempo um controlo não burocrático, mas real, sobre as atividades económicas, etc., permite ao país registar um crescimento contínuo.

O ano de 1989 é muito importante para o mundo, para a Rússia e para a China. No Ocidente, fica o símbolo do 9 de novembro: a queda do Muro de Berlim. Esquecemos um pouco depressa demais que, pouco antes de se celebrar o bicentenário da Revolução de 1789, tiveram lugar em Pequim eventos muito importantes: a «Primavera de Pequim» (de 4 de maio a 4 de junho), a visita de Gorbachev (16 de maio) para normalizar as relações entre o seu país e a China[121], após 35 anos de tensões recorrentes entre os dois países, e, finalmente, a decisão dos governantes chineses de confirmarem a organização totalitária da sociedade, com o seu corolário, o massacre da praça de Tiananmen, em 4 de junho.

Com efeito, a «comuna estudantil» foi muito longe no desafio às autoridades: não ergueu ela, em frente do retrato de Mao, uma estátua que era uma alegoria da democracia? Um áspero debate vai agitar o Partido Comunista, opondo os partidários de uma democratização progressiva da sociedade e aqueles que nem sequer querem ouvir falar disso. Depois de muita hesitação, o primeiro-ministro Zhao Ziyang é afastado[122] e Deng Xiaoping concentra em si todo o poder. Deng, de acordo com a grande tradição imperial, decide «contribuir para a educação do povo» com uma atuação que marcará durante muito tempo os espíritos: o massacre dos partidários da democracia, em Tiananmen[123].

---

[121] Apesar da linha oficial «anti-hegemónica» da China, o objetivo que Deng Xiaoping fixa a longo prazo ao seu país é o de estabelecer a sua hegemonia no mundo. Nesta perspetiva, o inimigo principal, a longo prazo, é a América. A URSS e Gorbachev, que restabelece a democracia, assim como o Japão, fazem parte dos inimigos. Contudo, a curto e a médio prazo, são necessárias relações de aliança, ou, pelo menos, de conivência, com a Rússia e com os Estados Unidos da América para, num primeiro tempo, melhor «estrangular» economicamente o Japão. Mas é apenas o início...

[122] Na prisão ou em «prisão domiciliária», Zhao Ziyang nunca mais terá possibilidade de comunicar com o exterior.

[123] «Para os comunistas chineses, o massacre constituiu sempre um método de governo. Os carniceiros de Pequim têm, de facto, direito a ficar surpreendidos com o vigor das reações ocidentais. Porquê hoje esta súbita indignação, se no passado ignoraram sempre atrocidades ainda maiores? A única novidade dos massacres é desenrolarem-se perante os olhares da imprensa e das televisões estrangeiras», Simon Leys, novembro de 1989, citado por Adrien Gombeaud, *L'homme de la place de Tiananmen*, Seuil, Paris, 2009, p. 51.

Alguns meses mais tarde, a mensagem da propaganda do Partido destinada ao povo será essencialmente esta: «renunciai aos vossos fantasmas de liberdade e de democracia, que não têm nenhuma relação com as tradições do nosso país e que os nossos inimigos do estrangeiro vos propõem insidiosamente, e segui as diretivas do nosso glorioso partido([124]). Tereis, assim, prosperidade, um emprego e uma casa».

De alguma forma, antes de morrer, Deng Xiaoping faz chegar aos quadros do seu partido o elemento essencial da estratégia chinesa até hoje: um capitalismo totalitário. Depois de ter trabalhado, a partir de 1978, para a abolição do comunismo burocrático e a restauração do capitalismo e da propriedade privada dos meios de produção, em 1989, Deng Xiaoping concentra-se em afastar, de maneira definitiva, assim o espera, toda e qualquer veleidade de instaurar um capitalismo liberal e democrático. O seu projeto é, pelo contrário, o de um capitalismo totalitário, e de um novo imperialismo económico, cujo meio privilegiado de desenvolvimento será, como veremos, o protecionismo monetário.

2. A adoção do «modelo japonês» e o desenvolvimento das atividades de subempreitada

No processo de abertura ao comércio internacional da década de 1980 e seguintes, a Feira Internacional de Cantão, a montra da China, ganhará ao longo dos anos uma importância considerável. Tornar-se-á num lugar onde se trata de negócios e onde afluem, não só os compradores ocidentais, mas também os industriais ocidentais desejosos de subcontratar algumas produções. Este é um ponto capital. Com efeito, a China de 1980 não é o Japão de 1945: ela não dispõe dos recursos humanos nem do capital social do Japão, e não pode, portanto, dedicar-se tão facilmente como este à fabricação de produtos acabados suscetíveis de serem escoados nos mercados estrangeiros.

Do ponto de vista da produção, o «modelo chinês» será, portanto, diferente do «modelo japonês». O seu elemento essencial será, pelo menos durante as décadas de 1980 e 1990, a subcontratação industrial e os trabalhos por encomenda. Por isso, a economia chinesa não parece ser ameaçadora para a economia americana, uma vez que as suas pequenas e médias empresas (PME) trabalham na maior parte

---

[124] Na altura de Tiananmen, os *slogans* que decoravam as fachadas do hotel Beijing eram: «combatamos decididamente o liberalismo burguês e reforcemos o trabalho ideológico» e «desejamos dez mil anos de vida ao grande Partido Comunista Chinês, que tem sempre razão».

do tempo por conta e sob a dependência de empresas americanas, ou, mais em geral, de firmas que pertencem a países desenvolvidos (EUA, Europa, Japão…).

Evidentemente, a China recebe também muitos capitais sob a forma de investimentos diretos estrangeiros em *joint ventures*, o que a faz beneficiar de transferências de tecnologia e da formação de trabalhadores muito qualificados, graças à presença no terreno de engenheiros e técnicos estrangeiros. Estas contribuições são importantes, nomeadamente as que emanam do «mundo chinês» fora das fronteiras, especialmente de Taiwan. Estes investimentos não constituem, no entanto, o elemento mais significativo da dinâmica produtiva que se implementa e que é sustentada, em primeiro lugar, pelas atividades de subcontratação confiadas às PME. Não é por acaso que isto ocorre primeiramente de ambos os lados do rio das Pérolas e da sua embocadura, em redor de Cantão e em contacto com Hong Kong, que está, nessa altura, sob administração britânica e que, desde a transferência de soberania ocorrida em 1997, conserva um estatuto especial.

Hong Kong é o principal ponto de contacto entre a China e o Ocidente. Por isso, é a partir desta base, onde se encontram os contratadores importantes, que se vai operar a industrialização do país, em «zonas especiais» e, mais em geral, nas regiões costeiras. Com taxas de crescimento do PIB da ordem dos 10% ao ano e com taxas de crescimento do investimento da ordem dos 20%, ou por vezes mais, em duas décadas a China torna-se «a fábrica do mundo»: as suas produções são muito competitivas por causa dos salários, mas também devido à taxa de câmbio.

É em grande parte graças à China e aos seus salários extremamente baixos, mas graças também a outros países asiáticos, que as empresas multinacionais podem contabilizar, no início dos anos 2000, taxas de lucro da ordem dos 15%([125]), o que nunca se vira anteriormente.

Ao manter permanentemente uma taxa de câmbio muito subavaliada, a China tem mais uma vantagem do que os outros países de baixos salários. Torna-se, deste modo, a campeã do mundo da subcontratação e, portanto, também dos excedentes comerciais, para além de ser a terra do acolhimento privilegiado dos investimentos dos países desenvolvidos. A comunidade empresarial americana compreendeu rapidamente os benefícios que podia retirar do desenvolvimento das suas relações

---

([125]) Taxas de lucro que as empresas ocidentais de serviços (comércio, banca, finança…) quererão obter, mas não poderão ser atingidas no que respeita ao setor banca/finança senão assumindo riscos consideráveis.

com a China(^{126}). Mas não foi a única. Com efeito, quando uma nação, a China, tem uma vantagem decisiva devido ao custo da mão de obra expresso em dólares, bem mais baixo que em qualquer outra parte, incita muitas empresas, através do mundo, e não apenas as grandes, a deslocalizar mais ou menos rapidamente a totalidade ou parte da sua produção, graças a contratos de subempreitada e a investimentos produtivos. Isso pode mesmo levar, no fim de contas, à realização do sonho de algumas empresas: livrar-se totalmente das suas atividades «produtivas» para ficar unicamente com as tarefas de «conceção»(^{127}).

Até 1999/2001, um fator de incerteza vinha, no entanto, limitar a importância deste movimento de deslocalização das produções, nomeadamente no que se refere aos investimentos. De facto, ainda era possível que os países ocidentais recusassem definitivamente o acesso da China à OMC e decidissem em seguida introduzir, com toda a legalidade, direitos aduaneiros sobre os produtos «made in China» das empresas multinacionais. A partir do momento em que, em 2001, a China foi formalmente admitida na OMC, essa incerteza desapareceu. A partir de então, assiste-se muito naturalmente a uma intensificação dos investimentos das empresas ocidentais na China, tanto mais que à vantagem dos custos salariais se junta o da quase total isenção de impostos sobre os lucros obtidos.

3. Custo salarial chinês «recorde do mundo»

A China dispõe de uma vantagem decisiva que lhe permite obter excedentes comerciais: o seu custo salarial horário expresso em dólares, que, consoante as fontes, é 40 a 100 vezes inferior ao que é praticado nos Estados Unidos da América ou na Europa. Reteremos, aqui, a ordem de grandeza que nos forneceu uma grande empresa multinacional com fábricas nos Estados Unidos, na Europa e na China: um custo horário 80 vezes inferior ao do Ocidente, o que é recorde do mundo!(^{128})

(^{126}) Esta comunidade empresarial jogou na carta «Clinton» na eleição presidencial de 1992, calculando que este seria mais competente do que Bush pai a opor-se à política económica do Japão, cujas empresas lhes faziam sombra, e, por outro lado, a facilitar as relações económicas com a China. Entre 1992 e 2000, Clinton saiu-se efetivamente muito bem desta dupla tarefa.

(^{127}) Trata-se de uma conceção antiga da noção de atividade «produtiva», identificada com uma produção material. Esta utopia de uma empresa *fabless* (sem fabrico) era a do senhor Tchuruk, antigo presidente executivo da empresa Alcatel.

(^{128}) Esta empresa acentuava o facto de que os operários chineses, nas suas fábricas, recebiam um salário 20 vezes inferior ao dos operários americanos. Mas como o custo da cobertura social, nos Estados Unidos e na Europa, é da ordem de 80% a 100% do salário líquido pago, que na China é inexistente,

Portanto, será necessário sublinhar, a China singulariza-se em relação aos outros países «emergentes»: o nível dos seus salários, tendo em conta as taxas de câmbio da sua moeda, torna-a mais competitiva do que a Índia, a Rússia, o México, o Brasil, a Indonésia e a Turquia. Isto deveria eventualmente levantar rapidamente um problema a alguns destes países, particularmente àqueles que não têm recursos naturais, ou têm poucos, como a Índia[129].

A explicação mais frequente avançada para compreender a existência deste baixo custo baseia-se na proeminência de um fator de certa maneira «natural»: a China é um país muito pobre e os seus campos miseráveis e caracterizados por um enorme subemprego. Em consequência, dão origem a fluxos migratórios muito importantes de jovens trabalhadores para as regiões industriais, nas quais reinam o desemprego e o subemprego, mas onde, devido ao crescimento económico, as oportunidades de encontrar um trabalho, por muito mal pago que seja, são maiores do que no campo. Em suma, o que Marx chamava «o exército industrial de reserva» existe de facto e contribui para comprimir muito fortemente os salários, como é o caso em muitos outros países emergentes.

A este primeiro fator importante, que não é exclusivo da China, acrescentam-se quatro outros fatores constituídos por medidas políticas específicas que o país pode implementar graças à sua organização totalitária: o *hukou*, uma espécie de passaporte interno, uma repressão social feroz, a limitação a um único filho por família e a cotação do yuan.

a) *O hukou*

Os salários, como já se disse, são extremamente baixos devido a uma mão de obra potencial enorme. O ponto de partida das reformas encontra-se no campo: é aí que se distancia progressivamente do coletivismo, o que permite ganhos de produtividade importantes. Estes ganhos de produtividade permitem libertar fluxos de trabalhadores miseráveis,

---

o custo salarial semanal era 40 vezes inferior ao do Ocidente. Finalmente, a permanência no trabalho, calculado numa base semanal, é na China duas vezes superior à dos Estados Unidos da América. Chegamos, assim, a uma relação de 1 para 80.

[129] Desde a emergência da China como «fábrica do mundo», alguns países, como o México, passam por uma desindustrialização muito rápida. Estima-se que, por volta de 2005, o custo salarial horário, expresso em dólares, era no México nove vezes inferior ao americano. O custo salarial horário na China era, assim, nove vezes inferior ao do México, uma diferença muito grande quando se sabe que a indústria deste país era também, em larga medida, uma indústria de subcontratação.

que, por isso, migram para as zonas costeiras onde poderão encontrar trabalho. Todavia é necessário controlar estes fluxos! Uma descida demasiado rápida dos preços dos bens alimentares, e, portanto, dos produtos agrícolas, aumentaria estes fluxos em proporções tais que o sistema económico e social no seu conjunto estaria, então, ameaçado[130] por um enorme desemprego urbano.

Os salários médios são ainda mais baixos porque cerca de metade da mão de obra industrial empregada é «ilegal». Torna-se necessário dar uma explicação sobre este ponto. Na China, para se poder passar de uma província para outra é preciso ter uma espécie de visto no passaporte interno. Na ausência de tal documento, o indivíduo encontra-se em situação ilegal.

Este sistema de passaporte interno permite que um número contingentado de desempregados das zonas rurais, os *minyongs*, possam ir para as zonas costeiras urbanizadas para ocupar empregos industriais. O sistema cria, de facto, uma segmentação no mercado de trabalho que permite manter muito baixos os salários industriais. Há, em primeiro lugar, o mercado dos empregos não industriais, que é reservado às pessoas originárias da zona costeira e à qual os *minyongs* não têm acesso. Neste mercado, o nível de salários pode aumentar regularmente e os assalariados dos setores em causa constituem, então, uma espécie de classe média, que é uma parte da base do PCC. O segundo mercado, o dos empregos industriais, dá lugar a uma diferenciação importante dos trabalhadores, conforme possuam ou não o *hukou*.

Neste último caso, eles não têm existência administrativa e não gozam de nenhum direito: simplesmente não existem![131]

Muitas vezes, são «alojados» pelo empregador. Isso significa, portanto, que eles dormem durante a noite na própria fábrica onde trabalham doze a quinze horas por dia. Falando das minas de Potosi, Marx tem esta fórmula muito pertinente para a China de hoje: «nesse tempo, o capital estava em plena orgia!». Este dispositivo garante que os trabalhadores da indústria «lutam entre si» para obter um emprego, o que

---

[130] Sobre este assunto, é oportuno recordar o que aconteceu ao Japão a partir de finais dos anos 1920: uma contrarrevolução conduzida por militares com o apoio das massas camponesas.

[131] Se tiverem um filho, terão de pagar para o enviarem à escola! A polícia não os persegue, apesar da sua situação irregular: são muito úteis aos empregadores! «Estima-se em 150 milhões de Chineses o que se chama no país «população flutuante», ou seja, os emigrantes que não têm o visto *hukou*, uma espécie de autorização de residência interna que dá direito a casa e a escola para os filhos. Podemos encontrar estes migrantes do interior nas gares ou em barracas onde de alguma forma vivem sem estatuto, como sucede com os indocumentados na Europa ou nos Estados Unidos da América», Jean-Marc e Yidir Plautade, *La face cachée de la Chine*, Bourin éditeur, Paris, 2006, p. 75.

aumenta ainda mais a influência do desemprego no nível dos salários, contribuindo para que estes continuem particularmente baixos.

b) *Uma repressão social feroz*

Como vimos, a China é um Estado totalitário, um Estado que se dedica a atomizar todos os seus «súbditos» perante si. Porque falamos de súbditos e não de cidadãos? Porque as pessoas que vivem e trabalham na China não têm nenhum dos direitos fundamentais que um Estado democrático concede aos seus cidadãos.

Desde 1949, não houve na China nenhuma eleição de qualquer tipo que fosse: nem nacional nem local, nem geral nem profissional. Nenhuma. Os dirigentes do Partido Comunista Chinês, com o pretexto de uma «sociedade harmoniosa», começam mesmo a assumir e a justificar a ausência de qualquer eleição. Não há nenhum direito, nem de expressão, nem de associação, nem de manifestação. Nenhuma personalidade civil pode chegar a emergir: as personalidades que defenderam os doentes de sida mantidos sem cuidados, as que protestaram contra o escândalo do leite com melanina ou as que assinaram petições contra a ausência de dispositivos antissísmicos nos edifícios escolares de Sichuan foram incomodadas e, por vezes, encarceradas. Está fora de questão que possa surgir uma personalidade mediática como foi o padre Pierre em França. Os dirigentes do Politburo pensam, sem dúvida, que se tornariam mais vulneráveis se existissem, na sociedade chinesa, algumas personalidades civis aureoladas por uma certa popularidade.

Nestas condições, está fora de questão o Partido Comunista Chinês permitir o mais pequeno direito aos trabalhadores nas suas empresas. O direito à greve é rigorosamente proibido e o mesmo se passa com o direito de formar sindicatos independentes. Algumas filiais chinesas de empresas ocidentais deixaram que se constituíssem sindicatos no seu seio, mas tiveram de renunciar a isso, porque foram ameaçadas de encerramento pelas autoridades chinesas.

Em junho de 2010, assistiu-se, é verdade, a dois fenómenos excecionais, embora distintos: 1) um movimento muito particular de suicídios em cadeia na empresa de taiwanesa Foxcom (300 000 operários), suicídios de pessoas desesperadas devido ao baixo nível do seu salário, apesar de um elevado e extenuante número de horas de trabalho semanal; 2) um movimento de greve excecional, mas muito localizado, essencialmente em algumas unidades de produção japonesa (Toyota, Honda).

O que convém sublinhar é que a greve na Honda e na Toyota jamais contaminou a empresa Foxcom, apesar de ser evidente que nela prevalecia um forte descontentamento social... Quando a repressão é feroz, o descontentamento, em vez de se traduzir por um protesto coletivo, traduz-se por comportamentos massivos de desespero individual.

c) *A política do filho único*

Deng Xiaoping institui, em 1979, a política que impõe aos casais não ter mais do que um filho. Ele não deixou de ler, na sua juventude, *O Capital*, de Marx, obra na qual o autor expõe que o nível dos salários é determinado pelo «custo de reprodução da força de trabalho»... em «condições normais». Compreendera que, com esta medida demográfica, uma ingerência totalitária na vida das famílias([132]) matava dois coelhos de uma cajadada: por um lado, limitava a prazo o crescimento da população, que era o objetivo oficial, por outro, contribuía, assim, para diminuir o «custo de reprodução da força do trabalho» e, consequentemente, para baixar ainda um pouco mais o nível dos salários([133]). Os economistas ocidentais não levam geralmente em conta este fator, que dá uma vantagem real aos industriais chineses em relação à produção dos países desenvolvidos e também à dos outros países emergentes que, ao contrário da China, não têm uma sociedade organizada em modos totalitários.

d) *A manipulação da cotação do yuan*

A subvalorização da moeda chinesa é enorme e confere à China uma vantagem absoluta nas suas relações económicas com o resto do mundo. A partir do fim do ano de 1989, a China lança-se na estratégia mercantilista de excedentes comerciais, ao proceder a desvalorizações

---

([132]) Uma das características do totalitarismo é que o Estado invade todas as esferas da vida social. A sua presença no próprio seio da família é muito significativo, como o são as penas em que incorrem os infratores, sejam homens ou mulheres: a esterilização. O parentesco com algumas medidas da Alemanha nazi é aqui evidente.

([133]) Quando as famílias têm três filhos, por exemplo, com uma mulher que deve ocupar-se deles e que está, consequentemente, pouco disponível para um trabalho assalariado, o salário do homem deve ser relativamente elevado. Com um único filho, a mulher pode trabalhar facilmente... Dois salários para três pessoas viverem ou um só para cinco: esta simplificação dá uma indicação do impacto baixista da política do filho único no custo salarial da China.

sucessivas da sua moeda, terminando em 1994 com a cotação de 8,28 yuans por dólar, que permanecerá inalterada até julho de 2005. Após um período de ajustamento unilateral progressivo pelo Estado chinês, entre julho de 2005 e julho de 2008([134]), esta cotação passou a 6,83 yuans por dólar, ainda que, com base nos seus cálculos das «paridades de poder de compra», o Banco Mundial considerasse que a cotação que equilibrava as trocas comerciais deveria ser da ordem dos 3,40 yuans por dólar. Assim, graças às manipulações das cotações, o custo salarial na China é 80 vezes inferior ao dos Estados Unidos, em vez de ser cerca de 40 vezes, que é o nível de alguns países emergentes ou em desenvolvimento que, normalmente, poderiam concorrer com a China. Esta manipulação é, portanto, de primeira importância.

4. Controlo dos câmbios, intervenções e dissimulações

Esta vantagem formidável de que a China dispõe assenta num drástico controlo dos câmbios, completado por intervenções no mercado de câmbios segundo modalidades que mostram bem que as lições da experiência japonesa dos anos 1980 foram plenamente assimiladas. A China tenta assegurar que esta política não seja muito «visível», pelo que compete às suas estatísticas um papel de dissimulação.

a) *Controlo dos câmbios: a lição do Japão*

Em 1980, o Japão tem de renunciar ao controlo dos câmbios por pressão dos dirigentes americanos, irritados com a importância da concorrência feita no seu país pelas empresas japonesas. Apesar disso e até 1989, as autoridades japonesas vão esforçar-se por manter o iene com uma cotação muito baixa através de intervenções no mercado de câmbios.

Enquanto o iene continuasse fortemente subavaliado, o Japão continuaria a obter excedentes comerciais consideráveis. Por isso, tinha de comprar, em Tóquio, permanentemente, muito mais dólares por ienes

---

([134]) Esta apreciação de 20% do yuan em relação ao dólar foi provavelmente decidida para dissuadir o Congresso americano de adotar o texto que denunciava o *dumping* cambial da China e que talvez obrigasse o Governo dos Estados Unidos da América a tomar medidas contra o país. É algo a cotejar com o texto adotado em 29 de setembro de 2010 pelo Congresso americano que denunciava o protecionismo através das cotações praticado por alguns países. O yuan teve ainda uma descida homeopática, uma vez que está agora a 6,68 por dólar.

do que ienes por dólares. Se não tivesse sido contrariado, o jogo normal da oferta e da procura resultaria numa cotação do iene bem mais elevada do que aquela que o Estado japonês procurava manter. Graças às repetidas intervenções do Banco do Japão no mercado de câmbios, que as autoridades americanas toleravam, e que consistia em compras consideráveis de dólares, o mercado dólar/iene podia ser equilibrado com uma cotação do iene desejada pelo Japão.

A partir de 1985, as autoridades americanas perderam a paciência e quiseram pôr fim à desvalorização do iene que asfixiava a sua economia, tal como sucede atualmente com o yuan. Anunciaram publicamente que procuravam uma apreciação significativa do iene em relação ao dólar. Muitas instituições financeiras americanas compreenderam que a situação monetária internacional fora alterada: venderam massivamente dólares por ienes, o que era fácil, uma vez que o controlo dos câmbios fora abolido. Esta ofensiva complicou a tarefa do Banco do Japão, obrigando-o num primeiro momento a aumentar as suas intervenções. Contudo, as suas compras de dólares tinham uma contrapartida desfavorável, uma vez que elevavam inoportunamente a massa monetária, aumentando sensivelmente o risco de inflação.

Perante este risco, o Banco do Japão pensou que seria sensato fixar a um nível muito baixo a taxa de juro do iene de maneira a dissuadir as instituições americanas de conservar as suas posições credoras em ienes, a encorajar os bancos japoneses a emprestar ienes ao estrangeiro e, finalmente, a favorecer o desenvolvimento do crédito à economia do país.

Este estratagema funcionou bem durante algum tempo: a cotação do iene continuava a estar sob controlo sem fazer explodir a massa monetária. Infelizmente, o Banco do Japão apercebeu-se um pouco tarde de que, ao querer evitar a armadilha das compras massivas de dólares, caíra na segunda armadilha: ao praticar durante muito tempo taxas de juro muito baixas em relação ao iene, iniciara uma temível sequência «bolha seguida de crash» no mercado imobiliário e no mercado bolsista. Daí resultou uma grave crise bancária e financeira da qual a economia japonesa, 20 anos depois, não recuperara totalmente.

No exato momento em que a China começa a instalação do seu dispositivo mercantilista, no fim de 1989, a lição dos desaires do Japão tinha sido aprendida: o controlo dos câmbios é indispensável para um país que quer manter durante muito tempo a sua moeda fortemente subavaliada.

b) *A conjugação do controlo cambial com as intervenções no mercado de câmbios*

Muito logicamente, o PCC mantém o controlo dos câmbios draconiano e policiado implementado em 1949. Este controlo visa, em primeiro lugar, impedir afluxos de capitais estrangeiros que poderiam ter um papel desestabilizador. Não dispensa, contudo, as autoridades chinesas de praticar intervenções no mercado de câmbios de Xangai, que, graças ao seu controlo, está desconectado do mercado de câmbios internacional.

O sucesso desta prática está ligado ao facto de haver desconexão entre o mercado de câmbios nacional e os outros mercados, de maneira que qualquer especulação exterior seja impossível. Para que assim seja, é aplicada uma regulamentação muito estrita: qualquer transferência de fundos para ou do estrangeiro, quer se trate de residentes ou de não--residentes, é considerada interdita, a não ser com uma autorização explícita. O mesmo acontece para as conversões entre yuans e as outras divisas([135]). Dado o papel que tem o bloqueio da cotação yuan/dólar na estratégia conquistadora da China, o poder chinês não contemporiza. Coitados dos infratores, pois pesadas penas judiciárias lhes são aplicadas de maneira a dissuadir todo e qualquer desvio. Um sistema tão repressivo é inimaginável nos países democráticos ou mesmo nos países que, sem serem democráticos, não são tão autoritários como a China. Só os países muito autoritários podem ter acesso, hoje, ao privilégio de uma moeda forte e permanentemente subavaliada!

O mercado de Xangai permite às empresas da China resolverem entre si, através dos bancos comerciais chineses, as suas operações de câmbio, que devem ser devidamente autorizadas: algumas empresas têm de converter em yuans as divisas obtidas pelas suas exportações ou recebidas por ocasião dos investimentos de empresas estrangeiras; outras empresas, pelo contrário, têm de pagar as importações e devem, assim, comprar divisas.

Devido ao enorme desequilíbrio do comércio externo([136]), as operações de umas e de outras estão longe de se equilibrar: as divisas que as empresas da China têm de vender são de um montante bem superior ao das divisas que têm de comprar. Se este mercado de câmbios não fosse

---

([135]) As autorizações dizem respeito às conversões associadas às exportações ou às importações, assim como aos movimentos de fundos associados aos investimentos.
([136]) O desequilíbrio da balança comercial explica em grande parte o desequilíbrio monetário. Mas este resulta também do facto de, com investimentos diretos renovados, as empresas ocidentais tornarem igualmente excedentária a balança de capitais a longo prazo da China.

manipulado, haveria um ajustamento que conduziria a uma subida muito importante do yuan face às divisas estrangeiras. Mas não é este o caso: permanentemente, o Banco Popular da China compra o montante líquido das divisas que estão à venda no mercado, que ela paga emitindo yuans([137]).

c) *Um protecionismo monetário impune*

Tendo em conta o desastre que estas manipulações monetárias provocam no mundo, ocorre-nos legitimamente uma questão: mas o que é que a OMC faz? Que papel é que tem esta organização internacional? Será legítimo que possa perseguir e punir os países que procuram limitar o seu défice comercial através de direitos aduaneiros ou de subsídios às exportações, quando, ao mesmo tempo, um país tão poderoso como a China pode continuar a praticar impunemente o seu «dumping cambial» e obter, assim, excedentes comerciais colossais? É necessário sublinhá-lo: o protecionismo monetário e o protecionismo «aduaneiro» são equivalentes, pois são perfeitamente substituíveis um pelo outro. Quando a China impõe ao mundo uma cotação de 6,8 yuans por dólar, em vez de 3,4, é como se travasse as suas importações com direitos aduaneiros de 100% sobre o valor dos produtos e como se estimulasse as suas exportações com um subsídio de 50% sobre o preço dos produtos([138]).

Até 2001, os países aderentes à OMC não se diferenciavam muito. Salvo algumas exceções (alguns países que recorriam ao controlo defensivo dos câmbios porque estavam sujeitos a um défice comercial crónico), os países tinham renunciado aos controlos dos câmbios. Para aperfeiçoar as regras do jogo, para que o comércio internacional se tornasse ainda mais equitativo, estes países estavam comprometidos, por outro lado, a renunciar à aplicação de direitos aduaneiros e à atribuição de subsídios às exportações.

([137]) Como o comércio externo contribui para inflacionar a massa monetária em circulação, compreende-se por que razão a China não procura desenvolver o seu sistema de crédito.

([138]) No caso de uma importação, uma mercadoria cujo preço é de 100 dólares nos Estados Unidos da América custaria 340 yuans se a cotação dólar/yuan praticada fosse de 3,40. Mas custa 680 yuans, uma vez que a cotação de câmbio imposta pela China é de 6,8. As mercadorias americanas são, portanto, duas vezes mais caras em yuans do que deveriam. A subavaliação do yuan equivale a um direito aduaneiro de 100% infligido pela China aos exportadores americanos. No caso de uma exportação, uma mercadoria cujo preço é de 680 yuans na China custaria 200 dólares se a cotação dólar/yuan praticada fosse de 3,40, mas custa na realidade 100 dólares, dado que a cotação imposta pela China é de 6,8. As mercadorias chinesas são, portanto, duas vezes menos caras em dólares do que deveriam. A subavaliação do yuan equivale, assim, a um subsídio de 50% concedido pela China às exportações chinesas.

Mas ao aceitar, em 2001, a entrada da China na OMC com o seu privilégio de câmbio, os países membros desta organização fizeram entrar um elefante na sua loja de porcelanas. O elefante chinês espezinha, agora, alegremente todo o dispositivo que visava a equidade das cotações internacionais. Graças à sua entrada na OMC, a China tem, *ipso facto*, conseguido impedir os países membros de recorrer a qualquer protecionismo aduaneiro defensivo contra ela em resposta ao seu protecionismo monetário agressivo[139].

Esta impunidade que a OMC lhe assegura tem limites que obrigam a China a uma certa discrição sobre a natureza e extensão da sua política comercial. Graças ao poderosíssimo lobby chinês nos Estados Unidos, a China conseguiu evitar, até 2010, uma reação do Governo americano à sua prática de *dumping* cambial. Dedica-se, com um certo sucesso, a minimizar sistematicamente a importância dos seus excedentes comerciais a fim de evitar que seja debatida nas instâncias internacionais a questão da sua taxa de câmbio.

d) *As estatísticas e a dissimulação da política de câmbios*

No fim do ano de 1989, após a depuração dos elementos «pouco fiáveis» da equipa dirigente, é implementada uma política de câmbios caracterizada por uma moeda fortemente subavaliada. O dólar, que valia 3,73 yuans, passa a 4,73 yuans e, depois, a 5,23, uma desvalorização da ordem dos 30%[140]. Quatro anos mais tarde, no fim de 1993, repete-se a mesma operação: o valor do dólar passa de 5,82 a 8,68 yuans. Neste caso, a desvalorização ultrapassa também os 30%[141]. Mesmo tendo em conta que a inflação chinesa, nessa altura, é um pouco mais alta do que aquelas que assolam os países parceiros da China, não é menos verdade que o conjunto das duas desvalorizações conduz a uma depreciação real da moeda chinesa da ordem dos 40 a 50%. Os resultados não se fazem esperar: enquanto, na década de 1980, o comércio externo chinês era deficitário (devido, como vimos, às importações de bens de equipamento relacionados com o IDE), torna-se amplamente excedentário a

---

[139] É necessário recordar que o protecionismo, em si mesmo, não é nem «bom» nem «mau». É particularmente necessário e útil para um país com défices crónicos. Pelo contrário, o protecionismo «monetário» de um país excedentário constitui uma agressão aos países que são deficitários em consequência desse excedente.

[140] Desvalorização que será um fator de agravamento da crise japonesa que lhe é concomitante.

[141] Esta segunda desvalorização foi feita no contexto da «endaka», a subida da cotação da moeda japonesa face ao dólar. Contribuiu de novo para aumentar as dificuldades económicas do Japão.

partir da década de 1990, e continuará a sê-lo! A moeda chinesa, desde há 20 anos, continua amplamente subavaliada. Esta evidência – pois são de tal maneira grandes os excedentes deste país – está curiosamente longe de ser reconhecida por todos.

Na mesma linha, o PIB da China é amplamente subestimado, o que está evidentemente ligado à taxa de câmbio, mas também este facto continua longe de ser reconhecido. A maioria dos estudos e artigos de revista que se reportam à China atribuem-lhe um PIB igual a 6% do PIB mundial. Os economistas têm uma estranha propensão para não exercerem o seu espírito crítico em relação às estatísticas que utilizam. Contudo, como poderemos imaginar seriamente que um país que consome mais de metade do aço produzido no mundo, que é o primeiro consumidor de alumínio, o segundo de produtos petrolíferos, o primeiro produtor e consumidor de carvão (e um grande poluidor também), com mais de mil milhões de toneladas por ano, possa «pesar» somente 6% ou 7% no PIB mundial, um pouco mais do que a Grã--Bretanha ou a França, e quase tanto quanto a Alemanha?

Em estudos realizados há alguns anos, baseados nas paridades do poder de compra, o Fundo Monetário Internacional avançava que o PIB da China representava 16% do PIB mundial, o que é evidentemente mais realista. Cálculos grosseiros que têm em conta a evolução do PIB dos principais países durante os três últimos anos dão-nos a ideia de que o PIB da China seria, em 2009, da ordem dos 20% do PIB mundial, ou seja, idêntico ao dos Estados Unidos da América... Ora, com base na cotação dólar/yuan imposta pela China, este PIB seria apenas da ordem dos 7%, ou seja, três vezes menos.

Três vezes menos: eis uma medida, certamente grosseira, mas mesmo assim uma primeira aproximação, da subavaliação da moeda chinesa! O número de yuans que se trocariam por um dólar deveria ser dois, dois e meio, no máximo três, em vez dos 6,85 atualmente. É uma enorme diferença!

Os «doutores Diafoirus»(*) da economia objetarão que este modo de cálculo é demasiado rudimentar, que é necessário ter em conta o facto de que certos bens são transacionáveis e outros não, que as estruturas de consumo não são as mesmas nos diferentes países do mundo, que é necessário ter em conta os fluxos de capitais, etc. Podemos evidentemente aprofundar o tema a fim de saber se a taxa de subavaliação do yuan é de 66% ou apenas de 60%, mas não deixa de ser enorme.

(*) O Dr. Diafoirus é um personagem pedante da peça *O Doente Imaginário*, de Molière. (N.R.)

É justamente por a subavaliação da moeda chinesa ser enorme que os excedentes comerciais são igualmente gigantescos. Mas, também neste caso, há sérias divergências nos cálculos. A partir das estatísticas chinesas, o excedente comercial seria em 2007-2008 da ordem dos 25 milhares de milhões de dólares por mês, isto é, cerca de 300 milhares de milhões por ano. Se, pelo contrário, utilizamos as estatísticas provenientes dos diferentes países que negoceiam com a China, o resultado é bem diferente: obtemos o dobro, ou seja 600 milhares de milhões por ano!

Na estratégia da China, as estatísticas constituem um verdadeiro campo de batalha. É importante que os excedentes comerciais que ela realiza não surjam como aquilo que são, ou seja, como a causa principal do desequilíbrio da economia mundial. Considerar que a cotação da moeda chinesa é «normal», que a China apenas representa 7% ou 8% do PIB mundial ou que os excedentes comerciais são «unicamente» de 250 a 300 milhares de milhões de dólares por ano procede duma estratégia de dissimulação, apoiada por toda uma retórica sobre os perigos de um «regresso ao protecionismo» e sobre os malefícios da utilização do dólar como moeda internacional. Vê-se bem o interesse que a China tem nesta dissimulação: a continuação da sua política mercantilista devastadora para todos os outros.

A este respeito, é significativo, na nossa opinião, que, desde que o antigo número dois do banco central da China, o senhor Zhou, foi nomeado conselheiro especial do senhor Strauss-Khan no FMI, esta instituição tenha mudado a sua maneira de contabilizar o comércio externo chinês, retomando por sua conta as estatísticas oficiais deste país, que conduzem a uma subestimação de 50% do seu excedente comercial real.

As nações ocidentais, já inconscientes dos danos que sofrem através do seu comércio externo com a China, são-no de novo ao ignorar os danos que lhes provocam as grandes transferências de tecnologia para este país.

5. Um capitalismo totalitário «patriótico»

Como é que a China consegue conciliar com sucesso a organização totalitária da sociedade com a descentralização das decisões económicas que «a economia de mercado» supõe? De facto, o capitalismo «patriótico» constitui a regra: está fora de questão que uma empresa, grande ou pequena, tenha um comportamento que vá contra os interesses do

Estado e do PCC. Os dirigentes das empresas, assim como a maioria dos seus quadros, são filiados no Partido Comunista: pertencer ao partido é indispensável às carreiras, ao sucesso nos negócios e ao controlo da mão de obra, uma vez que ela é acompanhada pelo controlo dos «sindicatos» – pseudossindicatos dominados pelas empresas – quando existem.

A partir daí, apesar da multiplicidade de empresas nos diferentes setores de atividade e da concorrência que pode reinar entre elas, o Estado, por intermédio do Partido, pode impor um controlo muito efetivo das atividades económicas([142]). O Partido e o Estado não fixam limites ao enriquecimento dos dirigentes. Contudo, a qualquer momento e em qualquer lugar, no exterior da China ou no seu interior, é necessário saber conformar-se com eventuais diretivas vindas de cima. Por exemplo, se um determinado dirigente de uma empresa ocidental se mostrar crítico em relação à China, e for, portanto, «inamistoso», passa a ser dever «patriótico» dos responsáveis que com ela se possam relacionar agir de forma a que não seja celebrado mais nenhum contrato de encomenda ou de venda com essa empresa.

No capitalismo totalitário «patriótico»([143]), a submissão das empresas ao Partido e ao Estado tem como contrapartida a possibilidade de comprimir muito fortemente os salários, nomeadamente com a manutenção de uma fração muito ampla dos assalariados numa situação de não direito e de quase ilegalidade, expressão de uma política social impiedosa.

A divisão entre os salários e os lucros faz-se, deste modo, em benefício do capital, cuja acumulação muito rápida permite a manutenção de uma taxa de câmbio de combate, base dos excedentes externos e do crescimento económico([144]).

([142]) A concorrência e a pluralidade das empresas num determinado setor não excluem que, perante o exterior, tudo se passe como se houvesse um monopólio do Estado. No «desafio» entre a Boeing e a Airbus para o fornecimento de 200 aviões, o negociador chinês era o Estado chinês, e não esta ou aquela empresa da aeronáutica chinesa.

([143]) Os dirigentes chineses não aceitam evidentemente o qualificativo de «capitalismo»: eles constroem, com efeito, o «socialismo» graças a uma economia de mercado, dizem eles, tendo em conta as especificidades «nacionais» da China... um socialismo «nacional» de certo modo. Notemos aqui que o mundo já conheceu uma nação que desenvolveu um capitalismo totalitário sob a égide de um partido ao mesmo tempo socialista e nacional!

([144]) O modelo mercantilista de fortes excedentes comerciais permite, de facto, um crescimento económico muito elevado, o que significa também um crescimento muito grande das despesas internas. Se o *renminbi* se tornasse convertível e se, por isso, o comércio externo chinês se tornasse equilibrado, seria absolutamente necessário, para manter o crescimento, que se estimulasse a procura interna e, consequentemente, se aumentassem os salários. Os lucros seriam então menos elevados. Portanto, não é certamente esse o desejo da oligarquia chinesa.

Nestas condições, está fora de questão que o PCC deixe surgir a democracia na China! Muitos ensaístas ocidentais pretendem ter demonstrado que a democracia é necessária para o desenvolvimento do capitalismo: a China faz-nos um desmentido descomunal! O modelo da sociedade chinesa de hoje é radicalmente distinto dos modelos dos países capitalistas avançados, a tal ponto que só pode despoletar uma rivalidade cada vez maior com o Ocidente, prelúdio de um confronto inevitável para o qual se preparam os dirigentes chineses.

A este respeito, parece ser muito significativa uma declaração recente do «número dois» do Banco Central Chinês, citado pelo *La Tribune*[145]: «A China é um país de economia planificada; os países de economia planificada representam já 40% do PIB mundial». Nesta declaração, «economia planificada» é uma expressão codificada que designa a forma de sociedade que a China entende promover através do mundo, à sua imagem e na sua esteira. O termo «já» indica uma vontade de progressão. Os dirigentes chineses, atentos à manutenção e ao desenvolvimento dos seus privilégios políticos, económicos e sociais na China, têm necessidade, ao mesmo tempo, da manutenção do capitalismo totalitário no território nacional e da sua extensão à escala planetária[146].

Devem, no entanto, avançar disfarçados e dissimular os elementos essenciais da sua estratégia, em primeiro lugar a subvalorização da sua moeda.

6. Transferências de tecnologia e poder comercial

A China tem, desde há muito tempo, uma política sistemática em relação às transferências de tecnologias. A constituição de *joint ventures* nas décadas de 1980 e 1990 permitiu-lhe captar tecnologias de base para uma grande parte do setor da indústria. Estas operações, que associam 51% de capitais chineses e 49% de investimentos diretos estrangeiros (IDE), foram bem mais favoráveis à parte chinesa, que tinha, assim,

---

[145] *La Tribune*, 15 de abril de 2008.
[146] Encontra-se, assim, aqui, a ligação muito forte que existe na doutrina mercantilista entre a procura de riqueza e a de poder. Contudo, entre o «modelo» mercantilista correspondente à sociedade inglesa do tempo de W. Petty e o correspondente à China contemporânea há uma diferença importante: no primeiro caso, o modelo está ao serviço da nobreza do Reino, da liberdade religiosa e de pensamento, aparecendo como uma condição da sua eficácia, enquanto no segundo caso está ao serviço de uma oligarquia da política e dos negócios, que, para se manter, tem necessidade de uma organização totalitária.

acesso a tecnologias dos seus parceiros, que, em caso de conflito, perdiam quase sempre, devido ao controlo do PCC sobre as instituições encarregadas de assegurar a aplicação das regras do direito.

Desde o início dos anos 2000, as *joint ventures* perderam a sua importância. Agora é o poder comercial da China que constitui uma alavanca para obter transferências significativas de tecnologia por ocasião dos enormes mercados, nomeadamente no setor dos equipamentos. É necessário ter presente o facto de que a China importa todos os meses cerca de 100 milhares de milhões de dólares em bens e que, para alguns deles, isso representa cerca de 50% do mercado mundial!

A título de exemplo: dois concorrentes disputavam, há três anos, um «negócio do século» de centrais nucleares destinadas a produzir eletricidade, a construir na China, a francesa Areva e a norte-americana Westinghouse. Esta ganhou o negócio, porque, ao contrário de Areva, aceitou transferir a sua tecnologia. Outro exemplo significativo: o negócio de duzentos aviões de médio curso para o qual a europeia Airbus fora escolhida em relação à sua concorrente Boeing, porque aceitou fabricar os aviões na China, o que, apesar das negações da direção da Airbus, implica uma transferência massiva de tecnologia([147]).

Agora, graças às transferências de tecnologia de que pôde beneficiar e de que continua a beneficiar, a China está a pronta a ocupar, a prazo, pelo menos, o primeiro lugar mundial em quase todos os setores, seja no plano quantitativo seja, num futuro mais longínquo, no plano qualitativo. Como será possível não ver que isto constitui um perigo mortal para as empresas multinacionais, ainda que elas, individualmente, possam ter um evidente interesse a curto prazo nas suas relações com a China?

É certamente legítimo a um cidadão americano ou europeu censurar os numerosos grupos americanos que fizeram *lobbying* nos anos 1990 junto da Administração Clinton e do Congresso, levando a que os Estados Unidos da América dessem, em 1999, luz verde à entrada da China na OMC sem nenhuma condição acerca da sua taxa de câmbio. É igualmente legítimo censurar os numerosos grupos industriais ocidentais que praticam agora *lobbying* junto dos seus governos para que o *status quo* do yuan seja mantido e, com ele, o privilégio de comércio de que a China dispõe e os lucros elevados que aqueles poderão realizar.

O paradoxo é que não se pode, no entanto, reprovar as empresas ocidentais individualmente por cederem à lógica da «melhor oferta», tanto

---

([147]) Notemos que, pouco tempo depois da conclusão deste acordo, a China anunciou a sua intenção de produzir um avião de grande porte, concorrente direto do avião A-380 da Airbus-Industries.

em matéria de abastecimentos, como em matéria de investimentos. Mesmo que sejam distorcidas, as regras da concorrência permanecem: uma empresa ocidental correria para a ruína se, por razões éticas, fosse a única a recusar abastecimentos muito baratos provenientes da China ou as oportunidades de investimentos muito vantajosos na China.

A partir do momento em que os dirigentes políticos ocidentais cedem ao *lobbying* destes grupos de pressão e optam pela passividade face às iniciativas agressivas da China, assiste-se ao espetáculo deplorável de um número crescente de empresas ocidentais, a despeito de si próprias, ser levado a «jogar contra o seu próprio campo».

Cada vez que uma empresa ocidental, para satisfazer os seus interesses individuais, é levada a investir na China ou mesmo a basear aí toda a sua produção, constitui um ativo industrial suplementar para a China e contribui para alimentar o movimento de desertificação industrial que afeta os países desenvolvidos.

A eficácia da estratégia económica implementada pela China é indissociável das relações políticas que desenvolve com o resto do mundo. Isso teve início em 1972...

7. A aproximação China-Estados Unidos em detrimento do Japão (1972-1995)

Poucos presidentes americanos terão tido uma importância comparável à de Richard Nixon. Este, não só acabou com uma parte significativa dos acordos de Bretton Woods, mas também associou o seu nome ao estabelecimento de relações entre a China comunista e os Estados Unidos da América, em 1972. Foi o início de uma aliança aparentemente circunstancial cuja importância económica se revelará decisiva.

Nessa época, a China – que reivindica a soberania de territórios imensos na Sibéria e no Extremo Oriente russo[148] – temia muito o poder militar soviético[149], assim como do seu aliado, o Vietname,

---

[148] «Em setembro de 1964, os leitores da Pravda ficam escandalizados por um artigo onde se diz não somente que Mao reclama os territórios asiáticos perdidos pelo império Chinês em benefício da Rússia, no século XIX, como também denuncia a URSS pela sua apropriação das ilhas Curilas, de uma parte da Polónia, da Prússia oriental e de uma parte da Roménia. Do ponto de vista de Mao, era necessário reduzir o tamanho da URSS, e a reivindicação chinesa é sobre 1,5 milhões de quilómetros quadrados.» Paul Kennedy, *op. cit.*, p. 626.

[149] Em 1964, teve início uma verdadeira guerra de fronteiras entre a União Soviética e a China. Contrariamente ao que foi dito na época, não se tratava, de maneira nenhuma, de simples «escaramuças».

inimigo tradicional da China, que estava em guerra com a América. Esta situação facilitou a referida aproximação, na grande tradição da *realpolitik*. Isso facilitará, por sua vez, as relações económicas da China com o principal aliado dos Americanos na região, o Japão: a partir desta época, multiplica-se na China a produção de empresas japonesas, no quadro de contratos de subempreitada.

Na década de 1980, cada vez mais empresas americanas recorrem também à subcontratação chinesa, ainda que, por outro lado, se multipliquem as *joint ventures*, que são agora possíveis([150]) e vão permitir apreciáveis transferências de tecnologia.

Para os Estados Unidos, a China torna-se um parceiro económico de primeira importância numa altura em que a concorrência dos produtos japoneses aos produtos americanos se faz duramente sentir. A partir deste momento, os centros de negócios americanos utilizarão «a China contra o Japão». A sua primeira manifestação será a vontade do governo americano de acabar com o défice do comércio externo do seu país com o Japão: os acordos do Plaza (1985) e do Louvre (1987) vão obrigar o Japão a modificar a sua política económica, cujo papel foi sem dúvida decisivo no desencadeamento da prolongada crise económica e financeira que se seguiu, de 1990 a 2002.

Em 1992, os centros de negócios americanos, muito centrados no desenvolvimento das suas boas relações com a China e nos lucros que elas permitiam, contribuíram de maneira provavelmente decisiva para a eleição de Clinton, por pensarem que era mais favorável à China e mais hostil ao Japão do que Bush.

Durante o primeiro mandato de Clinton, os Estados Unidos desencadeiam uma espécie de operação «anti-Japão» que conduz a uma subida inexorável do iene de 1992 a 1995, ao mesmo tempo que a China procede a uma desvalorização massiva da sua moeda em relação ao dólar, no fim de 1993 e início de 1994. No momento em que o Japão tenta sair da sua crise, esta conjugação atenta gravemente contra aquilo que constitui o motor do seu crescimento: o seu comércio externo.

A conjugação de interesses entre industriais americanos e oligarcas chineses terá uma expressão ainda mais estrondosa no plano político durante o segundo mandato de Clinton. O presidente americano consegue que a China passe a integrar a Organização Mundial do Comércio (OMC). A luz verde americana é dada em 1999, sem que ninguém se impressione com o facto de a China pretender conservar, apesar disso,

---

([150]) Isto explica o facto de o comércio externo chinês registar défices na década de 1980: as *joint ventures* requerem a importação de bens de equipamento.

a sua taxa de câmbio, que está consideravelmente subavaliada. A verdade é que desde o abandono de facto dos acordos de Bretton Woods, em 1973, o FMI deixa de se interessar pela «fidelidade» das taxas de câmbio, que, no entanto, era uma das suas missões! A China entra, portanto, na OMC em 2001: é o ponto de partida de uma onda de exportações e, consequentemente, de um grave desequilíbrio do comércio mundial.

Por que razão surge, então, uma tal onda de exportações chinesas? Enquanto a China não fazia parte do «clube OMC», os diferentes países do mundo tinham a possibilidade de responder ao *«dumping cambial»* daquela com impostos sobre os produtos que ela para eles exportava. A partir do momento em que a China passou a fazer parte da OMC, os outros membros já não dispõem de meios para implementar proteções aduaneiras contra ela. Analogamente, enquanto a China não fez parte do «clube OMC», era relativamente arriscado, para uma multinacional, focar o seu esquema de produção internacional na China. Com a China na OMC, já não há riscos de o fazerem, ou estes serão, em todo o caso, bem mais reduzidos. Já não há, por outro lado, impedimento a que as empresas chinesas produzam por sua conta, mais do que no passado, produtos acabados que poderão exportar para todo o mundo. A China já não tem agora necessidade de se dedicar sobretudo às atividades de subcontratação.

Desta forma, a China segue o «modelo japonês» na sua totalidade[151]. Com efeito, um dos aspetos essenciais do desenvolvimento do Japão durante o período 1945-1985 é que ele pôde, graças a uma taxa de acumulação elevada, fazer trabalhar o capital japonês numa extensão geográfica bem maior do que o seu território nacional e beneficiar, assim, da divisão internacional do trabalho que desta forma suscitava. Desta maneira, os rendimentos médios do Japão puderam crescer rapidamente sem que fosse necessário aumentar sensivelmente a taxa de remuneração das diferentes categorias de assalariados. No desenvolvimento chinês, as províncias interiores pobres têm, portanto, em relação às províncias costeiras, o papel dos países de mão de obra barata em relação ao Japão[152].

---

[151] Referimo-nos aqui a um «modelo económico». Deste ponto de vista, a China imita o modelo japonês. Contudo, há, obviamente, uma diferença política fundamental entre a China e o Japão do ano 2000: a primeira é totalitária, o segundo é democrático.

[152] Mesmo nas províncias costeiras da China, há uma segmentação profunda da mão de obra entre os *minjongs* e a mão de obra «normal».

8. Um exemplo da ligação entre os negócios e a política: as pressões a propósito de Taiwan

A aproximação que se operou entre a China e os Estados Unidos da América não ocorreu sem interferir nas relações que estes dois países mantinham com o Japão. Como vimos, deu-se nos planos económico e comercial, mas também nos planos político e militar, com a questão particularmente importante de Taiwan. Veremos, assim, a ligação muito forte que os dirigentes chineses estabelecem entre o comércio e a política externa.

Em 1995-1996, os Chineses desenvolvem uma campanha de intimidação destinada a infletir as orientações políticas de Taiwan: colocação de mísseis apontados à ilha e manobras aéreas e navais no estreito da Formosa. Ainda que tenham orquestrado a subida do iene para punir, de alguma maneira, o Japão pela concorrência das suas empresas às dos Estados Unidos, os dirigentes americanos compreendem, então, que têm novamente[153] necessidade do seu aliado japonês. Um primeiro encontro, em fevereiro de 1996, em Santa Mónica, entre o primeiro-ministro japonês, Hashimoto, e o Presidente Clinton leva este a infletir fortemente a política americana em relação ao Japão: a subida de cotação do iene, que asfixiava a economia deste país, é travada porque é necessário relançar a cooperação militar.

Os Estados Unidos enviam, então, dois porta-aviões para o estreito da Formosa, um gesto muito pouco apreciado pelo governo chinês, e sobretudo relançam a cooperação militar com o Japão, que, até aí, tinha um carácter puramente defensivo. O Japão, que apenas dispunha de um exército muito reduzido sem nenhum potencial estratégico, é agora convidado a ter uma parte ativa na defesa comum, desenvolvendo o seu potencial aéreo e naval. Os dois países assinam em abril de 1996 uma declaração neste sentido e, depois, nos meses que se seguem, acordos mais precisos.

O governo chinês não se poupou a esforços para pressionar o governo japonês para o dissuadir de dar seguimento a esses projetos[154], mas

---

[153] Em meados dos anos 1990, os Estados Unidos atravessam um período de euforia: a União Soviética desmoronou-se, o seu crescimento económico é elevado, podem dominar o mundo sem a concorrência de ninguém e, assim, permitir-se maltratar os seus aliados, nomeadamente o Japão.

[154] Para Pequim, a aliança defensiva Japão/EUA dá lugar a uma aliança «ofensiva». Uma personalidade oficial do Centro Chinês de Estudos Estratégicos declara, assim, em 1996: «*We don't care about the American defense of Japan, but we do care about the expansion of the treaty to cover the entire Asia-Pacific region, and about encouraging Japan to play a military role. That is very negative*». (*The Coming Conflict...*, p. 170) («Não nos importamos com a defesa americana do Japão, mas importamo-

sem sucesso. A China vai organizar, de maneira imediata, uma resposta ao mesmo tempo política e económica.

No plano político, em abril de 1996, no momento em que Clinton e Hashimoto assinam a sua declaração comum, os presidentes Jiang Zemin e Boris Yeltsin anunciam um acordo estratégico russo-chinês. Sabendo qual é a importância estratégica do litoral russo no mar do Japão, pode-se ter a noção do alcance de tal acordo([155]).

No plano económico, as retaliações vão ser também muito rápidas. A Boeing perde um contrato de mil e quinhentos milhões de dólares em benefício da Airbus Industries e Li Peng congratula-se com a atitude dos responsáveis europeus: *«They do not attach political strings to cooperation with China, unlike the Americans who arbitrarily resort to the threat of sanctions or the use of sanctions»*([156]). O que os Chineses criticam assim aos Americanos é exatamente o que eles mesmos fazem em grande escala!

Era necessário também punir, e punir severamente, o cúmplice dos Americanos, o Japão! Em junho de 1996, apenas um mês após a declaração americano-japonesa, um oficial chinês anuncia que foi escolhido outro consórcio para fornecer bens de equipamento no valor de quatro milhares de milhões de dólares para o imenso projeto das Três Gargantas, no rio Yang-tsé. O consórcio japonês (Mitsubishi, Toshiba, Hitachi), que tinha virtualmente ganho o concurso, é substituído por um consórcio germano-canadiano! Era necessário ser muito «pedagógico», fazer compreender claramente aos Japoneses as razões do seu insucesso: *«Japan's close association with objectionable American policies is not easily forgotten.»* [«A estreita associação do Japão a questionáveis políticas norte-americanas não será facilmente esquecida».] A China deseja que o Japão seja fraco, nomeadamente no plano militar, para assim poder alcançar mais facilmente os seus objetivos de hegemonia na Ásia.

-nos com a expansão do tratado para cobrir a região da Ásia-Pacífico e encorajar o Japão a desempenhar um papel militar. Isso é muito negativo».)

([155]) Este acordo entre a Rússia e a China totalitária pode parecer um *«remake»* do desastroso pacto germano-soviético, firmado em 1939, por Estaline e Hitler! A curto prazo, permite à Rússia exportar para a China aviões de combate sofisticados e a tecnologia que os acompanham! A prazo, poderá revelar-se desastroso para a Rússia, tendo em conta os apetites territoriais chineses. Contudo, se a França e a Grã-Bretanha tiveram responsabilidade, com as suas hesitações e adiamentos, na conclusão do pacto de 1939, é necessário reconhecer que os Estados Unidos de 1996 têm uma responsabilidade análoga, na medida em que continuaram, de facto, a sua política de *«containment»* da época soviética.

([156]) *The Coming Conflict...*, op. cit., p. 109. («Eles não impõem condições políticas à cooperação com a China, ao contrário dos Norte-Americanos, que recorrem arbitrariamente à ameaça de sanções, ou ao uso de sanções»).

Neste contexto, a situação do Japão não é nada confortável. Por um lado, mostra-se inquieto devido ao grande aumento do poder económico, político e militar da China, suscetível de comprometer a prazo os seus interesses económicos na Ásia, tanto mais que o governo chinês encoraja de maneira recorrente o desenvolvimento de sentimentos antijaponeses entre a população da China. Esta preocupação pode incitar o governo japonês a apostar totalmente na aliança militar com os Estados Unidos da América. Por outro lado, as empresas japonesas que subcontratam uma grande parte das suas produções à China temem pelos seus lucros e desejam consequentemente que o seu governo aplique em relação à China uma espécie de «política de apaziguamento». Com esse objetivo, estão dispostas a apoiar os meios «pacifistas»([157]), partidários de um exército reduzido.

Como se vê, as pressões políticas do governo chinês são mais fáceis de executar por se poderem apoiar em aliados de eleição: as empresas industriais, sejam elas japonesas ou ocidentais.

9. Um sistema de sanções e gratificações das empresas ao serviço da política chinesa

Ao nível macroeconómico, a China, com os seus baixos salários e a sua taxa de câmbio subavaliada, é um Eldorado para as empresas dos países desenvolvidos que aí se abastecem ou subcontratam algumas das suas produções ou alguns dos seus segmentos de produção. Fazem-no muito naturalmente por a moeda chinesa estar amplamente subavaliada. Estas empresas têm um interesse direto e forte em que esta situação se perpetue, uma vez que lhes permite obter lucros excecionalmente elevados.

O financiamento de défices públicos ocidentais por parte da China constitui um instrumento para manter a sua taxa de câmbio ao nível que deseja, sendo ao mesmo tempo, como se verá, um recurso fácil, uma armadilha, para esses países, que estão, devido a esta circunstância, numa situação de dependência crescente.

Noutro nível, o dos contratos com as empresas, a China tem uma prática muito bem estabelecida de sanções e gratificações ligada à atitude dos governos e das empresas dos países desenvolvidos em relação à política chinesa. Isso aplica-se às empresas que têm filiais na China, que

---

([157]) Parte da influência dos meios pacifistas fica a dever-se ao sentimento de culpa pelo passado militarista do país. A propaganda chinesa utiliza amplamente este registo.

subcontratam as suas produções na China, que se abastecem na China e que vendem bens à China. Diz também respeito aos Estados. A regra geral é que, para fazer negócios com a China, é necessário dizer bem dela. Pelo menos é preciso não criticar a política do seu governo, sendo preferível abster-se de abordar alguns assuntos sensíveis: os direitos do homem, o Tibete, as relações com Taiwan, os conflitos interétnicos, etc.

«For China, resisting pressure on human rights is a matter of political survival for the sake of which Beijing has waged an unremitting, sometimes – oblique, always – multifront war against the United States. It is a war that has involved fierce diplomatic pressure on other countries, appeals to Pan--Asian cultural solidarity, energetic lobbying inside the United States, and, most effective of all, the adoption of a cunning system of economic rewards and punishments aimed at bringing American corporations onto China's side»([158]). A pressão sobre as empresas, sejam americanas ou europeias, desde há 20 anos, vai revelar-se muito eficaz. Por exemplo, em 1992 e 1993, no início do seu mandato, o presidente Clinton pretendia estabelecer uma ligação entre os direitos do homem e o desenvolvimento dos negócios entre o seu país e a China. Isto dizia respeito nomeadamente à aplicação à China da «cláusula da nação mais favorecida», o que foi interpretado, do lado chinês, como um *bluff* de amador: com toda a razão!

Na verdade, as empresas americanas arriscavam-se a perder muito com esta política, o que não pretendiam de maneira alguma. Sabiam perfeitamente que os Chineses não faziam *bluff*! *«Briefly put, the Chinese dangled billions of dollars worth of trade and investment deals in front of American corporations, and they threatened to, and in some instances did, go elsewhere to punish the United States for its human rights meddling. Many deals were concluded well [...] others were still being negotiated but close to agreement [...] the Chinese made it clear that these deals would collapse if the Clinton administration carried out its threat to suspend MFN*([159]) *for China. The American business community, naturally eager for a larger share of the China market, was unhappy about the threat of economic retaliation for Chinese human rights abuses. In just a few mon-*

([158]) Richard Bernstein, Ross Munro, *The Coming Conflict With China*, op. cit., p. 101. («Para a China, resistir à pressão no que respeita aos direitos humanos é uma questão de sobrevivência política, razão por que Pequim tem travado uma guerra incessante – sempre dissimulada –, por vezes em múltiplas frentes, contra os Estados Unidos. É uma guerra que tem incluído pressões diplomáticas muito intensas, apelos à solidariedade cultural pan-asiática, um lobbying enérgico nos Estados Unidos e, o que é sobretudo eficaz, a adoção de um astucioso sistema de recompensas e punições económicas que visa atrair as empresas americanas para o lado da China»).

([159]) MFN: Most favored-nation treatment, cláusula da nação mais favorecida.

ths, China transformed several Fortune 500 companies([160]) *into a formidable New China Lobby.»* ([161]).

Tendo em consideração a Boeing, IBM, ATT, Time Warner, Caterpillar, Motorola, Microsoft e muitas outras, os direitos humanos não tinham muito peso. Após alguns adiamentos da administração Clinton e a visita, em abril de 1994, de 700 homens de negócios chineses a 300 empresas americanas, o problema ficava esclarecido: em 26 de maio de 1994, Clinton renunciava aos seus esforços a favor dos direitos do homem([162]).

Já em 1994, a China, devido ao seu peso económico e, sobretudo, aos lucros que grandes empresas ocidentais tiveram graças a ela, foi capaz de fazer ceder a política americana. Desde então, o poder chinês viu-se claramente reforçado, pelo que pôde fazer recuar, com as suas pressões, qualquer Estado ou empresa. Assim, após a visita do Dalai-Lama a França, verificou-se uma forte quebra do volume de negócios do Carrefour na China, bem como do turismo chinês em França. Evidentemente, nenhuma «instrução» fora dada, apenas se tratava da legítima e «espontânea» expressão de descontentamento dos consumidores chineses, que assim se expressava nos mercados! Tais comportamentos constituem sinais que indicam o que é preciso fazer ou não. Se a China não hesita em fazer ameaças, seguidas, se for caso disso, de sanções, contra os países ou empresas que não se conformam com o que ela quer, pelo contrário, também sabe gratificar as empresas que entrem no seu jogo. Seja com empréstimos aos Estados ou oportunidades de negócios lucrativos que permite às empresas estrangeiras, a China provoca, assim, em todo o mundo, uma espécie de adição económica em relação à política por si aplicada, que, na ausência de um «desmame», apenas pode levar à servidão.

([160]) Trata-se das companhias que figuram na lista das 500 maiores empresas da revista *Fortune*.

([161]) *The Coming Conflict With China*, op. cit., pp. 100-101. «Em suma, os Chineses acenavam com milhares de milhões de dólares de contratos de comércio e de investimento em frente dos olhos das empresas norte-americanas e ameaçavam negociar com outros, e em alguns casos concretizaram--no, para punir os Estados Unidos por envolverem a questão dos direitos humanos. Muitos negócios chegaram a bom termo (...) outros estavam ainda a ser negociados, mas muito próximo de um acordo (...) os Chineses deixaram claro que esses acordos iriam por água abaixo se a administração Clinton concretizasse a sua ameaça de suspender a cláusula da nação mais favorecida em relação à China. A comunidade empresarial americana, naturalmente ansiosa por obter uma maior fatia do mercado da China, estava descontente com a ameaça de retaliação económica por causa dos abusos dos direitos humanos por parte dos Chineses. Em poucos meses, a China transformou várias das 500 empresas da *Fortune* num novo e formidável lobby chinês».

([162]) «*After months of intensive effort, China had won a complete victory over the United States on human rights*» («Após meses de esforço intenso, a China obtivera uma vitória sobre os Estados Unidos na questão dos direitos humanos»), *The Coming Conflict With China*, op. cit., p. 108.

Capítulo 6

O excedente comercial chinês desestabiliza o Mundo

COMO VEREMOS, é a China que, com a sua política de excedentes comerciais, vai provocar as dificuldades americanas e a crise mundial. Há uma espécie de associação relativamente antiga entre o carrasco e a sua vítima. O presidente Nixon, sem medir todas as implicações, assina, em 1978, um pacto com o diabo. A conivência política, mais ou menos afirmada, que daqui resulta leva em seguida a um entendimento económico de facto, que se vai realizar à custa do aliado japonês. Com efeito, a China apresenta-se na década de 1990 como um verdadeiro Eldorado para os capitais americanos, com os seus baixos salários e a sua taxa de câmbio subvalorizada (também para os outros, mas em menor medida).

As relações de subcontratação que se multiplicam, envolvendo as grandes empresas mundiais, permitem a estas obter taxas de lucro fabulosas, de maneira que se estabelece, no início dos anos 2000, a norma de uma rentabilidade de 15%, que se aplicará também ao setor dos serviços. Daqui resulta um forte movimento de desindustrialização e um défice crescente das trocas comerciais externas. A perda de competitividade dos empregos industriais nos Estados Unidos da América e, ao mesmo tempo, a exigência de uma rentabilidade elevada do capital vão conduzir os bancos e as autoridades americanas a adotar comportamentos financeiros e monetários aventurosos que permitem, após o crash da bolha da Internet, dar uma folga de quatro anos (2003/2007) à economia americana. A crise, cuja origem remonta, na nossa opinião, a

2001 (entrada da China na OMC), manifesta-se a partir de 2007: crise imobiliária, crise da titularização, crise bancária, crise bolsista, uma grande e prolongada recessão.

A ampla participação chinesa no financiamento do défice público americano, que permite manter as taxas de juro a um nível baixo, longe de constituir uma oportunidade positiva, é, sim, uma armadilha, uma droga mais do que um remédio. Se as práticas que tiveram lugar nos últimos anos se repetissem, o futuro poderia ser bem sombrio para a maioria dos países do mundo.

1. O fim de Bretton Woods e a concorrência japonesa

Se a crise atual é, de facto, o produto da política mercantilista da China, convém compreender como é que a conseguiu impor. Para isso, é necessário colocar as coisas no seu contexto, ou seja, a dinâmica mundial desde há algumas décadas à luz do papel desempenhado pela potência dominante, os Estados Unidos da América.

Dois dispositivos importantes implementados na sequência dos acordos de Bretton Woods vão ser suprimidos durante a presidência de Richard Nixon (1969-1974): a convertibilidade do dólar em ouro pelos bancos centrais, em 1971, e o abandono do sistema de taxas de câmbio fixas e da sua vigilância pelo FMI, em 1973. Isto terá enormes consequências. O fim da convertibilidade do dólar permitirá aos Estados Unidos deixar de se preocupar muito com os seus défices comerciais enquanto como tais. Tal não significa, de maneira nenhuma, que passem a desinteressar-se da concorrência que é feita às suas indústrias pelas produções estrangeiras, nomeadamente as japonesas, muito pelo contrário!

O início dos câmbios flutuantes vai, então, permitir ao Japão transformar as modalidades da sua política protecionista e mercantilista. Porá em prática o *dirty floating*, que, graças a intervenções regulares do seu banco central, irá permitir uma ampla subavaliação da sua moeda. Como o FMI já não pode desempenhar o papel de «polícia» das taxas de câmbio, a concorrência japonesa, entre 1975 e 1985, torna-se terrível para as empresas ocidentais. Já lá vai o tempo em que o Japão era considerado um país importante apenas enquanto aliado indispensável dos Estados Unidos da América na Ásia e em que a sua economia era encarada com alguma condescendência. O seu nível tecnológico, «o milagre japonês» como dizem alguns, permite agora aos seus produtos concorrer com os de todo o mundo.

Tal não diz unicamente respeito aos têxteis e a outros produtos de baixo valor: inclui agora a construção naval, as motorizadas, o setor automóvel, a eletrónica, a fotografia, os eletrodomésticos, etc. O Japão aplica uma política mercantilista eficaz: exporta muitas mercadorias e capitais, o que lhe permite implementar uma ampla divisão do trabalho, principalmente na Ásia, e, portanto, obter internamente uma forte progressão dos rendimentos, ainda que, para as mesmas qualificações, tenham salários mais baixos e estáveis em comparação com os dos países ocidentais.

2. A emergência da China e a desindustrialização americana

O estabelecimento de relações diplomáticas entre os Estados Unidos da América e a China comunista, em 1972, no contexto da guerra do Vietname e da rivalidade com a União Soviética, terá muito rapidamente consequências económicas à medida que a China se for abrindo ao comércio mundial. O presidente Nixon esperava, sem dúvida, contribuir para a transformação progressiva da China num país capitalista «vulgar». Isso foi o início das ilusões americanas, porque os Chineses, quer antes, quer depois da morte de Mao, entenderam por bem conservar a sua organização totalitária.

Após o regresso de Deng, a China irá imitar em larga medida o Japão, sobretudo a partir de 1989. Entre esta data e 1994, levará a efeito importantes desvalorizações da sua moeda, que permanecerá, desde então, fortemente subavaliada. Ainda que na década de 1980 a sua balança comercial fosse deficitária devido às importações de bens de equipamento pelas *joint ventures*, torna-se excedentária a partir de 1990.

Apesar destas semelhanças, Japão e China são muito diferentes do ponto de vista das empresas ocidentais: as empresas japonesas são temíveis concorrentes, ao passo que as da China não o são, antes oferecem oportunidades de lucro enormes às empresas ocidentais mediante contratos de subempreitada. Quanto mais a moeda chinesa estiver subavaliada, maiores serão os lucros destas empresas.

A partir da década de 1980, e mais ainda nos anos 1990, desenvolvem-se na China operações de subcontratação, permitindo lucros prodigiosos a uns e a outros. Alguns camponeses dos arrozais dos arredores de Cantão tornam-se milionários em 15 ou 20 anos e as empresas ocidentais têm taxas de lucro globais de 15% no conjunto das suas atividades, graças aos lucros fantásticos das suas operações de subcontratação. Este número extravagante vai mesmo tornar-se a «norma» da rentabilidade do capital das grandes empresas, no início dos anos 2000. 15%! Não é por acaso que esta norma fica estabelecida no exato momento em que a China entra na OMC, em 2001, com todas as consequências que daí advêm[163].

Com estes lucros, as operações tornam-se rapidamente massivas: o processo de desindustrialização, primeiro na América do Norte, depois na Europa e mesmo no Japão, está, assim, em marcha.

Na década de 1990, esta desindustrialização é ainda pouco percetível: apenas alguns espíritos lúcidos, como Maurice Allais ou Emmanuel Todd, têm consciência dos perigos que comporta. As empresas suprimem linhas de produção, que são transferidas para a Ásia, e, portanto, também os empregos dos operários. No entanto, ao mesmo tempo, aumentam os seus efetivos consagrados à pesquisa e ao desenvolvimento, e à gestão. Por outro lado, ainda que as empresas industrias percam globalmente empregos, isso não é grave, dizem a maioria dos economistas, porque faz parte, muito simplesmente, do grande movimento de «terciarização»[164] das sociedades desenvolvidas e é igualmente expressão de uma divisão internacional do trabalho que é útil a todos: as nações desenvolvidas ficam com as atividades de pesquisa e conceção, os países em desenvolvimento ficam com a produção! Foi um historiador e antropólogo, Emmanuel Todd, que teve o mérito de chamar a atenção para este movimento de desindustrialização, já muito avançado no ano 2000[165], ao sublinhar a sua nocividade e o seu carácter desestabilizador para a sociedade. Antes dele, os autores americanos R. Bernstein e R. Munro tinham evidenciado também este perigo num livro notável, escrito em 1997, *The Coming Conflict With China*[166].

Não se vê bem por que razão tal movimento se interromperia se as taxas de câmbio chinesas continuassem subavaliadas e se os Estados Unidos, e outros países com ele, não adotassem medidas de proteção.

---

[163] Jean Peyrelevade, *Le capitalisme total*, Seuil, 2005.
O autor observa que esta norma dos 15% surgiu por volta do ano 2000. No entanto, não fornece mais nenhuma explicação do que o aparecimento surpreendente da avidez dos investidores. Quanto a nós, foi necessário a China com as suas taxas de câmbio e os seus salários de sonho para que os rendimentos de 15% pudessem tornar-se acessíveis.

[164] O «conceito» de terciarização é apenas uma pseudonoção que não explica nada, análoga ao «poder soporífero» de Molière.

[165] Emmanuel Todd, *Après l'empire, essai sur la décomposition du système américain*, Gallimard, 2002. Cita nomeadamente uma estatística governamental do «Bureau of Economic Analysis» que, em 2000, atribui 15,9% do PIB do país às indústrias manufatureiras e 19,6% ao conjunto «finança, seguros, imobiliário».

[166] Richard Bernstein e Ross H. Munro, *The Coming Conflict With China*, Vintage Edition, Nova Iorque, 1998.

Os segmentos da produção subcontratados serão cada vez maiores. Após a produção de bens manufaturados, chegará a vez dos bens de equipamento (incluindo aviões, centrais nucleares, etc.) e, depois, a da pesquisa e desenvolvimento. É, aliás, a constatação que fazem Bernstein e Munro([167]): *«No matter at what level they are applied, all of China's export subsidies distort trade relations with China's largest customer, the United States. But even as it subsidizes certain industries, including some that operate at a loss, China is becoming increasingly sophisticated in focusing its subsidies on higher-value-added exports, which are then priced artificially low in the American market, unfairly undercutting what would otherwise have been competitive American-made products. This is one of the more direct ways in which China has learned from earlier Japanese industrial strategy. The method has produced a rapid shift in the nature of Chinese exports, away from low-wage, labor intensive activities and toward more high-tech, value-added ones. And so, popular perception to the contrary, the share of the American trade deficit with China represented by cheap products made by cheap labor has been declining steadily since 1990.»*

3. Complacência em relação à China e dureza com o Japão

O modo de articulação entre as empresas ocidentais, nomeadamente americanas, e a China constitui a base de um entendimento profundo entre, por um lado, uma oligarquia chinesa em pleno crescimento, feita das hierarquias do PCC e de novos capitalistas filiados no Partido, e, por outro, a oligarquia industrial e financeira americana e, mais geralmente, o capital das economias desenvolvidas. Os segundos têm ainda, por ora, o domínio dos processos de produção e do acesso à procura

---

([167]) Richard Bernstein e Ross H. Munro, *op. cit.*, p 138.
«Todos os subsídios à exportação por parte da China, independentemente do nível a que são aplicados, distorcem as relações comerciais com o seu maior cliente, os Estados Unidos. Porém, ao mesmo tempo que subsidia certas indústrias, incluindo algumas que operam com perdas, a China está a tornar-se cada vez mais sofisticada ao centrar os seus subsídios nas exportações de valor acrescentado mais elevado, cujos preços são depois fixados artificialmente baixos no mercado americano, eliminando injustamente produtos fabricados nos Estados Unidos que, de outra forma, teriam sido competitivos. Esta foi uma das lições mais óbvias que a China retirou da anterior estratégia industrial japonesa. O método produziu rápidas mudanças na natureza das exportações chinesas, que se afastaram das atividades de baixos salários e trabalho-intensivas, em favor das de tecnologia mais avançada e de valor acrescentado mais elevado. Por isso, ao contrário da perceção popular, a fatia do défice comercial americano com a China representada por produtos baratos fabricados por mão de obra barata tem vindo a diminuir continuamente desde 1990».

final, enquanto os primeiros dispõem de uma mão de obra que trabalha em condições incríveis.

Nestas condições, compreende-se bem a natureza das oposições políticas que se manifestam hoje nos Estados Unidos da América, nomeadamente no próprio seio do partido democrata. Num primeiro momento, o «partido da China» foi amplamente apoiado pela classe política americana: Nixon e os republicanos foram os seus iniciadores, os Democratas seguiram-lhes as pisadas.

Contudo, hoje, muitos são os que, nomeadamente entre os apoiantes de Obama, estão horrorizados com as consequências desta complacência em relação à China.

Os industriais americanos, nas décadas de 1980 e 1990, ao mesmo tempo que descobriam, com uma certa embriaguez, as amplas oportunidades de lucro oferecidas pela China, queriam colocar um fim, de uma vez por todas, à concorrência dos produtos japoneses.

As conferências do G5, no Plaza e no Louvre, em meados dos anos 1980, obrigam o Japão a rever a sua política com o objetivo de diminuir os seus excedentes externos e fazer subir a cotação da sua moeda. Com esta finalidade, o Japão resolve liberalizar as condições de entrada de capitais para que possam contribuir para a subida da sua taxa de câmbio. Ao mesmo tempo, aceita aumentar a despesa pública, de tal maneira que a poupança do país seja mais canalizada para empregos internos, e fazer cessar os fluxos de capitais para o exterior, que contribuíam para manter a cotação do iene a um nível muito baixo. Além disso, e é o mais importante, o Banco da Japão compromete-se a abster-se, durante um certo período, de levar a efeito as suas intervenções.

O governo japonês cede a estas condições, mas de má vontade. De facto, fixa as taxas de juro a um nível extremamente baixo para contrariar o movimento de valorização do iene suscitado pelas outras medidas que tomou.

Esta medida não chegará a ter os efeitos esperados no domínio cambial, uma vez que o iene, apesar de tudo, se valorizou, embora mantendo-se subavaliado, mas isso vai determinar um aumento considerável do crédito e conduzir a economia do país para uma euforia imobiliária e bolsista. Este momento será, também, de orgulho nacional com a subida dos valores patrimoniais sem que por isso haja inflação, o que é um verdadeiro desafio lançado ao vencedor da guerra de 1945. Infelizmente, a euforia durou pouco tempo: o governo teve finalmente de se decidir, um pouco tarde sem dúvida, a aumentar as taxas de juro, provocando o rebentamento da bolha em 1990.

Após dois anos difíceis, o Japão envereda pelo caminho do restabelecimento da sua economia. De maneira deliberada, a administração Clinton vai provocar uma forte subida do iene face ao dólar, entre 1992 e 1995([168]).

Em 1992, ano de eleições presidenciais, o presidente que está de saída, George Bush, toma a decisão de vender cento e cinquenta aviões de combate F16 a Taiwan, por razões de manutenção da estabilidade na Ásia e, também, talvez, porque tal negócio tem um importante efeito indutor na atividade económica do Estado do Texas. Esta decisão é muito mal recebida em Pequim. Tudo se passa como se o *lobby* pró-chinês dos industriais, instigado pelos seus parceiros chineses nos negócios, tivesse decidido comprometer a reeleição – que parecia, contudo, estar segura – do presidente em fim de mandato. A oligarquia americana pensa nos seus lucros: é necessário proteger-se da concorrência japonesa e manter ao mesmo tempo boas relações com a China. Quer, portanto, a eleição de um candidato suscetível de prosseguir estes dois objetivos. É com este fim que suscita, então, a entrada em liça de um terceiro candidato, Perot, o que permite a eleição de Bill Clinton, cujos dois mandatos estarão conformes ao que se esperava dele: afastado o «perigo» japonês, entrada da China na OMC sem nenhuma condição relativa ao dispositivo cambial deste país. Clinton dá a luz verde americana à entrada da China na OMC, no final de 1999, concretizando-se oficialmente a adesão em finais de 2001. Bill Clinton cumpre assim muito bem os dois mandatos implícitos consignados pela oligarquia americana.

É apenas durante as presidências do George W. Bush que algumas vozes começam a manifestar-se no Congresso e nos sindicatos, salientando os efeitos da taxa de câmbio da China na economia americana. A desindustrialização começa a fazer sentir duramente os seus efeitos: encerramento de empresas industriais, crescimento de bolsas de desemprego e tendência para a queda dos salários.

4. A exigência de uma rentabilidade de 15% no setor terciário e a fuga para a frente dos países desenvolvidos

O desenvolvimento da subcontratação industrial, e até mesmo, depois, de serviços, principalmente com a China, permite aos capitais

---

[168] Na mesma época, no final de 1993 e início de 1994, a China desvaloriza fortemente a sua moeda. Isto terá a sua importância na «recaída» da economia japonesa, em 1997.

dos grupos industriais dos países desenvolvidos valorizarem-se com base numa taxa prodigiosa da ordem dos 15%, por volta do ano 2000, ao mesmo tempo que induz o movimento de desindustrialização que afeta estes países. Mas onde é que os capitais ocidentais poderiam investir?

A China podia ser certamente para eles uma boa solução. Contudo, neste caso, nada é simples: os Chineses não deixam entrar capitais no seu país, a não ser através de *joint ventures* em que o capital estrangeiro é sempre minoritário e nem sempre bem remunerado. Os Chineses exigem em contrapartida acesso à tecnologia. Por outro lado, o direito chinês e a maneira de o aplicar dão muitas vezes lugar à arbitrariedade quando é necessário julgar litígios em matéria de negócios.

Em suma, a solução chinesa apenas podia visar um volume relativamente limitado de capitais: os capitais que desejem investir devem, assim, procurar fixar-se, prioritariamente ou na sua maioria, nos próprios países desenvolvidos, mas geralmente fora das atividades industriais([169]), porque são, de facto, cada vez menos competitivas, devido precisamente à China... Felizmente para estes capitais, havia oportunidades de investimento na construção, no comércio, nos serviços, nomeadamente nos Estados Unidos, onde o comércio, o imobiliário, os serviços financeiros e as novas tecnologias de informação compensavam então amplamente o declínio industrial. Tal como para os grupos industriais, estes investimentos fazem-se com base na nova e fantástica norma de rendibilidade de 15%.

Devido ao facto de o défice externo constituir um grande obstáculo para o crescimento, a política económica seguida pelos Estados Unidos consiste, então, numa forte estimulação da procura interna para se obter uma taxa de crescimento do PIB da ordem dos 3% ao ano.

A procura interna é particularmente fácil de estimular por ocorrer um «efeito de riqueza», em consequência do crescimento dos patrimónios. Na verdade, os lucros realizados conduzem a uma subida da Bolsa, que incita as famílias a gastar sempre mais em bens de consumo corrente, bens de equipamento duradouros (automóveis, eletrodomésticos, alta fidelidade, computadores, etc.) e habitações. Há uma forte procura de crédito para operações imobiliárias e para a compra de bens de consumo ou de equipamento doméstico. Tudo isto determina um forte crescimento do setor «banca-seguros», quer em volume de negócios, quer, em muito menor medida, em efetivos empregados. Neste

---

([169]) Em 2006, o conjunto «agricultura, indústrias extrativas e indústrias manufatureiras» representa menos de 15% do PIB nos Estados Unidos, ao passo que o conjunto «finança, seguros, imobiliário» ultrapassa os 20%. Fonte: Bureau of Economic Analysis.

setor, o valor acrescentado por empregado vai aumentar, o mesmo sucedendo com os lucros, que podem deste modo cumprir a norma dos 15%. Para tal contribuirá significativamente a desregulamentação deste setor. A este respeito, a revogação por Clinton, em 1999, do Glass-Steagall Banking Act, de 1933, que organizava a separação entre as atividades dos bancos comerciais e as dos bancos de negócios, terá um papel não negligenciável[170].

O setor da grande distribuição regista também um elevado crescimento dos seus efetivos e ainda mais dos seus lucros, na esteira da sua empresa líder, a Walmart. No final da década de 1990, a China oferece, não só oportunidades excecionalmente interessantes de subcontratação aos industriais americanos, mas também, e isto é relativamente novo, um grande número de produtos acabados a preços imbatíveis aos importadores. Nestas condições, a grande distribuição, que se socorre cada vez mais das importações provenientes da China, está, então, em condições de tornar compatíveis a baixa progressiva dos preços de venda dos bens de consumo manufaturados e a subida considerável dos seus lucros, nos Estados Unidos. Uma vez mais, a «norma» dos 15% pode ser respeitada e é possível ir mesmo além dela.

O crédito barato, a par do efeito de riqueza decorrente da evolução dos valores bolsistas, vai suscitar um *boom* imobiliário. Este é importante, não só para a própria atividade imobiliária, mas também para o efeito de riqueza que vai reforçar.

No final do século, tudo parece estar bem na economia dos Estados Unidos da América. Para além do que acabamos de referir, as «novas tecnologias» e a «nova economia» contribuem para esta imagem. Os valores bolsistas das novas tecnologias da informação e da comunicação (NTIC) registam uma ascensão fulgurante. Isto reflete um facto bem real: as tecnologias informáticas penetram em todos os setores da atividade humana. Entretanto, as atividades de produção que lhes estão associadas são sistematicamente subcontratadas na Ásia, sem que por isso baixe o número de trabalhadores nos Estados Unidos, no Japão ou na Europa, tão forte é crescimento global do setor, ou melhor, dos setores envolvidos. Este crescimento e este recurso massivo à subcontratação asiática, particularmente à chinesa, conduzem a um forte aumento

---

[170] Trata-se de uma decisão importante, que terá influência no desenrolar da crise. Com o apoio do republicano A. Greenspan, diretor do FED, foi aprovada por instigação de Robert Rubin, secretário do Tesouro, no final da presidência de Bill Clinton. Como exemplo das estreitas ligações entre a alta administração e os meios dos negócios, recordemos que Rubin se torna número 2 do City-Bank no dia seguinte à aprovação!

dos lucros, o que vai alimentar a formação de uma «bolha»[171], que será denominada, após o seu rebentamento, como a «bolha da Internet».

Reina a euforia no fim do segundo mandato de Bill Clinton. São muitos os economistas que, com grande segurança, teorizam sobre a «nova economia» baseada nas «NTIC» e na criação de bens imateriais. Chegámos, dir-se-ia, ao estádio das sociedades «pós-industriais», baseadas na informação e no conhecimento. É claro que se reconhece que os computadores e todo um conjunto de bens materiais são ainda necessários, e que é preciso fabricá-los, mas fala-se muito pouco disso. Estas tarefas serão atribuídas a «pequenas mãos» nos países «emergentes». A vocação dos Estados Unidos da América, da Europa e do Japão será um crescimento económico baseado nas tecnologias da informação e nos empregos altamente qualificados que estas suscitam.

O crash da bolsa de 2001 não muda nada de fundamental no modo de desenvolvimento que foi exposto acima[172]. Trata-se, contudo, de uma fenda importante no edifício da economia mundial, que revela muitas coisas a todos aqueles que sabem ver. Apercebemo-nos brutalmente de que muitas das novas empresas da «nova economia», que o mercado valorizara a níveis incríveis, estão longe de ter o potencial de lucros que se lhes atribuía e que justificava a tolerância de lucros negativos no seu horizonte de curto prazo. O regresso à «realidade» – pelo menos a outra realidade – vai significar a falência de centenas delas e para outras uma redução drástica dos meios que lhes foram atribuídos[173].

O facto de se ter de majorar o capital à taxa de 15% obriga alguns proprietários e gestores de capitais a correr riscos. Isto diz respeito em primeiro lugar à América, mas também à Europa: com a desregulamentação e a assunção de riscos, assistimos a uma verdadeira fuga para a frente.

A especulação na economia da Internet está num impasse. Mas isso não importa, pois a imaginação dos aprendizes de feiticeiro da finança não será apanhada desprevenida: vai introduzir «inovações financeiras»… cujo ponto de aplicação privilegiado será o setor imobiliário. Assim, a economia americana vai poder recuperar rapidamente um crescimento relativamente elevado, sustentado na estimulação da pro-

---

[171] A «bolha» resultará também das antecipações de lucros por parte dos agentes económicos. Estas antecipações serão por vezes de um otimismo delirante, devido à euforia ambiente. Os PER *(price earning ratios)* serão, por isso, por vezes, muito elevados: 30, 40, 50, 80 e mesmo mais!

[172] A economia real terá somente uma pausa no crescimento, sem recessão. No que respeita à bolsa, terá de novo um comportamento em alta, reconquistando muito rapidamente grande parte do terreno perdido.

[173] O «caso Enron» ilustra bem este «regresso à realidade».

cura interna, sem se preocupar com o comércio externo, que regista défices cada vez mais colossais.

O crash de 2001-2002 vai colocar provisoriamente em apuros o patrão do FED, Alan Greenspan, que, desde há muito tempo, considerava que a paridade do yuan ou o défice externo não constituíam problemas, porque, dizia ele em suma, o défice externo financia-se e não impede o crescimento! Porém, o crash da bolsa, com a sua dinâmica de efeito de riqueza negativo, era um problema. Por isso, era necessário quebrar rapidamente esta dinâmica e, com tal objetivo, organizar a valorização de outros ativos, nomeadamente os do imobiliário. O FED adota, então, uma política de taxas de juros mantidas a um nível muito baixo: é preciso estabilizar Wall Street, estimulando o imobiliário de tal maneira que seja restaurada a dinâmica ascendente da despesa interna, motor do crescimento, permitindo compensar o défice externo, cada vez mais considerável, mas, apesar disso, antecipadamente aceite, em relação à China. A catástrofe de 2007 estava assim a ser preparada a partir do ano 2001...

5. «Uma das maiores potências do planeta destrói a indústria de outros países»[174]

Há uma tendência para se constituir em redor da China uma constelação de países a ela ligados pelo comércio: as suas moedas estão subavaliadas em relação às moedas ocidentais, mas menos do que o yuan, e as suas economias registam taxas de crescimento certamente notáveis, mas menores do que a da China. A reprodução no tempo de tal sistema de taxas de câmbio, com os desequilíbrios comerciais que implica, só pode conduzir à continuação do processo de desindustrialização dos países desenvolvidos. Este poderá englobar doravante, para além das atividades de produção de bens materiais, as que concorrem para a produção de bens imateriais, a que chamamos «terciário superior».

Os programas públicos de apoio às empresas inovadoras, ainda que sejam muito ambiciosos e mobilizem meios consideráveis, e, consequentemente, suscitem muitas inovações, não poderão muito provavelmente compensar, nem sequer aproximar-se disso, o obstáculo para o crescimento que um défice comercial contínuo constitui. As previsões de crescimento que circulam para 2010-2011 mostram diferenças de crescimento ainda superiores às do período 2002-2007: as taxas de cres-

---

[174] Philippe Crouzet, *Les Echos*, 28 de setembro de 2009.

cimento seriam de 9 a 11% para a China, de 3 a 8% para os países em desenvolvimento e unicamente de 0 a 2% para os países desenvolvidos do G7. Para estes últimos, que têm um crescimento demográfico entre 0 e 1%, o crescimento económico não será, portanto, suficiente para estabilizar o desemprego, se tivermos em consideração os ganhos previsíveis de produtividade. A diferença de crescimento, da ordem dos 8 a 9%, entre a China e os países do G7 indica com que rapidez excecional aumenta o poderio deste país em relação ao mundo desenvolvido. Para alguns países, o crescimento poderia mesmo tornar-se negativo: os expedientes que foram implementados, nomeadamente a substituição da dívida privada pela dívida pública, já não podem ser repetidos. Não conseguimos imaginar que o Reino Unido possa reeditar em 2010 e 2011 o seu défice orçamental recorde de 2009, que foi da ordem dos 15% do PIB!

Sabendo-se que em muitos países (Estados Unidos da América, Reino Unido, Espanha, França, Itália, etc.) o endividamento privado vai diminuir e o endividamento público será também obrigado a reduzir-se, é fácil de prever que a despesa interna já não será capaz de compensar os défices externos. Por isso, poderia estar para acontecer uma depressão persistente!

A situação é, evidentemente, muito precária e frágil, e continuará a sê-lo enquanto os Estados adiarem tomar medidas suscetíveis de restaurar o equilíbrio das trocas comerciais externas. Por agora, forçoso é constatar que sofrem uma verdadeira agressão que destabiliza o seu equilíbrio económico e social, uma agressão que leva a deslocar para a Ásia a capacidade de produção, bem como algumas atividades de serviços, de que é exemplo a transferência para Hong Kong da direção da HSBC[175].

A recente entrevista de um grande empresário francês, Philippe Crouzet, é clara a este propósito: «A China investiu muito e está a colocar-se em posição de escoar a sua excessiva capacidade de produção no resto do mundo graças a uma moeda clara e voluntariamente subavaliada [...]. Se a China continuar assim, caminhamos para a catástrofe! Não podemos continuar um esquema em que uma das maiores potências do planeta destrói a indústria dos outros países...»[176].

---

[175] Fundada em 1865, a Hong Kong and Shanghai Bank Corporation (HSBC) era um banco inglês com sede em Hong Kong. A sua transferência para Londres, em 1993, após a aquisição do Midland Bank e antes da transferência de soberania de Hong Kong, mostra-o bem. O regresso da sede a Hong Kong significa que o maior banco do mundo é, agora, chinês.

[176] Entrevista de Philippe Crouzet, presidente do diretório de Vallourec, com o título «La Chine détruit l'industrie des autres pays», *Les Echos*, 28 de setembro de 2009.

A continuação de um crescimento à taxa de 1% ao ano, ou até menos, nas condições atuais de desequilíbrio comercial do mundo, conduzirá inevitavelmente à destruição progressiva do que ainda subsiste das atividades industriais nos países desenvolvidos. Isto poderá estender-se, além disso, a algumas atividades agrícolas. Devido à pressão conjugada da OMC e da burocracia de Bruxelas, adeptas fervorosas do comércio livre a nível mundial, e à pressão, também, dos membros da União Europeia cuja agricultura está pouco desenvolvida, como a Grã-Bretanha, a Europa renunciou pouco a pouco a manter um dos elementos essenciais da utopia que presidiu ao seu nascimento em 1957: a política agrícola comum (PAC). Agora, a ausência de proteção aduaneira na União Europeia perante o resto do mundo coloca grande parte dos agricultores europeus numa situação muito difícil, quer se trate dos produtores de leite quer de frutas e legumes. O mal-estar camponês que se manifestou energicamente no fim de 2009 é apenas um exemplo. Caso esta ausência de proteção real se prolongue, e sabendo nós que as ajudas atribuídas em nome da ecologia, do ambiente e da luta contra a desertificação humana de algumas regiões não passam muitas vezes de paliativos, se tivermos em consideração a escala dos problemas do mundo rural, assistiremos à acentuação do êxodo rural em países como a França ou a Itália, que não terão certamente necessidade de tal, se tivermos em conta o estado dos seus respetivos mercados de trabalho.

Convém recordar que o desmantelamento das proteções agrícolas foi realizado sob o efeito de uma insistente campanha, no seio da OMC, por parte dos países em desenvolvimento, cujo *leitmotiv* era queixarem-se do suposto egoísmo dos países ricos. Neste caso, a China, que está sempre no clube dos amigos dos países pobres, não tinha nada a temer, pois está e continuará a estar protegida pelas taxas de câmbio da sua moeda. A China não surge na primeira linha da luta pela abertura dos mercados ocidentais aos produtos agrícolas do Terceiro Mundo, deixando essa tarefa a países como o Brasil. Na verdade, encontramos aqui a problemática de L. C. Bresser-Pereira, segundo a qual a Europa caminha inexoravelmente para um défice externo crescente no setor agroalimentar, um êxodo rural persistente e uma desertificação cada vez mais acelerada de alguns dos seus belos campos!

O que vai ser então dos países desenvolvidos se são deficitários nas suas trocas industriais, nas do setor agroalimentar, nas da energia e talvez, em breve, pelo caminho que as coisas levam, nas de algumas atividades de «serviços às empresas»? As únicas atividades produtoras de bens e serviços exportáveis que estes países poderão conservar serão, desta forma, as que têm a ver com algumas atividades *high-tech* e aquelas, muito diversas, que dizem respeito ao turismo.

6. Cenário de catástrofe: a salvação estará em Châteauroux?

Num tal cenário a longo prazo, que leva necessariamente a um despovoamento global importante([177]), os países «ricos» poderiam criar empregos de guardas de museu, guias turísticos, empregados de mesa, chefes de cozinha, continuando ao mesmo tempo a esvaziar-se das atividades que fizeram a sua riqueza e geraram o seu dinamismo no passado.

Infelizmente, isto não é tudo: este cenário completamente inaceitável significa que muitos jovens terão de emigrar para a Ásia para encontrar trabalho, sendo, então, pagos em termos «asiáticos». Como é evidente, este cenário conduz igualmente ao aumento do desemprego e da exclusão, bem como das patologias sociais que lhes estão associadas, o que já é possível observar hoje em dia([178]). Assim sendo, os países desenvolvidos seriam profundamente desestabilizados: não só os seus respetivos tecidos económicos seriam em parte desmantelados e destruturados, mas também o seu tecido social seria fortemente afetado, ficando ainda mais fragmentado do que é hoje em dia. A coesão social ficaria mais fraca, o que constituiria um fator suplementar importante da sua debilidade. Esta dinâmica de conjunto, que aparece mais intensamente com a crise, já tinha sido despoletada antes mesmo de se concretizar: resulta, evidentemente, da excessiva liberalização do comércio mundial, que já vem de há muitos anos, como mostra pertinentemente

---

([177]) A contribuição da «teoria da base exportadora», da economia regional, é útil para o compreender. As atividades de uma região são divididas em duas categorias: as atividades «induzidas» pela população (pertencentes ao setor terciário, no essencial), cujo volume é proporcional a esta, e as atividades «fundamentais», suscetíveis de dar lugar a exportações (as atividades agrícolas e industriais, assim como uma parte dos «serviços às empresas»). Como a população é proporcional ao emprego total, uma grande redução do volume das atividades fundamentais só pode conduzir, a longo prazo, à diminuição da população e das atividades «induzidas».

([178]) Estas patologias são conhecidas e estão em plena expansão: consumo de drogas, suicídios, violência e insegurança, em áreas cada vez extensas, surgimento de grupúsculos políticos adeptos da luta armada e de ações terroristas. Cabe aqui destacar que as estatísticas do desemprego (cerca de 10% nos principais países) apenas dão uma ideia imperfeita do fenómeno do subemprego, que é atualmente de, pelo menos, 20%, mas talvez mais, da população dos países desenvolvidos. O não emprego dos jovens em algumas periferias, que ultrapassa muitas vezes os 50%, não pode deixar de contribuir para os lançar na delinquência ou naquela forma de desespero que constitui o consumo de drogas.

Maurice Allais, mas também, e sobretudo, da aceleração formidável deste processo na sequência da entrada da China na OMC, em 2001.

Perante tal movimento de perda de substância económica, a China apresenta-se como salvadora: não apenas nas regiões mais ou menos periféricas da Europa como a Grécia[179], mas também no próprio coração da Europa, em Châteauroux, por exemplo! Aqui, numa região que viveu dolorosamente a perda das suas atividades industriais com o aval da classe política local[180], nasceu um projeto «franco-chinês». A ideia de base deste projeto é utilizar as instalações de uma antiga e muito importante base americana da NATO, que tem nomeadamente uma pista de aviação de 3500 metros de comprimento para receber por via aérea os componentes produzidos na China, que seriam montados localmente e, depois, reexportados para outras regiões da Europa e do mundo. Nas proximidades desta pista, está previsto que seja preparada pelos poderes públicos uma zona de 500 hectares destinada a receber as empresas chinesas (que seriam cerca de 10 ou 50, segundo os documentos!).

Estas empresas seriam selecionadas à partida pelos «sindicatos patronais chineses»[181]. Tratar-se-ia de pequenas e médias empresas especializadas em «altas tecnologias», em novos materiais, em poupança de energia, etc. Teriam, a prazo, 4000 empregados, entre os quais 800 quadros chineses...[182] Alguns documentos, manifestamente destinados a tranquilizar e a silenciar os críticos, indicam que as empresas que se implantariam seriam de direito francesas e que a sua gestão seria «assegurada por Franceses, com os Chineses a ter essencialmente o papel de peritos». Para se mostrarem generosos, acrescentam que esta zona seria também aberta a empresas francesas (claro!), que haveria

---

[179] Recordemos a este propósito a assunção do controlo do porto do Pireu para o desenvolver e ficar ao serviço da penetração dos produtos chineses na Europa.

[180] O projeto «Châteauroux business district» deu lugar a um acordo assinado em 2009 para a criação de uma «zona de cooperação económica». Envolve a região Centro (de governo socialista), o Conselho Geral do Indre (UMP), a Comunidade Metropolitana de Châteauroux, assim como a Câmara de Comércio.

[181] Ou seja, pelo Estado chinês! Pode-se perguntar se as autoridades francesas terão algum poder de controlo ou de fiscalização sobre estas eventuais implantações, como é o caso nas zonas de atividade «normais»...

[182] Foi constituída uma «Sociedade de Exploração Sino-Francesa da Zona de Desenvolvimento Económico de Châteauroux», que, ao contrário das *joint ventures* presentes na China (51% de capitais locais), teria um capital maioritariamente detido pela parte estrangeira, neste caso chinesa, até 6%. Os documentos indicam que 80% dos assalariados seriam franceses. Tendo em conta o facto de que haveria 800 quadros chineses, significa que a totalidade dos outros funcionários seria constituída por franceses (3200). Podemos ter dúvidas sobre este ponto; ver nomeadamente o artigo de *La nouvelle république* de 6/11/2010.

«institutos de pesquisa sino-franceses» e, finalmente, que uma universidade «sino-francesa» associaria a Universidade de Orléans-Tours a uma Universidade chinesa.

Este dispositivo pode parecer a alguns ser positivo: uma contribuição para uma região em dificuldade, correspondendo a uma necessidade da China, que seria a de europeizar as suas produções[183]. Na realidade, estas atividades previstas de importação e de montagem estão já, no essencial, assumidas pelas empresas ocidentais. Ao fim e ao cabo, não passaria de uma substituição destas por empresas chinesas, com o aspeto importante de uma substituição parcial de mão de obra europeia por mão de obra chinesa[184]. A isto podemos acrescentar o risco de que estes estabelecimentos chineses pudessem constituir no futuro, através de uma renovação de quadros cuidadosamente preparada, uma porta de entrada fácil para os imigrantes chineses. Como se pode ver, o que pode ser interessante à escala da zona metropolitana de Châteauroux não é necessariamente nada de interessante à escala da Europa! A criação de zonas de atividade chinesas na Grécia, em Portugal, na Irlanda ou em França não é uma boa solução.

7. A crise está em preparação desde 2001

O ano de 2001 assinala uma viragem nas relações internacionais: há, obviamente, o terrível drama do 11 de setembro, mas o facto mais significativo é a entrada da China na Organização Mundial do Comércio[185], que terá consequências muito importantes no futuro das relações económicas. A China conseguiu entrar na OMC mantendo o seu privilégio cambial, que é de facto exorbitante. Por isso, ela já não irá temer o protecionismo aduaneiro dos seus parceiros membros do clube da OMC, ainda que beneficie plenamente com o protecionismo monetário que assegura com as suas taxas de câmbio «administradas».

---

[183] Esta é a tese, muito otimista, que o presidente da Câmara de Châteauroux desenvolve: «Certamente que a China chegou a um momento em que tem necessidade de apresentar uma imagem mais virtuosa, e a escolha que fazem é a de europeizar a sua produção, de marcar *made in Europe* ou *made in France* nas etiquetas».

[184] Podemos fazer, aqui, uma comparação com o setor da distribuição. Os presidentes das câmaras das cidades que recebem «grandes superfícies» e que se regozijam por este facto não têm em conta a destruição do pequeno comércio que estas implantações provocam.

[185] Para entrar na OMC, a China teve sucessivamente a luz verde de Bill Clinton e dos Estados Unidos da América, no final de 1999, e, depois, da OMC, em maio de 2000. Finalmente, a sua entrada tornou-se efetiva no final de 2001.

A taxa de câmbio é fixada unilateralmente pela China em 8,28 yuans por dólar, em julho de 2005, depois em 6,85, em julho de 2008, com uma subida muito regular e muito controlada entre as duas datas. A apreciação global da taxa de câmbio efetiva nominal da moeda chinesa, medida em meados de 2009, é de cerca de 20%. Estamos, contudo, bem longe da taxa de câmbio que equilibraria as trocas comerciais externas, apesar do que dizem alguns economistas([186]), uma vez que o comércio externo chinês continua massivamente excedentário. Notemos que o FMI considera que a cotação que equilibraria as trocas comerciais externas com a China seria de 3,6 yuans por dólar, o que corresponde a uma taxa de subavaliação da moeda chinesa da ordem dos 50%, enquanto as nossas próprias estimativas nos fornecem um intervalo de unicamente dois a três yuans por dólar.

Assim protegida de eventuais medidas de retaliação, devido ao facto de pertencer à OMC, a China pode desenvolver o seu comércio externo com uma velocidade fulminante: em sete anos, desde finais de 2001 a finais de 2008, a fatia das exportações chinesas nas exportações mundiais passa de 5% para 12%. Trata-se, no entanto, de estatísticas que subavaliam, pelo modo como são elaboradas, o lugar desse conjunto considerável que é a China. Se apenas levássemos em conta, no comércio mundial, conjuntos de uma grandeza comparável a este país, não há dúvida nenhuma de que a China teria um peso muito maior nas exportações mundiais: talvez 25%, ou ainda mais.

O excedente externo em relação ao resto do mundo torna-se cada vez mais considerável. Os Estados Unidos serão a vítima mais notória deste desequilíbrio. Do final de 2001 ao final de 2007, o seu défice externo em volume aumenta, passando de 2,5% a 6% do PIB. Esta evolução global acontece enquanto o dólar não para de se depreciar fortemente face às principais moedas convertíveis (euro, iene, libra esterlina, franco suíço). A deterioração brutal das trocas comerciais dos Estados Unidos com a China foi muito superior à sua recuperação significativa em relação aos países desenvolvidos!

Os Estados Unidos, graças ao papel particular do dólar, que é uma moeda de reserva, puderam escapar – provisoriamente – à dificuldade «clássica» enfrentada por todos os países que têm de pagar uma dívida externa cada vez mais significativa. Não obstante, não puderam escapar à terrível pressão recessiva que resulta necessariamente do seu défice externo constante (e crescente até 2008). Se a China impuser um défice

---

([186]) Para Michel Aglietta, a «suposta subavaliação do yuan» é uma «opinião preconcebida». *La Chine*, sob a direção de Patrick Artus, *Les Cahiers du Cercle des économistes*, PUF, Paris, 2008, pp. 36 ss.

externo igual a 6% do PIB trimestral, o país só pode escapar à recessão se a procura interna corrente ultrapassar em mais de 6% o seu PIB do trimestre anterior[187].

De certa maneira, tudo se passa como se o senhor Greenspan não tivesse compreendido que o défice externo constituía um obstáculo enorme para o crescimento dos Estados Unidos. Na verdade, acreditou que podia conciliar permanentemente a política económica do seu país com a política cambial praticada pela China, mantendo as taxas de juro de curto e longo prazo em níveis muito baixos em termos reais para desencorajar a poupança e, em contrapartida, encorajar o endividamento das famílias. Deste modo, o impulso dado à procura interna – a diferença entre esta e o PIB do trimestre anterior – elevou-se de 3% para quase 7%, entre março de 2003 e setembro de 2007, levando a um crescimento da ordem de 0,75% por trimestre (3% ao ano), durante estes quatro anos de adiamento.

Não passava obviamente de um adiamento, porque o crescimento do endividamento das famílias não podia continuar indefinidamente. O «milagre» do crescimento da economia americana, «impulsionado» pela despesa das famílias, transforma-se bruscamente num fiasco: o endividamento líquido[188] das famílias tem tendência para atingir um máximo e, depois, para diminuir, porque tem os seus limites e, consequentemente, deixa de poder compensar o défice externo. De uma maneira geral, os devedores solventes são em número limitado e a sua capacidade de endividamento acaba por ficar saturada. Além disso, o desenvolvimento do crédito imobiliário, vetor principal do endividamento das famílias[189], vai provocar uma subida importante dos preços da habitação. Inicialmente, isso é um bom argumento de venda e reforça, assim, a tendência dinâmica. Contudo, chega necessariamente o momento em que os preços atingem um tal nível que, por um lado, constituem um obstáculo intransponível pelos novos potenciais recorrentes ao crédito e, por outro, a tendência das vendas de habitação se inverte (meados de 2006), até os seus preços caírem (meados de 2007).

---

[187] Recordemos que $(PIB_n - PIB_{n-1}) / PIB_{n-1} = (DINT_n - PIB_{n-1}) / PIB_{n-1} + SEXT_n / PIB_{n-1}$, onde DINT designa a despesa interna e SEXT o saldo do comércio externo.

[188] Em cada trimestre, uma parte das dívidas já contraídas é reembolsada. O endividamento líquido é o crescimento do volume das dívidas entre o fim e o início do trimestre.

[189] O crédito ao consumo, destinado a permitir compras de bens de consumo duradouros, nomeadamente automóveis, embora importante, continua, no entanto, muito aquém da importância do crédito imobiliário.

Apesar deste duplo limite tangível, os bancos vão inventar novos «produtos» para poderem encontrar novos clientes. É necessário reconhecer que têm a obrigação de inovar: à semelhança das grandes empresas industriais e comerciais, o seu capital deve ser remunerado numa base de 15%! Tal rentabilidade([190]) supõe um forte crescimento do volume de negócios... e dos riscos assumidos! Os bancos vão, então, convencer as famílias não solventes (qualificadas de *subprime*) a contrair empréstimos hipotecários quando os preços das habitações se encontram no seu ponto mais alto. A seguir, «titularizam» os empréstimos que detêm para os vender, o que lhes permite respeitar formalmente, mas apenas formalmente, os rácios prudenciais a que estão sujeitos. Ao fazê-lo, não somente vão poder livrar-se de uma boa parte dos créditos mal-parados, transferindo-os para os investidores, mas, para além disso, uma fatia apreciável desses créditos, comprados por investidores estrangeiros, serão exportados para o resto do mundo. Será um excelente canal para espalhar a crise futura.

Esta prática muito *border-line* não levantará a mais pequena objeção das autoridades responsáveis pelo controlo do funcionamento dos bancos. É preciso dizer que, no início deste novo milénio marcado pelo liberalismo, o momento é de desregulamentar, e não de controlar...

Indo além do discurso moral sobre o laxismo das autoridades ou, então, sobre os defeitos voluntariamente esquecidos de toda a forma de liberalismo, importa aqui sublinhar a coerência do conjunto dos comportamentos mencionados acima. Era necessário que o Federal Reserve (FED) mantivesse taxas de juro reais baixas, que o governo se endividasse face ao estrangeiro para financiar o seu défice, que os banqueiros inovassem para aumentar o crédito concedido, que as autoridades de controlo fossem complacentes ou cegas...

O conjunto destes comportamentos, que se podem qualificar de incríveis, constituía, apesar de tudo, a condição indispensável para que, durante ainda alguns anos, os Estados Unidos conseguissem manter um crescimento correto (de 3,25% ao ano), apesar do seu colossal e crescente défice externo.

Apesar desta coerência de comportamentos, ou melhor, por causa dela, a catástrofe era inevitável, uma vez que a comunidade internacional, com os Estados Unidos à cabeça, aceitara em 2001 dar carta-branca à China, permitindo-lhe inundar o mundo com os seus produtos.

([190]) É necessário recordar que este rendimento de 15% resulta, em grande parte, das operações de subcontratação realizadas na China pelos grandes grupos industriais, operações cuja rentabilidade extrema se fica a dever à taxa de câmbio praticada por este país.

Os primeiros sinais desta catástrofe aparecem em junho de 2006: é o início da crise imobiliária com a queda das vendas de habitações. Muito poucas pessoas têm consciência da gravidade da situação e ainda menos da sua origem! É necessário, aliás, que nos interroguemos sobre a causa desta cegueira.

Os recuos bolsistas que se manifestam sucessivamente em meados de 2006, seguidos de uma retoma, e que regressam no início de 2007, traduzindo os receios dos mercados, não provocam grandes inquietações aos analistas da finança.

Um deles, Patrick Artus, num artigo de março de 2007 intitulado «Os mercados acreditam em tudo»([191]), censura os mercados por recearem que «a crise do crédito imobiliário *subprime* (e dos créditos de taxas variáveis, ARMs)(*) nos Estados Unidos desencadeie uma crise bancária e financeira». Ora, diz ele, «todas estas afirmações são falsas. A credulidade e a ausência de sangue frio dos mercados financeiros são, por isso, notáveis». Esta profecia, no mínimo otimista, sofre um desmentido contundente, três meses mais tarde: em junho de 2007, desencadeia-se a crise bancária, que será seguida por uma crise bolsista em outubro de 2007. Na primavera de 2008, há uma segunda vaga da crise bancária e da crise bolsista (Caso Bear Starns). No outono de 2008, terceira vaga (Caso Lehman). Finalmente, em março de 2009, a crise da dívida pública americana só pode ser evitada pela compra, por parte do FED, de títulos do Tesouro a médio e a longo prazo([192]) por um montante de 300 milhares de milhões de dólares, uma inovação considerável à qual será necessário voltar. A par desta medida, o Estado americano também emite moeda, em vez de ter colocado no mercado obrigacionista obrigações a médio e a longo prazo. É-lhe assim possível, pelo menos durante um certo tempo, evitar recorrer aos credores estrangeiros, nomeadamente à China.

A dinâmica interna do endividamento, e, portanto, da despesa interna, não podia deixar de ser profundamente afetada por esta crise de natureza multidimensional. Ao longo do ano de 2007, o crescimento da economia americana desacelera, entra em recessão a partir de dezembro de 2007 e a situação agrava-se em 2008, havendo um recuo de 1,6% do PIB (uma quebra de 6,5% em termos anuais) no quarto tri-

---

([191]) Boletim *Flash marchés*, nº 110, Natixis, 22 de março de 2007.

(*) ARM (adjustable-rate mortgage), hipoteca cuja taxa de juro varia periodicamente em função das taxas de juro que prevalecem no mercado. (N.R.)

([192]) Trata-se aqui de «treasury notes», títulos de 2 a 10 anos. Recordemos que os outros títulos do Tesouro americano são os «treasury bills», títulos a menos de 2 anos, e os «treasury bonds», títulos a mais de 10 anos.

mestre. Embora o défice do comércio externo se contraia, regressando a 3% do PIB (em grande parte por causa da China), o obstáculo que permanece continua a ser demasiado difícil, tendo em conta o sufoco da procura interna, que apenas é superior ao PIB do terceiro trimestre em 1,4%.

A Europa irá ter um percurso muito similar, com os Estados a endividarem-se enormemente para salvar os sistemas bancários em perigo, o que leva na primavera de 2010 ao alerta vermelho da crise das finanças públicas de alguns países.

Como é evidente – mas não «evidente» para a maioria dos analistas –, os países desenvolvidos só poderão sair da armadilha em que caíram a partir do momento em que o seu comércio externo retome o equilíbrio([193]), o que exigiria uma extraordinária apreciação do yuan... que os Chineses não pretendem de maneira nenhuma!

A este respeito, é necessário sublinhar que a apreciação do yuan em relação ao dólar em cerca de 20%, entre 2005 e 2008, era uma medida demasiado limitada para poder levar a um equilíbrio das trocas comerciais entre a China e o resto do mundo([194]).

Como disseram P. Artus e M. P. Virard, a partir de 2008, trata-se para a China de estabilizar o *renminbi*(*) face ao dólar «para apoiar as empresas exportadoras [...]. Ora, para enfraquecer o *renminbi* em relação ao dólar [...] Pequim tem de aumentar a compra de dólares [...]. Pequim está, de alguma maneira, condenada a financiar o défice externo americano, sejam quais forem as taxas de juro do dólar e a dimensão do défice»([195]). Para além disso, acrescentam esta frase surpreendente: «o Tesouro americano pode, sem receio, aumentar massivamente o seu défice público».

Poderíamos apresentar esta questão simples ao senhor Artus: mas o que seria do dólar se o défice público americano atingisse 40% do PIB,

---

([193]) Devemos recordar que dois países importantes, a Alemanha e o Japão, têm um comércio externo excedentário. Contudo, na presente análise, deve-se considerar o conjunto dos países desenvolvidos nas suas relações com a China. Assim, o comércio externo da Alemanha é globalmente excedentário graças a um grande excedente com os países da Europa do Sul, com a França à cabeça, mas tem um défice comercial com a China. O excedente alemão constitui o indício de um problema intraeuropeu e não pode ser invocado como um contra-exemplo às análises apresentadas aqui.

([194]) O seu objetivo era completamente diferente: tratava-se, como se verá, de acalmar a exasperação de alguns membros do Congresso americano desejosos de acusar a prática da China.

(*) *Renminbi* é a designação da moeda da República Popular da China (exceto Hong Kong, que conserva o seu dólar, e Macau, que conserva a pataca), *yuan* é a designação da sua unidade principal (um *jiao* vale 1/10 do yuan, um *fen* vale 1/10 do *jiao*). (N.R.)

([195]) Patrick Artus e Marie-Paule Virard, *Est-il trop tard pour sauver l'Amérique?*, La Découvert, Paris, 2009, p. 67.

na hipótese de o governo dos Estados Unidos da América suprimir os impostos?

8. A China é responsável pela crise

O mercantilismo chinês, que se exprime por uma forte e extremamente organizada subavaliação do yuan, conduz, como já vimos, a défices globais importantes nos Estados Unidos da América e nos países do G7 tomados no seu conjunto, assim como à sua desindustrialização. Contudo, aqueles que fazem parte do que Jean-Luc Gréau chama «a corporação dos economistas mediatizados»([196]) não deixam de dizer que se trata de uma tese extremista e muito exagerada! A China, dizem, tem problemas à imagem do seu território: imensos. É necessário dar-lhe tempo. Verão então, com o crescimento dos rendimentos das famílias, como as suas importações irão aumentar. São argumentos saídos do que se chama «a economia dos manuais», característica da «vulgata neoliberal».

Na realidade, ainda que os dirigentes chineses tenham encontrado nas empresas industriais dos países desenvolvidos aliados de qualidade, são eles que, com a sua política constante e muito consciente, estão na origem da crise. Prepararam-na entre 2001 e 2007 e esforçam-se por agravá-la desde que se desencadeou. É uma política continuada dotada de grande coerência, ao serviço de um objetivo de longo prazo muito bem definido: substituir a hegemonia americana pela hegemonia chinesa e espalhar pelo mundo as normas de um capitalismo totalitário.

Para compreender isto, torna-se indispensável voltar atrás no tempo. A contestação da primavera de 1989, em Pequim, não é, de forma alguma, fortuita: acontece no exato momento em que Gorbachev vai a Pequim para normalizar as relações entre a União Soviética e a China. Os seus esforços para promover no seu país a democracia e a *glasnost* não deixam as pessoas indiferentes... Ora, há muito que no seio do PCC havia um conflito em incubação que opunha aqueles que, em volta de Zhao Ziyang, queriam fazer evoluir o país para uma espécie de social-democracia e os que rodeavam Deng Xiaoping e queriam prosseguir uma política que visava reproduzir a organização totalitária da sociedade. O desenvolvimento do movimento estudantil e da agitação que o acompanhava foi provavelmente instrumentalizado pelos

---

([196]) Vd. Jean-Luc Gréau, *La trahison des économistes*, Gallimard, 2008.

«duros» para desequilibrar a relação de forças a seu favor: era necessário mostrar aos elementos hesitantes do Partido até que «extremos» o laxismo e o «revisionismo» podiam chegar.

A repressão sangrenta de Tiananmen corresponde, desta forma, à escolha do capitalismo totalitário por parte da China «popular» contra a alternativa do capitalismo democrático; a escolha de uma sociedade sem liberdades organizada em volta de um Estado poderoso nas mãos de um partido único; a escolha de uma organização económica que deixa uma certa liberdade aos empresários no seio do partido para que possam obter lucros importantes e assegurar uma forte acumulação; a escolha da união íntima entre o Estado e os empresários, em conformidade com o esquema mercantilista, que implica um forte crescimento, impulsionado pelas exportações([197]).

A partir da década de 1990, esta escolha é aplicada no plano monetário: duas desvalorizações do yuan, em fevereiro e dezembro, conduzem a uma apreciação de 40% do dólar face ao yuan. Começa, então, a série crescente de excedentes comerciais. Em fevereiro de 1994, uma nova e importante desvalorização reforça ainda mais a competitividade da economia chinesa...

No início deste mesmo ano de 1994, uma reunião da cúpula do Partido Comunista Chinês conclui de maneira solene que os Estados Unidos da América se tornaram «o adversário principal» da China, à semelhança da URSS, que tivera esse papel de 1962 a 1989. Esta declaração apenas avaliza a orientação decidida em 1989 com a normalização das relações com a URSS([198]) (a visita de Gorbachev a Pequim, em 15 de maio, desenrola-se na altura da «Primavera de Pequim») e a fixação de uma taxa de câmbio subavaliada.

Entre meados de 1989 e o início de 1994, a URSS e o Japão entram em depressão, deixando frente a frente a China e os Estados Unidos da América, as duas maiores nações do planeta. Contudo, os Americanos encontram-se, agora, embriagados pela «vitória» que representa para eles a queda da URSS. Não têm qualquer consciência da importância do forte crescimento da China, nem do facto de esta lhes atribuir o papel «de inimigo principal». Os dirigentes do PCC, pelo contrário, compreendem bem o antagonismo absoluto entre o modelo de capi-

---

([197]) No esquema mercantilista original, o de William Petty, em *A Aritmética Política,* a união do Estado e dos empresários tem por base a nobreza. No caso do capitalismo totalitário da China de hoje, esta união tem por base o Partido Comunista Chinês.
([198]) A normalização com a Rússia, e já não com a URSS, dará lugar posteriormente, em 1997, a um tratado de parceria estratégica, seguido por um tratado de amizade, cooperação e boa vizinhança, em 2002.

talismo totalitário que promovem e o do capitalismo democrático das nações ocidentais e do Japão.

O projeto chinês de arrebatar a hegemonia mundial aos Americanos é concomitante com a designação destes como «inimigo principal» (em 1994). É apoiado por uma estratégia gradual e paciente.

Os Estados Unidos ignorarão, ou pretenderão ignorar, este projeto, preferindo considerar a sua relação com a China como uma «parceria estratégica», e não tanto como uma «rivalidade estratégica»! Será necessário esperar pela crise, o aumento do desemprego e a eleição de Obama para a presidência, em 2009, para que se opere nos Estados Unidos da América uma tomada de consciência muito tímida e ainda muito limitada desta importante realidade internacional: os Estados Unidos e a China entraram numa fase prolongada e multidimensional de confrontação, ainda que esta continue aparentemente *soft*, como, aliás, já R. Bernstein e R. H. Munro muito bem o tinham demonstrado, em 1997, no seu notável livro *The Coming Conflict With China*.

A China, apoiada num protecionismo monetário de combate, impõe ao grupo do G7 um défice externo global colossal e crescente. A subavaliação do yuan em relação às grandes moedas (dólar, euro, iene, libra esterlina) perpetua-se graças a intervenções massivas e repetidas no mercado de câmbios. Ao mesmo tempo, o Banco Popular da China (BPC) procede a compras massivas de títulos públicos, nomeadamente americanos. Neste último caso, trata-se de títulos do Tesouro, os «Treasuries», ou então de obrigações que servem para financiar, ou refinanciar, o setor imobiliário, as «Agencies».

Estas entradas de capitais parecem ser providenciais para a economia americana. Esta, sob o impulso de Greenspan, tinha de compensar imperativamente o problema do défice externo – que não era posto em causa, antes pelo contrário, era aceite – com um forte estímulo da despesa interna, o que supunha o aumento do endividamento ao mesmo tempo público e privado. Na verdade, não era possível, ao mesmo tempo, encorajar as famílias a consumir e a endividar-se, por um lado, e a poupar para emprestar ao Estado, por outro.

Era necessário, portanto, manter as taxas de juro reais a um nível muito baixo para estimular o endividamento privado e, simultaneamente, conseguir dinheiro para financiar o défice público. As entradas de capitais chineses traziam uma solução ao problema do défice público, ao mesmo tempo que permitiam ao FED manter as taxas de curto prazo a níveis muito baixos, o que tinha por consequência manter também as taxas de longo prazo a um nível baixo.

A «curva das taxas» estava, assim, posicionada a um nível muito baixo, fosse em termos nominais ou em termos reais. Tratava-se de um encorajamento muito forte do endividamento, privado e público, um desencorajamento da poupança, enquanto reinava a euforia nos mercados de ativos, o que, por intermédio do efeito de riqueza, contribuía ainda um pouco mais para o aumento do endividamento. A despesa interna, assim fortemente estimulada, compensava, deste modo, o problema do défice externo e assegurava ao país um crescimento positivo. Este crescimento é, no entanto, cada vez mais desequilibrado, cada vez mais artificial, débil e frágil. Como forma de adaptação à adversidade do comércio externo, os Estados Unidos e o FED foram levados a praticar taxas cada vez mais baixas, nomeadamente entre 2001 e 2004. É necessário compreender, contudo, que uma descida das taxas reais não é um sinal da boa saúde de uma economia. Pelo contrário, traduz a ausência de projetos rentáveis dessa economia.

O carácter artificial do crescimento surge totalmente à luz do dia, em junho de 2007. Há, então, dois grandes desequilíbrios: um saldo externo altamente deficitário (6% do PIB) e um endividamento extremo das famílias, das empresas e dos bancos.

Depois dos factos ocorridos, é fácil discorrer sobre a imprudência dos bancos ou sobre o mau funcionamento das instituições com a responsabilidade de os controlar. É necessário observar, contudo, que, se a prática destas tivesse sido satisfatória, o grau de endividamento seria certamente menos elevado, mas, por esta mesma razão, o estímulo da despesa interna teria sido menor do que foi e não teria sido suficiente para compensar o óbice do défice externo, pelo que a taxa de crescimento se teria tornado negativa muito antes de 2008. Em suma, a partir do momento em que os Estados Unidos aceitavam, de facto, os défices externos recorrentes, não tinham outra opção que não fosse uma fuga para a frente. A responsabilidade da crise é do país que sabiamente organizou o gigantesco desequilíbrio comercial do mundo com a manipulação da sua taxa de câmbio: a China.

Alguns senadores americanos tinham consciência disso e desejavam que o Congresso tomasse uma posição sobre o *dumping* cambial chinês, o que obrigaria o executivo americano a aplicar sanções à China. Para neutralizar tais iniciativas e mistificar, se nos podemos expressar assim, a China fingiu enveredar pela valorização da sua moeda, entre julho de 2005 e julho de 2008. Ao longo de três anos, o yuan valorizou-se, deste modo, em 20% em relação ao dólar, uma medida que era quase irrisória, uma vez que o défice comercial imposto aos Estados Unidos e a outras nações continuava a ser cada vez maior. Tratava-se apenas de um engodo, de uma maneira da China fazer crer ao mundo que queria cooperar. Ora, apesar das suas declarações de boa vontade, temos de reconhecer que a apreciação do cabaz de divisas que refletia o comércio externo chinês foi de apenas 6% no conjunto dos três anos. Os factos mostram claramente que a China desenvolve uma estratégia agressiva, e ainda mais, como se verá, a partir de 2007.

9. Será necessário continuar a fazer o jogo da China?

Paradoxalmente, muitos analistas apresentam a China como uma espécie de «salvador» da economia americana e, para além disso, do conjunto dos países desenvolvidos. Quando Timothy Geithner, pouco depois da eleição de Obama, tomou a liberdade de fazer uma declaração crítica sobre a cotação da moeda chinesa, foi rapidamente desautorizado, não somente pelo seu presidente, mas também, em França, por Patrick Artus! Foi por pouco que este não disse que a América deveria dizer obrigado: «O protesto da administração Obama contra a subavaliação da moeda chinesa parece estranho, uma vez que um *renminbi* subavaliado reduz o custo das importações americanas (sabendo que a substituição é impossível, porque alguns produtos importados da China não poderão ser fabricados de novo nos Estados Unidos) e sobretudo permite financiar uma dívida pública em grande crescimento, mantendo as taxas de juro baixas»[199].

Como se sabe, estes investimentos chineses constituem uma condição indispensável para permitir a subavaliação do yuan, sendo permitidos pelos excedentes comerciais que esta subavaliação implica. Não é de maneira nenhuma um «presente» dado à economia americana e às economias europeias, ou talvez sim: um presente envenenado! Estes investimentos permitiram levar a cabo uma política de endividamento excessivo. São uma droga que é difícil deixar. Mais, manteve uma ilusão: a ideia que, no fim de contas, o défice do comércio externo não tinha importância e que se podia compensar indefinidamente pela estimulação da despesa interna. Foi esse o erro de Greenspan e da administração Bush! Se um endividamento interno moderado e o crédito que lhe dá origem são de facto necessários ao crescimento de qualquer economia equilibrada no plano das trocas externas, um endividamento externo excessivo apenas pode conduzir a situações muito perigosas. Foi com o

---

[199] Artus e Virard, *op. cit.*, p. 67.

financiamento do défice orçamental americano que a China fez engolir à economia americana a pílula amarga dos seus défices comerciais recorrentes e crescentes.

O que fazer? Obviamente, recusar deixar-se cair nesta armadilha. Face ao protecionismo monetário que a China pratica para apoiar a sua taxa de câmbio e que constitui uma típica agressão, é do interesse do povo dos Estados Unidos da América e de outros povos do mundo protegerem-se, ainda que tal não corresponda ao interesse imediato das grandes empresas industriais que têm negócios com a China.

Os países do G7 teriam podido, por exemplo, ameaçar deixar a OMC se a China não modificasse o seu dispositivo de câmbio. Era o que deveria ter sido feito e quanto mais cedo melhor!

A crise atual deveria levar o conjunto dos países do mundo a revoltar-se contra a agressão mercantilista. Podemos pelo menos desejá-lo. O primeiro passo neste caminho seria romper com a ideologia livre-cambista – ou seja, com a crença segundo a qual o «livre-câmbio» é bom para todos, seja quais forem as circunstâncias, e mesmo se um grande país como a China trapaceia massivamente com uma cotação desleal – propalada pelos economistas «mediáticos» e que os leva a falar de tudo menos do que «irrita» os Chineses, a sua taxa de câmbio!

A este respeito, é revelador o propósito de Christian de Boissieu relativamente à reunião do G20 em Londres[200]: «O novo Bretton Woods retira do primeiro o princípio de uma larga concertação [...] mas o seu conteúdo é diferente, porque deve tratar da banca e da finança, e não tanto da moeda e da taxa de câmbio. [...] Organizar um novo Bretton Woods em torno da questão das taxas de câmbio seria, aliás, a maneira mais segura de o fazer fracassar. A crise financeira internacional impõe centrá-lo em três aspetos complementares: a regulação bancária e financeira, o papel e os meios do FMI e as ligações entre a finança e a economia real». Fora com as taxas de câmbio! Nem se dá ao trabalho de dizer porquê, ou por que razão, não é «pertinente» falar de moeda e de taxas de câmbio... Em suma, o que é recomendado pelo «consenso dos economistas», e pelos Chineses, evidentemente, é não fazer nada que possa ir contra à política da China, é interessar-se, não pela causa da crise – a taxa de câmbio da China –, mas pelos seus efeitos...

---

[200] Cercle des économistes, *Fin du monde ou sortie de crise?*, Perrin, 2009. Ver: Christian de Boissieu, p. 315.

Isto quer dizer de alguma maneira: «Continuemos como antes!»[201]. Nós pensamos que entrar em tal jogo seria suicidário, não só para a economia americana, mas também para as economias da maioria dos países do mundo.

---

[201] Isto quer dizer também que a China coopera. Nós pensamos que não é o caso.

Capítulo 7

Uma guerra económica não dissimulada

1. As lições estratégicas que a China retirou dos fracassos da URSS e do Japão

O ano de 1989 constituiu uma viragem importante para a China, nomeadamente por causa da implosão simultânea de duas grandes potências, a URSS e o Japão. Desde há algumas décadas, estas duas potências tinham, de formas separadas, tentado arrebatar a hegemonia mundial aos Estados Unidos. No entanto, em 1989, ambas constataram, ao mesmo tempo, o fracasso definitivo das suas respetivas estratégias e os efeitos de desestabilização económica e política que começavam a sofrer.

No mesmo ano, o Partido Comunista Chinês recusava definitivamente qualquer democratização do país com Tiananmen. Cinco anos mais tarde, em 1994, depois de ter amordaçado toda e qualquer contestação interna, tinha por objetivo estratégico a longo prazo que a China retirasse a hegemonia mundial aos Estados Unidos da América.

O PCC retirou, sem qualquer dúvida, todos os tipos de ensinamentos dos fracassos paralelos das duas potências face aos Estados Unidos:

— Um país que queira prevalecer sobre os Estados Unidos deve existir no plano militar: não era o caso do Japão;
— Um país que quer dominar os Estados Unidos não pode, no entanto, esperar alcançar esses objetivos através de um confronto militar direto, o que a URSS tentou fazer em vão;

— Para retirar a hegemonia aos Estados Unidos, o capitalismo totalitário é a forma de organização económico-política mais eficaz: ela é, ao mesmo tempo, superior ao coletivismo totalitário que caracterizava a URSS e ao capitalismo democrático que prevaleceu no Japão;
— A estratégia mais eficaz para retirar a hegemonia mundial aos Estados Unidos consiste, para o país rival, em tomar a iniciativa de uma guerra económica, gradual mas prolongada, contra eles e os seus aliados, o que o Japão pretendeu fazer e a URSS nunca conseguiu fazer;
— A estratégia mais eficaz da guerra económica consiste, para o país rival dos Estados Unidos, em apoderar-se de uma fatia crescente do mercado mundial de mercadorias graças a uma vantagem absoluta. Por um lado, isso reforça o crescimento e a influência do país agressor e, por outro, enfraquece o crescimento e a influência dos Estados Unidos e dos seus aliados. O meio mais evidente para o alcançar consiste em garantir permanentemente um custo horário do trabalho, expresso em dólares, muito inferior ao dos Estados Unidos, o que fora bem compreendido e tentado pelo Japão. A China percebeu que o Japão não pôde ir muito longe nesta via;
— A «guerra económica» travada pelo país rival deve também atingir com a maior brevidade possível o principal trunfo dos Estados Unidos e seus aliados, as duas moedas de reserva do mundo, o dólar e o euro. Recordemos que a URSS ficou muito enfraquecida na competição da «guerra das estrelas» com os Estados Unidos de Reagan, que financiava os seus esforços através dos países petrolíferos, graças ao estatuto particular do dólar como moeda de reserva. Por seu lado, o Japão nunca empreendeu nada contra o estatuto do dólar;
— É decisivo para o país rival dos Estados Unidos obter cumplicidades fortes e sólidas nos próprios Estados Unidos e seus aliados. A URSS procurara, desajeitadamente, estabelecer tais cumplicidades com os partidos comunistas nacionais que lhe estavam ligados. Notemos que, nas décadas de 1980 e 1990, a sociedade americana estava mobilizada contra a concorrência japonesa e contra o iene muito baixo. O Japão não dispunha de apoios importantes nos Estados Unidos, enquanto, hoje, a maioria dos centros de negócios americanos é favorável a um yuan bem mais fraco do que era o iene;
— É inteligente por parte do país rival dos Estados Unidos deixar secretas e não referidas, durante tanto tempo quanto possível, as

suas intenções, o que o Japão conseguira, mas era o contrário da estratégia desenvolvida pela URSS.

2. Uma estratégia de guerra económica que tem por objetivo desestabilizar os países ocidentais

Retomando por sua conta todas estas lições do passado recente ou distante e na linha da tradição chinesa que procura ganhar as guerras sem dar batalha, a China optou manifestamente, em 1994, por uma estratégia de «guerra económica».

Esta guerra económica é, ao mesmo tempo, uma «guerra relâmpago» e uma «guerra gradual». Uma «guerra relâmpago», porque os 16 anos que separam 1994 de 2010 é pouca coisa numa escala histórica e geopolítica. Uma «guerra gradual», na medida em que a ofensiva, conduzida desde há 16 anos com grande discrição, conseguiu manter adormecidos e passivos as populações ocidentais e os seus dirigentes, quando, de ano para ano, a China marcava pontos importantes no desenvolvimento do seu poderio e na sua rivalidade com os Estados Unidos. As etapas sucessivas desta guerra são as seguintes:

a) *No domínio comercial e económico*

Trata-se de asfixiar deliberadamente os Estados Unidos da América e os seus aliados. O yuan, mantido voluntariamente num nível extremamente subavaliado, permite à China repetir excedentes comerciais colossais, que são equivalentes aos défices comerciais colossais dos países do G7. Estes défices comerciais asfixiam a atividade e o emprego dos países deste grupo. Os governos ocidentais respondem através de todos os tipos de artifícios aventureiros que, definitivamente, agravam ainda mais a sua situação económica, bancária e orçamental.

b) *No domínio monetário e financeiro*

Atacar nos planos monetário e financeiro os Estados Unidos e os seus aliados quando a asfixia económica começou a desestabilizar e para isso:

— Retirar aos Estados Unidos o seu privilégio essencial, o dólar como moeda de reserva, e à Europa o seu privilégio, ainda embrionário, do euro como segundo moeda de reserva. O que aconteceria então aos Estados Unidos se a OPEP e os outros países petrolíferos acabassem por faturar o seu petróleo em ouro e exigissem ser pagos em ouro? Depois de serem forçados a abdicar das suas reservas de ouro, os Estados Unidos não tardariam a ver-se obrigados a pedir emprestado, à China e a alguns outros países, as quantias em ouro necessárias para o pagamento da sua fatura petrolífera... Em que espartilho se encontrariam então os Estados Unidos!

– Retirar aos países ocidentais a válvula que constitui para eles o seu défice orçamental, ao catalisar o problema do financiamento da sua dívida pública. Ao provocar a desconfiança em relação às dívidas públicas ocidentais, a China espera poder privar os países ocidentais da arma da retoma orçamental e obrigá-los mesmo a aplicar no pior momento uma política de restrição orçamental. Ao agir assim, a China manobra, paciente mas deliberadamente, para provocar, ou uma crise sistémica nos países ocidentais, que lhe asseguraria um sucesso geopolítico imediato, ou um processo de estagnação e de deflação prolongado nos países ocidentais, o que lhe asseguraria também um sucesso geopolítico, ainda que fosse mais tardio.

c) *Nos outros domínios*

Paralelamente a tudo isto, a China procurará capitalizar os seus êxitos no plano comercial e económico, monetário e financeiro para obter todo o tipo de vantagens nos outros planos do confronto que programou.

– No plano tecnológico: a dinâmica das suas empresas e a força financeira do seu Estado continuarão a ajudar a China a desenvolver a sua política audaciosa em matéria universitária e, sobretudo, de pesquisa e desenvolvimento;
– No plano militar: a China, graças ao seu forte crescimento, beneficia de receitas fiscais em grande progressão e pode facilmente aumentar as suas despesas militares, coisa impossível para os Estados Unidos, travados pela estagnação, que veem as suas receitas fiscais recuar e as suas despesas sociais (desemprego) aumentar, enquanto a perda de estatuto do dólar não lhes permite esperar importantes financiamentos externos. Pressões

financeiras extremas poderiam acabar até por obrigar os Estados Unidos a reduzir o orçamento do Pentágono;
- No plano geográfico: o poder financeiro adquirido pela China permitir-lhe-á comprar no estrangeiro jazidas minerais e terrenos agrícolas e espoliar países inteiros, comprando, em caso de necessidade, governos muito enfraquecidos ou muito corruptos. O método inspira-se no comportamento dos Estados europeus no fim do século xix, que transformavam muito naturalmente os seus excedentes comerciais recorrentes com Marrocos, Egito ou Turquia em posições credoras e, quando as posições credoras se tornavam muito elevadas para ser reembolsadas, exigiam e obtinham a um preço muito baixo os ativos reais do país devedor contra a anulação parcial dos seus créditos. Foi esta engrenagem que conduziu ao protetorado ou ao quase protetorado da Inglaterra sobre o Egito, da França sobre Marrocos e da Alemanha sobre a Turquia. Há, no entanto, uma diferença entre essa época e os nossos dias: só a China tem a vontade e está em condições de assumir protetorados de facto sobre Estados em vias de perder a sua soberania real. Assim, a China aumenta a extensão dos territórios que controla e assegura o acesso «fora do mercado internacional» a certas matérias-primas, enquanto reduz o território que continua acessível aos Estados Unidos da América e aos seus aliados;
- No plano diplomático: a China está em condições de transformar alguns países parceiros em países «clientes políticos», graças à força que lhe confere o seu grande crescimento económico e comercial, à sua capacidade para emprestar facilmente devido às suas enormes reservas de divisas e ao seu potencial militar cada vez mais impressionante. Estes países clientes apoiam e apoiarão o ponto de vista chinês em todos os fóruns internacionais (ONU, OMC, FMI, Banco Mundial, G20, APEC, etc.);
- No plano cultural: graças ao seu poder financeiro, a China pode permitir-se subsidiar a aprendizagem do mandarim por parte de uma fatia cada vez maior da população mundial para que possa vir a ser concorrente do inglês, em numerosos domínios, nomeadamente para fazer destronar, a prazo, Hollywood e as séries televisivas americanas. Da mesma maneira, Pequim dá subsídios para lançar canais de televisão pró-chineses traduzidos em todas as línguas do planeta;
- No plano ideológico: como todos os países totalitários antes dela, a China dedica-se a comprar no estrangeiro intelectuais, meios de

informação e homens políticos que pregarão aos seus compatriotas a passividade ou mesmo a colaboração com ela. Noutro plano, a China desenvolverá campanhas de propaganda enaltecendo os seus sucessos em múltiplos domínios para tentar convencer outros países a abandonar a democracia e a adotar o capitalismo totalitário de que ela é o protótipo.

Os estrategas ao serviço da China não são ingénuos: eles sabem muito bem que o confronto futuro com os Estados Unidos da América será multidimensional e sabem também que, para os vencer ainda mais claramente, a China deve ter meios para marcar pontos em cada uma destas frentes.

d) *Neutralizar os aliados dos Estados Unidos*

A neutralização dos aliados dos Estados Unidos é a última etapa que conduzirá a China ao seu êxito total. Alguns países ocidentais, atualmente aliados dos Estados Unidos, esgotados económica e financeiramente, desestabilizados social e politicamente, acabarão por sair da órbita deste país. Alguns tornar-se-ão «neutrais», enquanto outros aceitarão mesmo enfeudar-se à China, tornando-a ainda mais forte.

A China isola, assim, cada vez mais os Estados Unidos na cena internacional, de tal maneira que até mesmo a sua superioridade militar, supondo que ainda subsiste, não seja senão um trunfo ridículo nas suas mãos.

Como é que a superpotência americana, que ficará enfraquecida em todos os domínios, exceto talvez no domínio militar, e, para além disso, ficará muito isolada no plano internacional, poderá ousar lutar com uma superpotência chinesa tornada excessivamente dominante nos planos comercial, económico, monetário, financeiro, diplomático, tecnológico, cultural e ideológico?

Se alcançar esta última etapa, a China terá conseguido então arrebatar a hegemonia mundial aos Estados Unidos sem mesmo ter travado uma batalha. Este é, em todo o caso, o seu objetivo estratégico.

3. O mundo deveria tremer, mas vive na inconsciência

A China, como vimos, desenvolveu a estratégia que definiu e adotou em 1989-1994. O primeiro sucesso importante que alcançou teve lugar em 2001: foi a sua admissão na OMC. O seu segundo êxito importante teve lugar em 2007: foi o desencadear da grave crise que atingiu para durar os Estados Unidos e os seus aliados ocidentais.

Foi somente a partir deste momento, aliás, que surgiram, como uma evidência que deveria ser incontestável, quatro realidades que são aterradoras para as populações ocidentais e seus dirigentes:

- Em primeiro lugar, a crise acentuou e solidificou a diferença de crescimento a favor da China;
- Para além disso, a partir da crise dos países ocidentais, a China manifesta, ao mesmo tempo, um poder financeiro espantoso e a determinação de o utilizar para os enfraquecer;
- Sobretudo, em vez de pôr em prática a atitude cooperativa que a grande maioria dos especialistas ocidentais lhe atribuía erradamente, a China dedica-se manifestamente a dar golpes suplementares aos países ocidentais para os afundar ainda mais na crise que atravessam;
- Finalmente, a China explora efetivamente os seus avanços nos planos comercial, económico e financeiro para marcar, mês após mês, pontos suplementares no plano geopolítico e no plano militar.

4. Os países ocidentais têm a exclusividade de uma crise grave e prolongada

Quando a crise rebentou, em meados de 2007, os comentadores ocidentais estavam inicialmente convencidos que se trataria de uma crise mundial e que a China seria ainda mais afetada do que os países ocidentais. Estavam enganados. Na verdade, ficou claro muito rapidamente que só grupo do G7 (Estados Unidos + Europa + Japão) seria atingido por uma recessão declarada e que estava ameaçado por uma crise sistémica. Foi apenas com grande dificuldade que estes dois problemas foram provisoriamente ultrapassados.

No conjunto, a recessão declarada do G7 durou seis trimestres (do fim de 2007 a meados de 2009), dando lugar depois ao que os especialistas oficiais designam como uma retoma. Mas poderemos falar de retoma quando, no segundo trimestre de 2010, o PIB da zona do G7 continuava inferior em cerca de 1% em relação ao máximo que atingira no quarto trimestre de 2007? Este resultado medíocre foi obtido quando estavam a ser implementadas medidas excecionais e aventureiras de relançamento monetário e orçamental, que tornam agora as dívidas públicas muito vulneráveis. A situação é tão grave que, no colóquio de Jackson Hole (Wyoming, Estados Unidos), em finais de agosto de 2010, Carmen e Vincent Reinhart, economistas reconhecidos e próximos dos meios dirigentes americanos, chegaram a apresentar um documento que concluía com a previsão de uma estagnação, para os países do G7 considerados globalmente, de pelo menos mais sete anos.

Durante este período de 2007-2010, a economia chinesa apresentava um contraste impressionante: a sua conjuntura apenas sentiu um poço de ar efémero, ultrapassado muito facilmente pelo recurso, aliás breve, a um relançamento orçamental massivo. Ao contrário dos países ocidentais, a China tinha os meios para tal política. Porque foram pouco solicitadas desde 1995, as suas finanças públicas estavam, de facto, inicialmente em muito bom estado (dívida pública a 20% do seu PIB). Este relançamento orçamental, efetuado no contexto de um excedente comercial que continuava colossal, apesar de uma ligeira diminuição inicial, permitiu-lhe retomar rápida e facilmente um crescimento superior a 10%.

Em suma, graças à sua robustez, que resulta dos seus excedentes externos recorrentes, o crescimento chinês afasta-se ainda mais do crescimento do conjunto dos países do G7. Apesar do grande impacto que teria podido representar para ela a queda da maioria dos países ocidentais em franca recessão, a economia chinesa, que não sofreu nenhuma recessão desde há 30 anos, demonstrou mais uma vez a sua solidez. Ao contrário dela, as economias ocidentais continuam atoladas na estagnação, após terem esgotado as munições que dispunham: a baixa das taxas diretoras e o recurso ao défice orçamental. A China consegue manter um crescimento do seu PIB na ordem dos 10% a 11% ao ano, enquanto os países ocidentais têm muita dificuldade para escapar à sua estagnação prolongada, iniciada em meados de 2007. A diferença de crescimento a favor da China fica assim fixada em cerca de 10 pontos percentuais, o que constitui um agravamento significativo da diferença já muito elevada de 7 pontos percentuais que prevalecia antes de 2007.

5. A suposta cooperação «Chinamerica» é na realidade «Chimerica»(*)

Ao intervir desde há 15 anos no mercado de câmbios para impedir que o yuan se valorize, a China acumulou reservas de divisas colossais: cerca de 4 biliões de dólares, montante que se pode comparar com o do conjunto das fortunas geridas pelos *hedge funds* anglo-saxónicos, que é apenas de 2,7 biliões! Este poder financeiro dispensa-a de procurar uma verdadeira cooperação com os seus parceiros económicos.

Desde o início da crise, a China começou a utilizar as suas reservas de divisas como uma verdadeira força de choque financeira: os movimentos de cotação do euro face ao dólar e do dólar face ao yuan respondiam cada vez mais às orientações sucessivas que a China entendia dar-lhes. A cotação do ouro já não se desviava da sua forte tendência de subida desde que a China fez compreender aos *hedge funds* que a melhor maneira de ela descredibilizar o dólar enquanto moeda de reserva era desvalorizá-lo em relação ao ouro. Na mesma ordem de ideias, podemos observar que a crise da dívida pública europeia foi objeto de uma acalmia, em junho de 2010, apenas depois do Estado chinês ter comprado com ostentação obrigações emitidas pelo Estado espanhol e depois de ter declarado a seguir que a Europa continuava a ser uma zona privilegiada para os seus investimentos.

Contudo, entre 2001 e 2007, a China conseguira fazer crer aos dirigentes e especialistas ocidentais que assinara ao mais alto nível um acordo com os Estados Unidos, um acordo vulgarmente denominado *Chinamerica*, o que outros designavam como um novo acordo de *Bretton Woods*, o *Bretton Woods II*.

Era, assim, suposto que os Estados Unidos se tinham comprometido com a China em gastar sempre mais, desencorajando a poupança das suas famílias e encorajando o seu endividamento, o que estimulava as exportações da China para os Estados Unidos, reforçando o crescimento e o emprego naquele país.

Em contrapartida, a China, depois de ter recuperado, através do seu excedente comercial, uma boa parte dos dólares emitidos pelos Estados Unidos na altura do défice comercial, conservava passivamente os dólares e aceitava mesmo utilizá-los em obrigações a longo prazo do Tesouro americano (*Treasury notes* e *Treasury bonds*).

(*) Quimérica. Jogo de palavras que perderia o seu efeito na tradução em português (N.T.).

Desde que a crise eclodiu em 2007, a China adotou uma atitude muito reveladora, que tem surpreendido manifestamente alguns dirigentes ocidentais, porque, não só não foi cooperativa, mas, pelo contrário, foi francamente anticooperativa. De 2008 a 2010, mostrou claramente o seu jogo agressivo a quem soubesse observar: especulação contra as «agencies», interrupção da reavaliação gradual do yuan, recusa em falar do yuan nas sucessivas cimeiras do G20 e descrédito público da política americana.

— Entre março de 2008 (crise do Bear Stearns) e setembro de 2008 (crise do Lehman Brothers), o Estado chinês posiciona-se como vendedor das obrigações «agencies» Fannie Mae e Freddie Mac, com o pretexto de que não obtivera garantia formal do Estado americano em relação a estas obrigações. Esta crise provocada obriga o Estado americano a realizar um resgate imprevisto – a nacionalização destas duas instituições –, no pior momento para ele, porque se exigiria que se dedicasse prioritariamente a neutralizar a amplificação da crise imobiliária e bancária que se perfilava no horizonte. Embora as autoridades americanas tivessem sempre contado com o facto de que a China os ajudaria no caso de crise obrigacionista, é exatamente o contrário que acontece: a China apunhala a economia americana ao acentuar a sua crise obrigacionista.
— Concomitantemente, em julho de 2008, a China interrompe unilateralmente, e perante a surpresa geral, o processo de reavaliação muito gradual do yuan face ao dólar que iniciara três anos antes: é uma nova punhalada dada à economia americana.
— Em novembro de 2008, com a aproximação da primeira cimeira do G20, por iniciativa de Sarkozy, a China subordina a sua participação a uma condição expressa: que a questão do yuan não figure na agenda, de maneira a prolongar o *status quo* da sua taxa de câmbio. Esta reunião teria podido constituir uma ocasião privilegiada, a não perder, para que os países ocidentais censurassem coletivamente a China pela sua enorme responsabilidade na maturação das condições que levaram ao surgimento da crise. Deviam ter exigido, e poderiam ter obtido, se tivessem, nessa altura, exercido uma pressão coletiva, uma reavaliação significativa do yuan. Isso teria neutralizado o principal fator da crise e permitido uma recuperação saudável a curto e a médio prazo das economias ocidentais. Infelizmente, foi uma nova versão de

Munique! Antes mesmo da abertura da cimeira, os dados estavam lançados: a China ganhara. Os dirigentes ocidentais teimaram em ver apenas na China um ator cooperativo da economia mundial... cuja cooperação seria indispensável. O *status quo* exigido e mantido pela China relativamente ao yuan provava, assim, a sua atitude não cooperante, o que punha, desde logo, a cimeira do G20 em xeque.

— Na primavera de 2010, ocorreu um episódio que mostraria ao mesmo tempo a pusilanimidade americana e a arrogância de uma China segura do seu poder. Desde há alguns anos, o secretário do Tesouro tinha dois encontros semestrais programados com o Congresso, a 15 de abril e a 15 de outubro. Se, no fim do relatório feito ao Congresso, uma das suas conclusões fosse que o país «X» manipulava a sua moeda, o Congresso teria o poder de decidir sanções aduaneiras imediatas contra esse país, mesmo que isso pudesse resultar a seguir em sanções da OMC contra os Estados Unidos. Foi por medo de uma tal decisão do Congresso que a China se resignou a deixar que o yuan se valorizasse 21% face ao dólar, entre julho de 2005 e julho de 2008. Contudo, ao interromper o processo de apreciação do yuan, cujo valor era sempre muito inferior ao que deveria ser, os dirigentes chineses estavam um pouco nervosos com a aproximação do prazo de 15 de abril. Isto explica, sem dúvida, a longa chamada telefónica entre Hu Jintao e Obama, a 1 de abril de 2010, relatada pela agência Bloomberg.

O que é que disseram os dois homens? Podemos supor que Hu Jintao brandiu algumas ameaças... O facto é que Timothy Geithner, o atual Secretário do Tesouro, fez a 9 de abril uma viagem relâmpago a Pequim após a qual declarou que renunciava a considerar que a China manipulava a sua moeda. Melhor ainda, anunciava subsequentemente que a reunião com o Congresso fora adiada *ad libitum*. Era a humilhação total! Contudo, os comentadores e os diplomatas ocidentais apressaram-se a sugerir «que houvera um acordo de bastidores para que a China não perdesse a face» e que não deixaria de «retribuir», anunciando um novo movimento de reavaliação do yuan. Estes mesmos «meios bem informados» deixam-nos supor que tal poderia acontecer no dia 1 de maio de 2010, por ocasião da inauguração da Exposição Universal de Xangai, ou no dia 24 de maio, durante a cimeira semestral sino-americana, ou ainda em 26 de junho, durante a cimeira semestral dos chefes de Estado do G20.

O que aconteceu? A 23 de junho, três dias antes do início do G20, no decorrer do qual se devia falar do yuan, a China publicava um comunicado oficial anunciando a sua intenção de «flexibilizar o yuan» imediatamente, o que foi interpretado muito logicamente pelos diplomatas como o anúncio de que a China aceitava finalmente a concessão que se esperava dela sobre o yuan. Nesta base, confiantes na palavra da China, os chefes de Estado do G20 retiraram a 26 de junho a questão do yuan da sua ordem do dia!

Esta confiança não era justificada: a cotação yuan/dólar era de 6,83 em 23 de junho e é 6,8 em 1 de setembro de 2010!

O conjunto destes factos revela, ao mesmo tempo, a arrogância e o cinismo do comportamento da China face à fraqueza e à falta de coragem americanas. Tudo se passa como se a verdadeira intenção da China fosse envolver os países ocidentais numa crise profunda análoga à de 1929. Quando a China se apercebeu de que, conforme à sua estratégia, tal seria possível, deixou a sua prudência anterior para acelerar o movimento que pretende dar aos negócios do mundo. Ao fazê-lo, levantou o véu que dissimulava as suas intenções, deixando transparecer, a quem souber observar, o seu enorme desejo de substituir os Estados Unidos na liderança do mundo. O grande historiador britânico Niall Ferguson[202] não se enganou. O homem que inventou o conceito de «Chinamerica», a ideia de que uma parceria consensual entre a China e os Estados Unidos constituía a base da dinâmica mundial contemporânea, fez marcha-atrás num artigo a 15 de agosto de 2009: a «Chinamerica» era quimérica!

6. Um nó corredio em volta das economias do G7 para as asfixiar

A China mostra os dentes cada vez mais, à medida que o nó corredio económico vai apertando em volta do pescoço das suas vítimas. Fá-lo não somente ao utilizar o crescente poder financeiro que os seus excedentes comerciais colossais lhe proporcionam, mas também ao desenvolver muito rapidamente o seu potencial militar e geoestratégico. A este respeito, podemos citar a formação de uma vasta frota de submarinos nucleares equipados com mísseis atómicos e baseados na ilha de Hainan, a aquisição de portos no Sri Lanka para a sua frota

---

[202] Niall Ferguson, historiador inglês que ensina em Harvard, sendo autor nomeadamente da obra *The Ascent of Money, A Financial History of the World*.

de guerra, o fim da construção de um imenso túnel muito profundo de 5500 quilómetros de comprimento([203]), destinado, entre outras coisas, à «artilharia de retaliação» (uma resposta nuclear contra qualquer agressor), o sucesso da experiência da destruição de um satélite por um míssil([204]) e o desenvolvimento, em curso, de uma nova tecnologia de mísseis terra/mar de longo alcance, que tornariam muito vulneráveis os porta-aviões americanos.

Há algo ainda mais inquietante: uma rede de ciberespionagem chinesa, a GhostNet, que permitiu à China infiltrar-se em muitas organizações e entre os exilados tibetanos partidários do Dalai-Lama, foi atualizada em março de 2009. Um pouco mais tarde, um investigador chinês, Dong Niao, publicou um livro na China no qual apresentava «os conflitos culturais, mediáticos, financeiros e militares que têm lugar no ecrã na luta pela hegemonia virtual» e anunciava ser inevitável um confronto entre a China e o Ocidente([205]). Muito recentemente, graças à divulgação pela WikiLeaks, ficámos a saber que um telegrama da Embaixada americana em Pequim «afirma que o governo chinês coordenou as recentes intrusões nos sistemas do Google [...] estas operações foram dirigidas ao nível do comité permanente do *bureau* político do partido». O jornal *Le Figaro*([206]) precisa que dois dos seus nove membros teriam coordenado a ação: Li Changchun (nº 5 e chefe da propaganda) e Zhou Yongkang, o mais alto responsável em matéria de segurança.

No plano geopolítico, a China recusou reprovar, na primavera de 2010, o seu aliado norte-coreano, que afundara friamente uma fragata da marinha sul-coreana, fazendo 46 mortos. Para além disso, ainda em 2010, ousou reivindicar como «chinês» o mar da China do Sul([207]). Trata-se, evidentemente, de se apropriar das riquezas do subsolo submarino. É também uma primeira iniciativa com o objetivo de obter, mar a mar, a retirada da frota americana de toda a Ásia Oriental (a

---

([203]) Como não pensar, a propósito de uma tal obra, cuja profundidade atinge por vezes os 1000 metros, na grande muralha da China?

([204]) É necessário recordar que se trata de um objetivo que a União Soviética não conseguiu atingir no seu confronto com os Estados Unidos a propósito da «guerra das estrelas».

([205]) Crítica no jornal *Courrier international* (nº 1034, de 26 de agosto a 1 de Setembro de 2010). O título do livro é *Cyberguerre: une breve histoire de la façon dont internet change le monde* [Ciberguerras: Uma Breve História da Maneira como a Internet Muda o Mundo]. As práticas chinesas de *cyber-haking* inquietam cada vez mais os Americanos, como se pode ver com o comunicado conjunto que acabam de assinar com o governo japonês.

([206]) *Le Figaro*, segunda-feira, 6 de dezembro de 2010.

([207]) O mar da China do Sul vai do Sul da China e de Taiwan até à Malásia. O mar banha o Vietname e as Filipinas.

que está situada a leste da península indiana). Trata-se para a China de tornar impraticável toda e qualquer defesa militar de Taiwan pelas marinhas americana e japonesa e, mais geralmente, de provocar a retirada desta vasta região da marinha americana, que é o único contrapeso à marinha e ao exército chineses.

Como se vê, a grande potência que é a China concebeu e implementou, desde há muito tempo, uma estratégia muito coerente visando arrebatar aos Estados Unidos da América a sua hegemonia, o que a leva a desafiar cada vez mais abertamente os Americanos, assim como os seus aliados. É no domínio económico que a agressão chinesa é mais temível.

Tudo se passa como se, ao impor aos países ocidentais, desde finais de 2001, a manutenção de um yuan subavaliado, ao mesmo tempo que acabava de obter da sua parte a renúncia a aplicar qualquer direito aduaneiro sobre os seus produtos, a China colocasse uma corda com um nó corredio em volta do pescoço das economias ocidentais.

Com efeito, o desarmamento aduaneiro em relação ao «made in China», que acabava de ser acrescentado ao privilégio cambial da China, fez surgir sem tardar um excedente comercial considerável na China e, simetricamente, provocou um défice comercial colossal do conjunto dos países do G7[208].

O défice comercial conduz duradouramente a uma forte tendência depressiva nos níveis de atividade e de emprego destes países, cujas economias são pouco a pouco asfixiadas: o nó corredio está cada vez mais apertado.

Nesta imagem, há duas reações possíveis: tentar cortar a corda ou desfazer o nó para sair indemne desta situação perigosa, ou, então, debater-se numa agitação enredadora e vã e acabar estrangulado. Infelizmente, foi a segunda via que foi escolhida em 2001 pelos dirigentes ocidentais com as seguintes ações sucessivas:

– Relançamentos orçamental e imobiliário entre 2001 e 2008.
– Relançamentos orçamentais massivos e simultâneos em 2009 e 2010.
– Restrições orçamentais na Europa desde a primavera de 2010.

---

[208] Considera-se, aqui, os países do G7 no seu conjunto, embora se saiba que, no seio deste grupo, um país como a Alemanha tem uma posição singular.

7. Uma primeira reação: relançamento orçamental e, depois, imobiliário (2001-2008)

Os países do G7, que entraram, em finais de 2000, numa recessão cíclica catalisada pelos excessos da «economia da Internet» e, depois, pelo caso Enron, sentiram dificuldades inabituais para sair desta recessão, que se prolongou, em grande parte, ao longo do ano de 2001.

A partir dos primeiros sinais de recessão, o FED baixara classicamente a sua taxa diretora de 7% para 3%, em finais de 2001. Para assegurar uma retoma significativa, o presidente Bush pusera em prática, no início de 2002, um plano de crescimento orçamental, que fora saudado por todos os economistas keynesianos como audacioso e de importância histórica. Contudo, no início de 2003, a retoma não surgira. Porquê? Porque a descida dos impostos sobre o rendimento e a descida da taxa de poupança das famílias, consequências da primeira vaga da descida da taxa do FED, não foram suficientes para compensar a tendência depressiva resultante do défice comercial extremo do país.

Os dirigentes americanos – os Republicanos com o acordo tácito dos Democratas – decidiram então jogar tudo na carta de uma retoma do imobiliário suficientemente elevada para que a economia americana saísse francamente do buraco onde estava metida. Sem disso terem consciência, ao que parece, procuravam, então, um primeiro remendo para impedir a fuga na economia americana associada ao défice comercial colossal e renovado que o senhor Greenspan repetira no Congresso que não colocaria nenhum problema aos Estados Unidos. Para tal, era necessário atingir um nível jamais visto do rendimento «Treasury» a 10 anos, o que orienta a taxa praticada no crédito imobiliário. À medida que as acumulava, a China, que então desempenhava o papel de «cooperante», pelo menos na aparência, colocava as suas reservas de dólares em «Treasuries» a longo prazo, o que, automaticamente, fazia já recuar muito o rendimento do «Treasury» a 10 anos. Para ir ainda mais longe, as autoridades americanas encarregam o seu braço secular, o FED, de tomar, no início de 2003, outra medida excecional, a de baixar a sua taxa diretora para um novo nível baixo histórico: apenas 1%, quando a subida de preços era de 2,5% ao ano! Em suma, o rendimento a 10 anos acabou igualmente por atingir em 2003 o seu ponto mais baixo, também ele histórico: 3%.

Graças a esta ação e a todos os outros dispositivos (criação em particular dos famosos créditos *subprime*, com os quais o governo e os bancos encorajavam as famílias pobres a aceder ao crédito para aquisição de propriedades imobiliárias), o imobiliário recuperava a toda a velocidade: subida espetacular dos empréstimos imobiliários, das vendas, das construções, subida espetacular do preço da habitação, depois nova subida das vendas, etc. O impacto foi enorme: de meados de 2003 a meados de 2007, o PIB americano, apesar do défice comercial e graças ao imobiliário, conseguiu registar um crescimento de 3,5% ao ano, o que levou de novo o emprego a subir.

Infelizmente, este crescimento era uma realidade hipotecada. Sabe-se o que aconteceu a seguir: crise imobiliária, crise bancária, crise bolsista, franca recessão nos Estados Unidos, enorme desemprego, finanças públicas desestabilizadas em primeiro lugar pela recessão e ainda mais a seguir pela recuperação financeira, considerada incontornável, dos bancos e das casas de títulos, perda de confiança a curto e a médio prazo por parte das famílias([209]), aversão pronunciada das famílias em relação ao endividamento e ao imobiliário.

O relançamento do imobiliário revelou ser, em suma, um exibicionismo lamentável e contraproducente face ao défice comercial, que se mantinha ao nível insuportável de 6% do PIB. Após ter funcionado durante quatro anos (de meados de 2003 a meados de 2007), desencadeou uma tempestade que fez estragos na atividade e no emprego muito superiores à vantagem inicialmente obtida. O nó corredio foi assim apertado pela primeira vez.

8. Uma segunda reação: relançamentos orçamentais massivos e simultâneos (2009-2010)

No fim de 2008, no primeiro aniversário da recessão, os dirigentes dos Estados Unidos e dos seus aliados ocidentais encontram-se numa situação de grande angústia. Acabam de consagrar montantes consideráveis de dinheiro público à salvação dos seus sistemas financeiros, mas sabem que isso não será suficiente para que as suas economias saiam da recessão, porque o nó corredio continua a apertar! Devido à recessão, o défice comercial global da zona G7 ficou um pouco mais reduzido, mas continua a ser colossal. Em julho de 2008, a China permitiu-se interromper deliberadamente a apreciação muito lenta do yuan, que prevalecia desde julho de 2005. Em outubro de 2008, os países do G7 cometem o enorme erro de admitir que a questão do yuan, apesar de

---

([209]) Em 2008 e 2009, regista-se uma formidável descida da natalidade nos Estados Unidos, superior à que ocorreu na década de 1930.

ser a origem da sua crise, não figura na agenda da primeira cimeira do G20. Uma vez mais, não conseguindo desatar o nó, vão debater-se em vão e apertá-lo um pouco mais.

Levam as taxas dos seus bancos centrais a um novo ponto mínimo, cerca de 0,25% para o conjunto do G7 ([210]). Infelizmente, os bancos não tinham vontade de emprestar, nem as famílias de pedir emprestado. A aplicação desta medida, apesar de extraordinária, mostra-se irrisória e insuficiente. Claramente, após os excessos cometidos, a carta do imobiliário já não se encontra disponível, nem nos Estados Unidos, nem no Reino Unido, nem em Espanha, nem na Irlanda...

Então, em outubro de 2008, entre em cena o famoso acordo do G20, sob os auspícios do FMI: os países do G7 e a China comprometem-se a praticar um relançamento massivo e simultâneo, uma cooperação saudada erradamente como «exemplar» por muitos comentadores ocidentais.

— Poderemos falar de cooperação por parte da China? Verdadeiramente, não. A China foi, de facto, obrigada a lançar um plano de crescimento orçamental massivo, desde que fixou como objetivo, para perfazer a sua estabilidade social interna, manter o crescimento do seu PIB a um ritmo superior a 10% ao ano, apesar do recuo momentâneo das suas exportações. Isto, por outro lado, não constituía um problema para a China, porque a sua dívida pública era de apenas 20% do seu PIB. Se a China tivesse querido ajudar verdadeiramente os países do G7, teria consentido imediatamente uma apreciação muito significativa do yuan, o que sempre recusou fazer.

— Seria esta uma política inteligente por parte dos países ocidentais? Não! Uma vez que renunciavam a desfazer-se do nó corredio, ou seja, a tratar o parâmetro central da sua adversidade, a manutenção do yuan a um nível muito baixo pelo Estado chinês, os países ocidentais apenas podiam embarcar numa nova política patética. É assim que teremos de caracterizar uma política que faz uso de enormes défices orçamentais (cerca de 10% do seu PIB, em 2009 e 2010, nos Estados Unidos e no Reino Unido), quando o nível inicial das dívidas públicas nacionais era já extremamente elevado em proporção do respetivo PIB.

([210]) Há diferenças conforme os países, contudo, o nível atingido é o mais baixo que era tecnicamente possível atingir.

O inevitável aconteceu. No fim de 2009 e no início de 2010, o assunto do não reembolso das dívidas públicas ocidentais acabou por surgir nos mercados. Sobre este ponto torna-se necessária uma explicação.

Não é porque a dívida pública nunca é paga (as obrigações soberanas são, na maioria das vezes, reembolsadas graças à emissão de novas obrigações) que é necessário deduzir que os credores se desinteressariam da *possibilidade de serem pagas* as divinas soberanas que financiam. Eles conhecem demasiado bem o mecanismo: a partir do momento em que a dívida pública de um país parece a alguns dos seus credores que já não pode ser paga, poderá surgir rapidamente o pânico. A retirada precipitada dos primeiros credores faz logo baixar brutalmente, e, por vezes, definitivamente, o valor de liquidação das obrigações soberanas, ocasionando perdas importantes aos últimos credores a reagir.

É este tremendo mecanismo que pode deixar muito nervosos os titulares de dívidas soberanas quando, como foi o caso em final de 2009/início de 2010, pensam que um certo número de países está a perder o controlo do montante da sua dívida.

Quando a fatura dos relançamentos orçamentais, somada à da salvação dos sistemas financeiros, veio, como era previsível, pesar nas finanças públicas da maioria dos países ocidentais, a reação de pânico que acabámos de mencionar começou a engrenar.

Naturalmente, foram os países mais vulneráveis os primeiros a perder a confiança dos credores: as dívidas soberanas da Grécia, mas também da Espanha, de Portugal e da Irlanda foram objeto de um ataque em forma, porque as suas finanças públicas tinham ultrapassado claramente a linha vermelha.

Na segunda linha, outros países, como a Itália, a Bélgica, a França e o Reino Unido, descobriram com pavor que a sua própria dívida estava na eminência de ser atacada nos mercados, em parte por um mecanismo de contágio, em parte porque as suas finanças públicas estavam degradadas com o exercício de retoma massivo e simultâneo, quando já antes não se apresentavam em estado brilhante.

Finalmente, na terceira linha, os Estados Unidos e mesmo a Alemanha partilham uma inquietação difusa: as suas finanças públicas não são muito mais brilhantes do que a dos países da segunda linha. O que protege a posição da sua dívida soberana é o facto de serem ainda considerados pelos mercados como «rochas centrais»: os que apenas cairão se os Estados da primeira e da segunda linha caírem primeiro.

Ora, precisamente, os quatro países da primeira linha, sem saberem, acabaram por ultrapassar a linha vermelha a partir da qual os investidores ficam com medo. Estes, efetivamente, ficaram com medo mesmo antes de a China vir catalisar os seus receios.

É necessário perceber que estamos num contexto muito diferente do tempo da crise mexicana, que está definitivamente ultrapassado. Quando, em 1994, o México «apagara» a sua dívida pública, porque já não podia pedir mais emprestado para pagar os juros devidos por ela, foi então encontrada pelo FMI uma saída amigável e cooperante: o México comprometia-se a reservar uma parte dos seus rendimentos petrolíferos para os pagamentos futuros da dívida, enquanto os credores, que eram essencialmente alguns bancos comerciais ocidentais, faziam algumas concessões e, de facto, admitiam, em detrimento dos seus balanços, que o Estado mexicano não a pagaria na totalidade.

Por que razão está esta época ultrapassada? Por um lado, porque, do lado ocidental, os credores já não são unicamente alguns grandes bancos comerciais, mas aumentaram em número e diversificaram-se. Por outro lado, sobretudo, porque o primeiro dos credores internacionais das dívidas públicas ocidentais, e muito acima dos demais, outro não é senão o próprio Estado chinês: em finais de abril de 2010, este detinha 850 milhares de milhões de dólares da dívida pública americana e 630 milhares de milhões de euros da dívida pública dos países da Zona Euro. Pode prever-se, assim, a posição de força do Estado Chinês quando houvesse necessidade de discutir o que fazer perante a dívida pública de um Estado ocidental em dificuldade: não iria fazer qualquer concessão gratuitamente. As únicas concessões que admitiria fazer teriam por contrapartida a apropriação por parte da China de alguns ativos estratégicos pertencentes ao Estado devedor em dificuldade.

Na verdade, quanto mais a crise das finanças públicas se agrava mais progride a estratégia da China, que, recordemos, procura impor uma crise sistémica aos países ocidentais, o que lhe permitirá torná-los seus vassalos sem ter sequer de travar uma batalha com eles. Seria, portanto, incoerente para o Estado chinês credor mostrar-se cooperante e aceitar facilmente um quadro de negociações amigáveis.

Em suma, o relançamento orçamental simultâneo de todos os países ocidentais revelou-se impraticável e abortou antes mesmo de ter desencadeado a retoma significativa que se procurava alcançar. Pior ainda, ao querer de qualquer modo jogar uma carta que não podiam verdadeiramente utilizar, os dirigentes ocidentais, sem nenhum sentido de oportunidade, deram início a uma crise de confiança embrionária na assinatura dos Estados ocidentais por parte de outros credores internacionais que não a China: alguns países da Ásia, os países do Golfo, a Rússia. Esta crise de confiança não vai desaparecer com facilidade. Por isso, uma segunda vez, o nó corredio, em vez de se desatar, vai-se, pelo contrário, apertando cada vez mais!

9. Terceira reação: restrições orçamentais na Europa, fuga para a frente nos Estados Unidos (2010)

Perante a tomada de consciência da vulnerabilidade das obrigações soberanas que emitem, vulnerabilidade reforçada pela hostilidade secreta do principal credor, o Estado chinês, vimos, no segundo semestre de 2010, os países ocidentais a dividir-se entre duas opções: na Europa, restrições orçamentais extremas, nos Estados Unidos, um laxismo monetário e orçamental muito aventureiro.

a) *A Europa*

Na Europa, devido à crise de confiança que os atinge sucessivamente, alguns países, nomeadamente da Europa do Sul, foram obrigados a anunciar e a implementar planos de restrições orçamentais extremas. O Reino Unido surpreendeu ao adotar um plano de restrições orçamentais ainda mais duro do que o da senhora Thatcher, na década de 1980. Claramente, este país prefere assumir o risco de uma nova recessão a envolver o seu mercado obrigacionista numa crise de confiança.

A própria Alemanha, para surpresa geral, considerou que estava obrigada a anunciar medidas muito significativas de restrição orçamental pelo menos por duas razões: em primeiro lugar, porque a população alemã é reticente a défices orçamentais muito elevados, por causa das más recordações históricas que tem[211]. Os seus dirigentes, por outro lado, temem, em última análise, que a Grécia não consiga pagar parte da sua dívida, o que infligiria perdas consideráveis aos bancos e ao Estado alemães, preferindo, assim, não sobrecarregar inoportunamente as finanças públicas, que são já medíocres.

Há um sinal de desespero que não engana: sob a pressão do mercado obrigacionista, a Alemanha diminui os seus efetivos militares, ao passo

---

[211] A população alemã conserva, sem dúvida, algumas memórias difusas, mas amargas, de ter perdido por duas vezes as suas poupanças monetárias e financeiras, em consequência de um aumento excessivo da dívida pública, a que se seguiu uma crise declarada da confiança na assinatura do Estado alemão: após a primeira guerra mundial, com a inflação galopante, e, em 1946, com a conversão forçada das notas na base de quatro marcos antigos por um marco novo.

que a França diminui os seus efetivos policiais! Como se vê, a desestabilização económica começa a ter repercussões nos domínios essenciais que são a segurança externa e interna, o que satisfaz os objetivos da política maquiavélica que consideramos ser a do PCC.

A França singulariza-se ao adiar para mais tarde uma redução orçamental significativa, quando o seu défice público já atinge 8% do seu PIB, em 2010. Na verdade, a França concentrou-se, em 2010, na restruturação do seu sistema de reformas dos trabalhadores. Pensou que não podia acrescentar um plano de redução orçamental importante, porque o clima social não lho permitia e porque a sua economia não o teria suportado. Encontra-se, portanto, na situação oposta do Reino Unido. O adiamento das restrições orçamentais tem, porém, como contrapartida tornar o seu mercado obrigacionista mais vulnerável.

Em suma, na Europa, a grande opção que foi tomada consiste em recuperar brutalmente as finanças públicas, enquanto as economias continuam convalescentes. A Europa, para ter a confiança dos credores obrigacionistas, entre os quais o Estado chinês, expõe-se, assim, a uma possível recessão em 2011 e 2012.

b) *Os Estados Unidos*

Após o plano de relançamento orçamental, no início de 2009[212], com a módica quantia de 787 milhares de milhões de dólares, os Estados Unidos da América tomaram, no fim de 2010, uma outra opção que foi a das restrições orçamentais: a «fuga para a frente» ao mesmo tempo monetária e orçamental. Após o triunfo do *Tea Party* e do Partido Republicano na eleição *«mid-term»* de novembro de 2010, a Administração Obama fez um pacto com o Partido Republicano: as baixas do imposto sobre o rendimento decididas pela Administração Bush a título provisório (2003-2010) são prolongadas por mais dois anos (2011 e 2012), ao mesmo tempo que é aprovada uma baixa de impostos sobre os salários durante 13 meses (de facto, para 2011; o seu custo é de 120 milhares de milhões de dólares). Por outro lado, o elemento

---

[212] Em 2009, quando o Governo federal se empenha no relançamento, os Estados federais, por seu lado, veem-se obrigados, sem esperar, a restrições orçamentais nunca vistas. Na verdade, a legislação impede-os de se tornarem devedores. Ora, como as suas receitas fiscais caíram com a crise, tornaram-se devedores e, depois, lutaram interminavelmente para deixar de o ser. A Califórnia, por exemplo, suprimiu milhares de postos de trabalho de professores, enfermeiros, bombeiros, polícias... Foi mesmo obrigada, por causa da economia, a fechar prisões inteiras, libertando prisioneiros antes de cumpridas as penas e enviando os guardas de prisão para o desemprego.

mais importante é que não há nenhuma redução da despesa pública. Pelo contrário, os subsídios de desemprego excecionalmente concedidos aos desempregados de longa duração são prolongados até ao fim de 2011. Em suma, o défice público acabaria por se manter em 2011 e 2012 a um nível muito próximo dos 10% do PIB, o que já era o seu nível desde 2008! Tal audácia orçamental torna muito vulnerável o mercado obrigacionista do Estado americano, sobretudo quando se sabe que o Estado chinês detém títulos públicos norte-americanos no valor de 850 milhares de milhões de dólares. Para evitar o risco de uma crise no mercado obrigacionista, o FED anunciou um dispositivo excecional, chamado «*quantitative easing*»: está pronto a adquirir pelo menos 600 milhares de milhões de dólares de títulos públicos durante oito meses. Não há dúvida de que as três agências americanas de *rating* vão ficar, agora, muito embaraçadas se quiserem manter a nota AAA que ainda dão ao Estado americano.

Como se vê, os Estados Unidos privilegiam manter a retoma, limitando os riscos incidentes no mercado obrigacionista, ao recorrerem de forma excessiva ao estatuto do dólar como moeda de reserva. Os Estados Unidos tomaram, assim, a opção deliberada de uma fuga para a frente em matéria monetária e orçamental. A utilização excessiva do importante privilégio que tem o dólar de ser moeda de reserva faz com que ele corra o risco de ser posto em causa.

*
* *

Uma terceira vez, o nó corredio vai apertar ainda mais porque não quiseram desfazê-lo. A Europa expõe-se a uma nova recessão, ao mesmo tempo que sofre uma crise monetária grave. Os Estados Unidos expõem-se a uma grande crise de confiança no dólar, que se traduziria em novas subidas do ouro e pelo facto de que deixaria de ser moeda de faturação e de pagamento do petróleo e de outras matérias-primas.

A imagem do nó corredio que asfixia cada vez mais os países do G7 deve fazê-los compreender que chegou o momento de romperem com a denegação da situação real em que se encontram. A não ser que aceitem antecipadamente a derrota face à China e a escravização, é preciso que compreendam que se torna necessário o confronto com a China no domínio do comércio externo, e quanto mais cedo melhor!

Capítulo 8

O confronto torna-se agora generalizado

DURANTE A CRISE, o comportamento da China não ajudou de maneira nenhuma os Estados Unidos, antes pelo contrário, embora alguns analistas pensassem ingenuamente que era do seu interesse, uma vez que, segundo eles, a saúde da economia chinesa depende estreitamente do nível das suas exportações para os Estados Unidos. Não só a China não cooperou com os Estados Unidos, mas agiu no sentido de os mergulhar um pouco mais em dificuldades. Isso é revelador dos objetivos da China a longo prazo e da estratégia que implementa para os atingir. Em síntese, podemos dizer que os objetivos económicos chineses estão subordinados ao seu objetivo político de hegemonia mundial. A estratégia da China é extremamente coerente: combina objetivos e meios económicos e aquilo a que poderíamos chamar objetivos e meios geopolíticos.

No que diz respeito aos objetivos puramente económicos, há essencialmente dois, mas são particularmente importantes: por um lado, aprofundar a diferença de crescimento entre os países do G7 e a China, graças ao comércio externo; por outro lado, «destituir» o dólar e assegurar que, em 2025, Xangai possa substituir Londres e Nova Iorque e tornar-se o único grande centro das finanças mundiais, com o yuan a substituir o dólar como moeda do mundo.

Os objetivos e os meios geopolíticos que completam este dispositivo, e que são indispensáveis, têm, na maioria das vezes, um carácter «misto»: ao mesmo tempo económico, político, militar e ideológico.

Assim, analisaremos sucessivamente o sistema de alianças que a China se esforça por instalar, a assunção do controlo de matérias-primas em todo o mundo, a assunção do controlo de grandes sociedades estratégicas ocidentais, a utilização seletiva das importações para fins políticos, a criação de uma ferramenta militar «sem equivalente», a utilização de fluxos migratórios para criar colónias chinesas no estrangeiro (nomeadamente nos países limítrofes da China) e, finalmente, ações que favoreçam a difusão através do mundo de imagens positivas do «modelo» de desenvolvimento da China.

1. Os objetivos e meios económicos

Tivemos ocasião de ver que a estratégia da China era, em grande medida, construída em torno da prática de uma moeda fortemente subavaliada, permitindo-lhe realizar excedentes comerciais consideráveis e aprofundar, assim, uma diferença de crescimento, não menos considerável, entre ela e os países do G7.

Dizia-nos o nosso mestre Maurice Allais: «Só há dois tipos de economia: a economia monetária e a economia militar». Sem nada negligenciar no domínio militar, a China conduz uma guerra económica que é, em primeiro lugar, monetária; o seu objetivo de hegemonia impede-a de se acomodar ao papel atual do dólar. A queda desta moeda é, portanto, uma prioridade para a China.

a) *Aprofundar a diferença de crescimento entre a China e o G7 graças ao comércio externo*

O primeiro objetivo da China, na medida em que pretende obter, a prazo, a hegemonia mundial, é certamente fazer com que a diferença entre a taxa de crescimento do seu produto interno bruto (PIB), por um lado, e a dos Estados Unidos da América e a dos outros países do G7, por outro, seja a mais elevada possível. Todos os especialistas de geopolítica concordam neste ponto: as relações de poder andam a par das relações de riqueza. Ainda que o PIB seja apenas uma medida imperfeita da riqueza, uma diferença importante entre a taxa de crescimento de dois PIB leva inevitavelmente, a longo prazo, a uma grande diferença de riqueza. Essa é a razão pela qual a China pretende, não só que a taxa de crescimento do seu PIB seja elevada, mas também que a do G7 seja baixa.

Evidentemente, o crescimento «absoluto» tem a sua importância. Um crescimento forte estimula, de facto, a prosperidade geral, o dinamismo das empresas, a pesquisa tecnológica, os investimentos produtivos. Através do crescimento do emprego, permite a estabilidade e a coesão social e política. Assegura, por outro lado, uma evolução favorável das receitas fiscais, o que limita igualmente o endividamento público. Permite uma evolução favorável da estrutura do seu mercado interno e da dimensão e do poder das suas empresas, nomeadamente no estrangeiro. Finalmente, permite encarar objetivos ambiciosos no plano dos programas militares.

Contudo, para um país que aspira à hegemonia mundial, o que é mais importante é o crescimento «relativo», o que é expresso pela diferença entre as taxas de crescimento[213]: quando esta diferença se mantém permanentemente elevada, induz uma mudança radical na relação de poder. A estratégia dos excedentes comerciais com os Estados Unidos é, assim, duplamente eficaz para a China: por um lado, permite-lhe obter, a longo prazo, uma taxa de crescimento elevada, por outro, devido aos défices comerciais que impõe aos Estados Unidos, obriga este país a um crescimento débil e cada vez mais desequilibrado. Em suma, a estratégia mercantilista do protecionismo monetário que a China implementa conduz, deste modo, a uma alteração da relação de poder a seu favor e em detrimento dos Estados Unidos. Mas não é tudo: a enorme diferença entre os crescimentos económicos significa também a desindustrialização e a subida do desemprego nos países desenvolvidos e a sua dependência cada vez mais notória face à China para todos os seus aprovisionamentos em produtos manufaturados[214]. A prazo, isto poderá significar um movimento de despovoamento dos países ocidentais, ou seja, um cenário de «catástrofe» para os países desenvolvidos.

b) *Acabar com o papel do dólar*

A questão do dólar está também no centro da estratégia da China, que quer que lhe seja retirado o estatuto de moeda de reserva, tendo por meta o horizonte de 2025, quando Xangai se tornaria o centro da

---

[213] Se r é a taxa de crescimento do PIB da China e r a dos Estados Unidos, então a relação «PIB China / PIB EUA» cresce a uma taxa igual a *[(1+ r) / (1+ r')] - 1*, o que é pouco diferente de r-r'. No presente caso, se r=10% e r'=2%, resulta daí que r-r'=8%. A este ritmo, a relação dos PIB duplica em dez anos.

[214] Sabe-se, por exemplo, que a China produz na ordem de 80% ou mesmo mais de todos os brinquedos fabricados no mundo. Há melhor: agora, a sociedade Apple fabrica a totalidade dos seus produtos na China.

finança mundial e o yuan a moeda do mundo. No entanto, o dólar([215]) mantém ainda, por agora, a sua posição, o que é devido em grande medida ao facto de o comércio do petróleo se continuar a efetuar em dólares([216]).

Enquanto o dólar continuar a ser a moeda de reserva do mundo, os Estados Unidos não terão problemas de financiamento externo. O seu défice externo autofinancia-se: os dólares que saem dos Estados Unidos por causa do défice comercial acumulam-se como reservas de divisas no ativo dos bancos centrais estrangeiros. O défice externo financia-se, portanto, facilmente, a muito bom preço! Ainda melhor: uma vez que o financiamento do comércio externo não levanta problemas, os Estados Unidos podem permitir-se, apesar dos seus enormes défices, ter um crescimento do seu PIB quase honroso graças à enorme estimulação orçamental e financeira. Se, no entanto, o dólar perdesse o seu estatuto de moeda de reserva, as coisas complicar-se-iam na condução da economia americana. Neste caso, a restrição externa não poderia deixar de se fazer sentir. Deste modo, o crescimento do país seria profundamente afetado. De igual modo, a partir do momento em que já não tivesse a garantia de um financiamento externo abundante e barato, o nível das despesas militares tornar-se-ia fortemente dependente das receitas fiscais, receitas que estão muito mal encaminhadas desde que o crescimento americano se tornou muito problemático. No fim de contas, tudo concorre para que a capacidade militar dos Estados Unidos seja significativamente enfraquecida se o dólar perder o seu estatuto privilegiado. Não será inútil recordar aqui um facto histórico: a América do presidente Reagan, para impor uma derrota clara à URSS de Brejnev, desenvolveu um programa extremamente caro chamado «guerra das estrelas». Este programa foi financiado em grande parte por uma emissão massiva de dólares, que se foram acumular nos ativos dos bancos centrais estrangeiros, nomeadamente dos países do Golfo, que aceitaram então conservá-los passivamente([217]). A China, visivelmente, aprendeu esta lição: quer retirar aos Estados Unidos o seu grande pri-

---

([215]) Alguns objetarão que há outras moedas de reserva presentes nos balanços dos bancos centrais (o euro, o iene, a libra esterlina, o franco suíço, o ouro, os DSE). Contudo, todas estas moedas somadas representam nestas reservas um lugar menos importante do que o ocupado pelo dólar.

([216]) As transações comerciais relacionadas com o petróleo têm um montante diário de cinco milhares de milhões de dólares.

([217]) Os países do Golfo, por instigação dos Americanos, fizeram mesmo muito melhor: aceitaram organizar um contrachoque petrolífero, uma descida muito forte do preço do petróleo. Numa entrevista recente na France 2 com o senhor Védrine, Gorbachev mencionou a eficácia da asfixia económica organizada pelos EUA: com as receitas petrolíferas no mínimo, deu-se o esgotamento das reservas de divisas e de ouro da URSS.

vilégio, que contribuiu para a vitória sobre uma URSS financeiramente incapaz de assumir despesas militares comparáveis.

A questão do dólar como moeda de reserva é, assim, uma questão geopolítica. Os Chineses compreenderam-na muito bem, pelo que, no início de 2009, iniciaram uma campanha de difamação da política americana[218], dos *Treasuries* e do dólar. Ao mesmo tempo que mantém solidamente bloqueada a cotação yuan/dólar em 6,83, esta campanha teve como consequência fazer baixar o dólar face às outras moedas[219], principalmente face ao euro, fazer subir a cotação do ouro[220], organizar uma subida prematura e não desejável dos rendimentos dos *Treasuries* a longo prazo (10 a 30 anos) e, sobretudo, talvez o mais grave, organizar uma subida do preço do petróleo expresso em dólares[221], o que constitui um grande obstáculo para o crescimento da economia americana, uma dificuldade mais para que os Estados Unidos possam retomar um crescimento significativo.

A China está, assim, em vias de atingir um dos seus objetivos: colocar o dólar à beira de uma crise de confiança internacional, de maneira a obrigar os dirigentes americanos a restringir mais rapidamente do que seria previsto a sua política orçamental e a sua política monetária, de tal modo que o ritmo de crescimento da economia americana seja ainda mais lento. Se, em vez de se fixar a médio prazo em 2 ou 3% ao ano, o crescimento fosse de apenas 1%, aprofundar-se-ia consideravelmente a diferença de crescimento entre a China e os EUA, da ordem dos 9 pontos percentuais e, sobretudo, tal implicaria para os Estados Unidos dificuldades consideráveis: subida acelerada do desemprego e diminuição da coesão social, descida das receitas fiscais e dificuldades orçamentais acrescidas.

---

[218] O facto de criticar a política americana é muito hábil: dizer que os Estados Unidos «gastam demasiado» e que devem voltar a descobrir as virtudes da poupança para recuperar o nível do seu comércio externo é o mesmo que, de alguma maneira, fazer passar a bola da crise para os Estados Unidos... ainda que esta resulte, como já vimos, da enorme subavaliação da moeda chinesa.

[219] Secundariamente, observar-se-á que o facto de fazer baixar o dólar face às outras moedas, enquanto mantém fixa a paridade dólar/yuan, é o mesmo, muito simplesmente, que fazer baixar ainda mais o yuan em relação às outras moedas, aumentando assim muito mais os desequilíbrios comerciais no mundo... em benefício da China.

[220] Uma vez iniciado o movimento de subida do ouro, ele mantém-se a si mesmo. Assim, o banco central da Índia chegou a ser comprador, a 1045 dólares americanos a onça, de duzentas toneladas que o FMI colocou à venda. A cotação da onça de ouro subiu, então, imediatamente em cerca de cinquenta dólares.

[221] Os pagamentos relativos ao petróleo fazem-se em dólares. Contudo, os contratos de venda são agora redigidos em função de um conjunto de moedas. Uma descida do dólar em relação às outras moedas significa, portanto, um aumento do preço a pagar em dólares.

Há outro objetivo da China que ela está talvez prestes a atingir: fazer com que o dólar perca o seu estatuto de moeda de reserva. Seria suficiente que os bancos centrais de todo o mundo fizessem como o da China e substituíssem progressivamente os seus dólares por ouro, pelo euro e por DSE(*). Foi, aliás, o que acabaram de fazer, no início de novembro de 2009, os bancos centrais do Canadá e da Índia, o primeiro vendendo dólares por euros, o segundo por ouro.

O método que a China desenvolve para atingir os seus fins combina declarações destinadas aos mercados e organizadas segundo uma retórica de difamação da política americana, e ações no mercado de câmbios que visam simultaneamente impedir o yuan de se valorizar e enfraquecer o dólar face às outras moedas. Para isso, basta que a China compre mais euros e menos dólares do que antes. Ao fazê-lo, a China influencia fortemente os *traders* do *forex*, que, regra geral, têm comportamentos acarneirados: se constatam que a retórica chinesa de descida inevitável do dólar face ao euro é acompanhada efetivamente de um forte movimento baixista do dólar face ao euro, deduzirão que a China se tornou muito influente, o que é o caso, e eles tomarão medidas no sentido da continuação da descida do dólar face ao euro.

Esta questão da moeda é de importância decisiva: ela condiciona, como se viu, a capacidade que os Estados Unidos terão, ou não, de continuar programas militares ambiciosos suscetíveis de lhes permitir conservar o avanço que ainda têm neste domínio, sabendo, por outro lado, que a China se lançou decididamente na corrida aos armamentos[222].

O golpe de misericórdia ao dólar, que lhe retiraria definitivamente o seu privilégio, poderia vir do Médio Oriente. Na verdade, encontram-se aqui os mercados petrolíferos mais importantes. Ainda que os contratos sejam estabelecidos com base num conjunto de moedas, os pagamentos ainda se fazem em dólares. Seria suficiente que tal deixasse de acontecer para que terminasse o privilégio do dólar. Segundo um jornal britânico (*The Independent*, de 6 de outubro de 2009), citando fontes bancárias árabes e chinesas, tiveram lugar «reuniões secretas» ao «nível dos ministros das finanças e dos governadores dos bancos centrais da Rússia, da China, do Japão e do Brasil» sobre a comercialização do petróleo: «Os seis países do Conselho de Cooperação do Golfo (Arábia Saudita,

---

(*) DSE: direitos de saque especiais, activo financeiro internacional criado e administrado pelo FMI, em 1970, sendo utilizado a par do ouro e do dólar, pelos bancos centrais, para saldar as balanças de pagamentos. (N.T.)

[222] A China tem um programa espacial, essencialmente militar, muito importante do tipo «guerra das estrelas» com capacidade de destruir satélites. No domínio da marinha tem um importantíssimo programa de construção de submarinos nucleares.

Bahrein, Kuwait, Qatar, Omã e Emiratos Árabes Unidos) encarariam, com a China, Rússia, Japão e França[223] a substituição da divisa americana por um conjunto de moedas que incluiria o iene, o yuan chinês, o euro, o ouro e a futura (e hipotética) moeda comum do Golfo. O dispositivo não seria implementado antes de 2018 e o ouro serviria de "moeda" de transição durante os próximos dez anos»[224]. É claro que a França, assim como responsáveis do Kuwait, da Arábia Saudita e da Rússia desmentiram este propósito. Contudo, como diz o provérbio, não há fumo sem fogo: é muito provável que tivesse havido contactos, discussões, encontros... instigados pela China. Esta tem todo o interesse em que seja criada uma nova moeda no Médio Oriente[225] e que as transações se façam agora em ouro: a sua estratégia consiste, claramente, na substituição do dólar... o mais depressa possível. Levantamos, aqui, a hipótese de que a perspetiva de pagamentos num conjunto de moedas, dentro de dez anos, é apenas um engodo: neste prazo, a China espera bem que seja então a sua moeda, o yuan, a ser utilizada para as matérias-primas! A partida de póquer apenas começou e anuncia-se apaixonante.

Atualmente, os Estados Unidos parecem presos numa espécie de armadilha. Se decidirem opor-se à crise latente do dólar e, por isso, endurecer a sua política monetária, o ritmo do seu crescimento dificilmente poderá ultrapassar 1% ao ano, o que é catastrófico, mas em troca salvarão, pelo menos provisoriamente, o privilégio do dólar. Se seguirem os conselhos de economistas «circuitistas» como James Kenneth Galbraith[226], não se opondo à crise do dólar e continuando a emitir moeda com as medidas de *quantitative easing*, falar-se-á de uma crise do dólar que poderia tornar-se, já não latente, mas aberta. Neste cenário, os países do Golfo acabariam por abandonar a zona dólar, o qual perderia o seu estatuto especial, de maneira que os Estados Unidos seriam obrigados a limitar o seu défice externo com um ajustamento interno que suporia fortes restrições monetárias. Neste caso, uma vez mais, o seu crescimento nunca ultrapassaria 1% ao ano.

Tanto num caso como no outro, o crescimento americano está destinado a uma grande debilidade; no primeiro caso, no entanto, o dólar

---

[223] Não é seguro que a França e o Japão tenham participado neste género de reuniões. Por outro lado, isso é muito provável no caso do Brasil.
[224] Artigo de J. M. Bezat e C. Prudhomme, jornal *Le Monde*, de 8 de outubro de 2009.
[225] Só a perspetiva de criar a prazo esta nova moeda poderia provavelmente incitar os dirigentes dos países do Golfo a abandonar o dólar em benefício do ouro. Por agora, as suas ligações com os Estados Unidos ainda são sólidas – embora sejam fragilizadas pelo comportamento do Estado de Israel – e não estão preparados para ter uma confiança cega na China, tendo em conta, nomeadamente, a maneira como ela governa a sua província turcófona e muçulmana de Xinkiang.
[226] Ver a entrevista de James Kenneth Galbraith ao jornal *Le Monde*, de 13 de outubro de 2009.

conserva o seu estatuto, mas perde-o no segundo. É uma fraca consolação face à continuação da subida do desemprego... Estas duas vias não têm saída e conduzem a um mesmo impasse. Na verdade, é absolutamente necessário sair do dilema imaginado anteriormente, o que supõe colocar radicalmente em questão as condições atuais do comércio internacional.

2. Os objetivos e meios «geopolíticos»

A China afirma-se já como uma grande potência. Organiza, portanto, as suas ações de acordo com uma visão planetária, o que lhe permite reforçar o seu poder. As alianças e parcerias políticas, económicas e militares são diferenciadas e extremamente bem articuladas. É, muito simplesmente, a programação do fim da civilização europeia.

a) *O sistema de alianças*

O estabelecimento de uma hegemonia mundial não pode apoiar-se unicamente em meios económicos: é necessário acrescentar os políticos e mesmo os ideológicos. A este respeito, vimos anteriormente como a ideologia terceiro-mundista do desenvolvimento podia contribuir para legitimar as ações internacionais da China, que se posiciona, tanto quanto pode, como chefe de fila e defensora dos países emergentes e dos países pobres. A China estabelece também, em todo o mundo, alianças, acordos, «convergências», parcerias, etc., cuja finalidade parece política, económica ou ainda militar, ou então, por vezes, política, económica e militar ao mesmo tempo.

Constrói, assim, o seu próprio sistema de alianças, da mesma maneira que os Estados Unidos, no fim da segunda guerra mundial, constituíram uma rede de países aliados através do mundo, cimentada por alianças militares, alianças políticas e relações económicas.

Esta questão das alianças é particularmente importante[227]. Neste aspeto, os Chineses aprenderam perfeitamente as lições da História: ao mesmo tempo que se esforçam por constituir uma rede das suas próprias

---

[227] Para ilustrar a importância da questão das alianças, o exemplo da Grã-Bretanha é particularmente esclarecedor. No fim do século XIX, este país vê a sua indústria ser ultrapassada pelas indústrias dos Estados Unidos da América e da Alemanha, cujas populações são muito superiores à sua. Apesar do Império, que é imenso, os dirigentes britânicos sentem bem que não têm os meios para assumir sozinhos um papel dominante no mundo. A aliança com a França, selada com a *entente cordiale* de 1904,

alianças, nomeadamente através de meios económicos, minam progressivamente os fundamentos do sistema de alianças dos Estados Unidos e da Europa. Deste ponto de vista, os seus principais objetivos([228]), como se viu, são o estabelecimento de profundas divergências entre a Europa e a América, a neutralização progressiva do Japão (e a recuperação de Taiwan, que lhe está associada) e a saída por parte dos países do Golfo da zona dólar. Esta estratégia ganha apoio com a aliança com a Rússia, atualmente fundamental para a China.

Desde que os dois países solucionaram, há pouco tempo, pelo menos formalmente, o contencioso que os opunha acerca de algumas ilhas do rio Amur([229]), dedicaram-se a reforçar a parceria iniciada em 1996([230]). Assim, a Rússia exporta petróleo, armamento, nomeadamente aviões de combate Soukhoi, e tecnologia. Em troca, apoia as iniciativas da China no domínio internacional e aceita a emigração de um número crescente de cidadãos chineses para o seu território, o que a prazo lhe poderá colocar sérios problemas, particularmente nas províncias do Extremo Oriente e da Sibéria Oriental.

A estratégia diplomática chinesa é claramente orientada, em primeiro lugar, para os países da Ásia, depois para os do Médio Oriente e da América Latina([231]) e, finalmente, para os de África. Isto corresponde muito exatamente, o que não é um acaso, à orientação que o banco HSBC entende seguir no plano económico, tal como a definiram os seus dirigentes no momento em que anunciaram a transferência da sua direção para Hong Kong. Trata-se, de facto, de uma estratégia mundial: se retirarmos a Ásia, o Médio Oriente, a América Latina e a África, o que restará? No essencial, a Europa, os Estados Unidos, o Canadá e a Austrália: os países «ricos», que é necessário abater! São os

---

permitiu ao velho leão britânico prolongar ainda por algumas décadas o seu reinado, o qual acabará no início de junho de 1940 com a queda do seu principal aliado.

([228]) Isso dá imediatamente as grandes linhas do que seria uma estratégia ocidental coerente, permitindo uma oposição a tal projeto: estreitamento da Aliança Atlântica, estreitamento das ligações com o Japão, defesa do dólar, estreitamento das ligações com o Médio Oriente e, finalmente e sobretudo, uma reaproximação com a Rússia.

([229]) Na sequência deste acordo, deixou de haver, oficialmente, contencioso territorial. Somos, no entanto, um pouco céticos em relação a este ponto. Os territórios do Extremo Oriente foram adquiridos pela Rússia, em 1860, por um tratado que era regularmente qualificado de desigual por parte da China. Em 1962, a China de Mao reivindicava abertamente os territórios com uma superfície de um milhão e meio de quilómetros quadrados. Hoje, são muitas as cartas geográficas editadas na China que mostram uma «grande China» onde se inclui um território russo muito considerável.

([230]) Em 1996, no exato momento em que os Americanos e os Japoneses estreitavam as suas relações militares, de maneira a que as missões atribuídas ao exército japonês pudessem ser notavelmente ampliadas, Jang Zemin e Boris Yeltsin anunciavam um acordo estratégico entre os seus países.

([231]) «A China mostra o caminho», teria declarado Fidel Castro. A China conta com muitos apoios na América Latina, nomeadamente de Hugo Chavez.

países que pertencem ao que poderíamos chamar a «civilização europeia», à qual foram antecipadamente subtraídas a Rússia e a América Latina.

A Aliança russa, muito circunstancial na nossa opinião[232], deve permitir à China levar a cabo a sua estratégia de satelização do conjunto dos países da Ásia. A recuperação de Taiwan, objetivo histórico da China continental, supõe a neutralização do Japão de maneira a que os Americanos, sem apoio suficiente na região, não se encontrem em posição de se opor. Ora, verifica-se que o Japão receia muito, no plano militar, a aliança entre a Rússia e a China; por outro lado, os seus industriais temem justamente as represálias económicas[233] que a China lhe inflige por manter a aliança militar com os Estados Unidos. Isto explica, sem dúvida, que a opinião japonesa tenha passado a favorecer uma política neutralista[234], que a prazo transformaria o Japão num satélite da China. Em troca de uma cooperação económica crescente (desenvolvimento da subcontratação na China por empresários japoneses, compras por parte da China de bens de equipamento japoneses), o Japão exigiria a saída dos Americanos de Okinawa, retirar-se-ia do Afeganistão e, sobretudo, comprometer-se-ia a não participar numa eventual defesa de Taiwan ao lado dos Americanos.

Tal neutralização seria o prelúdio para a recuperação efetiva de Taiwan. Nestas condições, também a Coreia do Sul não demoraria a tornar-se uma espécie de protetorado da China, através de numerosas encomendas de bens de equipamento e algumas garantias face à Coreia do Norte, que impõe medo. É necessário compreender que o regime de Pyongyang é apenas uma marioneta nas mãos da China. Nestas condições, não é de excluir uma reunificação amigável sob a égide da China. Voltaríamos a ter então o esquema da suserania do imperador da China sobre a Coreia!

---

[232] Na nossa opinião, esta aliança é circunstancial para os dois protagonistas. A China nunca renunciará à ideia de recuperar, mais cedo ou mais tarde, os territórios que ela pensa que devem estar colocados sob a sua soberania.

[233] A China inflige permanentemente ao Japão represálias económicas ao limitar o volume das suas importações provenientes deste país. A sua organização totalitária facilita-lhe bem as coisas. Compra, por isso, bens de equipamento à Coreia e à Alemanha, mas relativamente pouco ao Japão.

[234] Até a uma época recente, a vida política do Japão era marcada pela predominância do PLD, o Partido Liberal Democrata. Em consequência do desenvolvimento das ideias neutralistas, o partido dividiu-se em dois. O seu concorrente, o Partido Democrata Popular, com a contribuição de trânsfugas do PLD, conseguiu ganhar as últimas eleições, com base, nomeadamente, num afrouxamento das relações com os Estados Unidos da América. «O período do alinhamento sistemático do Japão com a América está ultrapassado», declarou Kissinger em 16/10/2009 (Kissinger é um dos membros eminentes do lobby Chinês nos EUA).

O Norte e o Oeste da China beneficiam do contacto do aliado russo ou dos seus amigos; a zona Este apenas faz fronteira com países candidatos a tornarem-se satélites da China; só nos resta ver o lado Sul, onde se encontra um país muito importante, a Índia, com o qual a China tem muitos diferendos territoriais.

A China faz um verdadeiro «cerco» à Índia. Este país tem um grave diferendo territorial com o Paquistão, país amigo da China, nas montanhas de Caxemira, próximo de Srinagar, onde tiveram lugar graves confrontos. Não longe dali, também em Jammu-Caxemira, a China ocupa um território indiano tomado no final de uma intervenção militar. A leste da Índia, no elevado vale do Bramaputra, a China reivindica um território indiano muito vasto, o Arunachal Pradesh, e censura a Índia pelas deslocações oficiais que alguns ministros efetuam a esta região!

Por outro lado, podemos acrescentar que o Paquistão concedeu à marinha chinesa o direito de fazer escala nos seus portos, que a China financia em segredo uma guerrilha «maoísta» no Nepal com o objetivo de fazer deste país um satélite, que mantém as melhores relações com a sinistra junta no poder na Birmânia e, finalmente, que tem no Sri Lanka uma base naval para a sua marinha, que, por isso, está pronta para intervir doravante no oceano Índico, um oceano que lhe dá acesso, não somente à Índia, mas também a África.

No fim de contas, tudo se passa como se os dirigentes chineses tivessem perfeitamente interiorizado a geopolítica de J. H. Mackinder, formulada no seu célebre artigo *«Le pivot géographique de l'histoire»* [O Centro Geográfico da História]: a partir do *heartland*, o coração do mundo constituído pelo centro e pelo norte do continente euro-asiático, obter o controlo do *rimland*, o anel interior deste continente, e, assim, dominá-lo no seu conjunto; a partir daí, dominar o mundo, porque «quem dominar a Eurásia domina o mundo». Nesta perspetiva, a aliança com a Rússia é efetivamente necessária. Se os Estados Unidos se quiserem opor a isto, terão todo o interesse em afastar a Rússia desta aliança, a qual ainda está marcada pela política americana de contenção que os Americanos continuaram a praticar em relação a si, apesar da queda do muro de Berlim.

A este quadro de uma influência crescente da potência chinesa no continente asiático, é necessário acrescentar uma consequência ainda pouco conhecida da política demográfica chinesa, que não é uma questão puramente interna: o défice de mulheres, decorrente da prática do filho único, provoca, por sua vez, uma emigração de homens que vão à procura de mulheres na Mongólia, no Cazaquistão, no Quirguistão, no Tajiquistão, no Usbequistão, no Extremo Oriente russo e na Sibéria Oriental. Mas as crianças que nascerão destas uniões não serão mongóis, cazaques ou russas, serão antes de tudo chinesas. Existe, assim, nos confins da China, uma colonização muito importante, suscetível de desembocar, a longo prazo, em anexações territoriais, como indicam já numerosas cartas geográficas que mostram uma «Grande China» e que são amplamente difundidas atualmente neste país([235]).

b) *Alianças políticas e caça às jazidas de matérias-primas*

A estratégia de alianças políticas da China é acompanhada por uma estratégia relativa aos aprovisionamentos de energia, matérias-primas e produtos alimentares. É o caso com a Rússia, em que a China financia investimentos importantes no setor energético, beneficiando em troca de aprovisionamentos regulares. Para além da Rússia, no Médio Oriente, as relações com o Irão, nomeadamente, são muito importantes: este país exporta para a China uma grande parte da sua produção de petróleo bruto, mas recebe produtos refinados. O Iraque, os Emiratos e a Arábia Saudita constituem parceiros de primeira ordem, não só porque a China é o principal cliente desta região, antes mesmo dos Estados Unidos, mas também e talvez sobretudo porque a China os encoraja a pagar os seus produtos noutras moedas que não o dólar e a criar uma moeda regional no quadro do que seria considerado um mundo policêntrico. Isto poderia conduzir à saída destes países da «zona dólar» e ao fim do dólar como moeda de reserva do mundo, o que iria aumentar consideravelmente as dificuldades por que passa atualmente a economia americana.

Para além do continente asiático, a estratégia chinesa de alianças e também de aprovisionamento em petróleo, matérias-primas e bens alimentares diz respeito igualmente à África, à América Latina e à Austrália. Em África, podemos citar mais particularmente os casos de Angola e os seus recursos petrolíferos, o Congo com os seus recursos

---

([235]) Pode consultar-se com proveito a tradução de um artigo de Oleg Fotchkine, no jornal *Moskovski Komsomolets*, publicado no *Courrier International* (30/09/09) com o título *Quand Vladivostok tombera aux mains des chinois* [Quando Vladivostok Cair nas Mãos dos Chineses] e relativo ao projeto de arrendamento pela China, por 75 anos... da cidade de Vladivostok. Podemos ler nomeadamente isto: «Desde 2008, a China retomou um programa destinado a recuperar terras sob jurisdição russa. Os manuais escolares falam de territórios tomados pela Rússia no século XIX e da dignidade nacional ultrajada. As cidades próximas da fronteira abrem museus que expõem cópias de tratados e acordos, de antigas cartas geográficas e de crónicas históricas de onde resulta que os Russos vivem em terras chinesas».

mineiros e petrolíferos, a Argélia onde a China também intervém massivamente no domínio da engenharia civil, a Guiné pela sua bauxite, o Quénia e o Gana pelos recursos petrolíferos e a Nigéria, que acaba de realizar uma operação muito original: o arrendamento à China, no delta do Níger, de uma jazida de petróleo onde opera já um consórcio ocidental, que passará a ser, de facto, sublocatário...

As cimeiras de chefes de Estado China-África, que se multiplicam, atestam, no plano político, a importância de que reveste agora para a China o continente africano, onde compra, frequentemente a bom preço, riquezas petrolíferas e mineiras e onde arrenda imensos territórios agrícolas, que conta explorar diretamente pela sua própria mão de obra importada da China. Há na maneira como opera uma relativa indiferença pelo regime político do país com que negoceia. A abundância de capitais de que dispõe permite-lhe conceder importantes créditos aos governos sem impor qualquer condição «política»([236]). As únicas condições são as garantias das riquezas naturais do país em caso de falta de pagamento, que permitem, assim, apropriar-se delas a muito bom preço. As faltas de pagamento constituem, assim, excelentes negócios! Compreende-se, então, a predileção das sociedades chinesas, e, consequentemente, do próprio governo chinês([237]), por negociar com regimes autoritários, violentos, mafiosos e corruptos. Os créditos que são concedidos não passam de práticas de corrupção em grande escala, permitindo alimentar as contas secretas, na Suíça ou noutro lugar, dos déspotas locais. É o que se passa em Angola, no Congo, na Nigéria, no Sudão (nomeadamente na região de Darfur). É por isso que um fundo chinês, o *China International Fund* (CIF), acaba de fazer um acordo por um montante de sete milhares de milhões de dólares com o governo militar do capitão Moussa Dadis Camara, que faz imperar o terror na Guiné. As entradas de capitais para infraestruturas, habitação e minas são acompanhadas, obviamente, de contrapartidas muito importantes:

([236]) Os empréstimos concedidos pelo Banco Mundial ou pelos governos ocidentais são acompanhados, geralmente, por condições políticas que dizem respeito ao bom governo do país. Estas condições destinam-se a assegurar que os créditos possam efetivamente servir para desenvolver o país, e não para enriquecer os seus dirigentes corruptos. As sociedades chinesas, públicas ou privadas, que intervêm em países em desenvolvimento não têm esse género de escrúpulos.

([237]) As sociedades chinesas, mesmo que sejam privadas, estão sempre ligadas, de uma maneira ou de outra, ao governo chinês e às instituições do Estado chinês. Por exemplo, o China International Fund, um dos principais investidores chineses em África, tem ligações importantes com o Export-Import Bank of China, com o Dayuan International Development e com comerciantes de armas do governo chinês. «C.I.F. directors are also believed to have ties to China's military and security forces» [Acredita-se que os diretores do CIF também tenham relações com as forças militares e de segurança da China].

«the company would theoretically gain access to Guinea's plentiful deposits of bauxite [...] along with diamonds and gold. The mining minister of Guinea, Mahnoud Thiam, said the Chinese company "will be a strategic partner in all mining projects"».[238]

No continente sul-americano, a China beneficia dos erros há muito tempo acumulados pelos Estados Unidos da América, que consideravam esta zona do mundo como uma coutada privada. A China tem, assim, com a sua retórica dos «países pobres», uma boa imagem, não somente ao nível dos dirigentes mais «antiamericanos» como os de Cuba ou da Venezuela, mas também ao nível de dirigentes muito mais moderados, como, nomeadamente, os do Brasil ou da Argentina. Tal como na Ásia e em África, a China procura assegurar aprovisionamentos em petróleo, em minerais (por exemplo, de cobre, no Chile) e em produtos alimentares. Procura também comprar ou alugar imensas extensões de terra, na Argentina e no continente africano, por exemplo, nas quais poderá organizar posteriormente produções agrícolas, graças a mão de obra chinesa importada. Uma das principais sociedades petrolíferas chinesas começou a exploração de uma jazida de petróleo *off shore* no golfo do México, a uma distância relativamente pequena das margens do Texas: o Império Americano já não é o que era!

Esta busca frenética, que visa controlar fontes de abastecimento em de todo o mundo, é semelhante ao comportamento de outrora dos Estados Unidos, mas a uma escala ainda maior. Deve-se relacionar tudo isto com a força incrível da economia chinesa e com o seu crescimento. A este respeito, é bom saber que cerca de 50% da produção mundial de metais é absorvida unicamente pela China. Ainda não ocupa o primeiro lugar no consumo de petróleo, o que não deverá tardar, devido ao seu enorme consumo anual de carvão (da ordem de 1,2 milhares de milhões de toneladas, isto é, uma tonelada por ano e por habitante) e por o automóvel ainda não estar totalmente em expansão no país. Em resumo, a procura chinesa é muito forte. É completamente normal que a China se preocupe com os seus abastecimentos!

---

[238] [a companhia ganharia teoricamente acesso aos abundantes depósitos de bauxite da Guiné [...] bem como a diamantes e ouro. O ministro das Minas da Guiné, Mahnoud Thiam, disse que a companhia chinesa "será um parceiro estratégico em todos os projetos mineiros"]
O artigo bem documentado de Christopher Bodeen, no *International New York Herald Tribune*, de 28 de outubro de 2009, começa assim: «A 7 billion mining deal between Guinea's repressive military regime and a little-known Chinese company underscores China's full-throttle rush into Africa and its willingness to deal with brutal and corrupt governments» [Um acordo mineiro no valor de sete milhares de milhões entre o regime militar repressivo da Guiné e uma companhia chinesa pouco conhecida chama a atenção para a investida a todo o gás por parte da China em África e o seu desejo de negociar com governos brutais e corruptos].

Podemos perguntar, contudo, se não haverá outro fator que explique esta bulimia excecional pelo controlo de matérias-primas, bem mais considerável do que a dos Estados Unidos. O fator existe: é muito simplesmente a enormidade dos excedentes comerciais acumulados, ano após ano, pela China. É necessário fazer frutificar este dinheiro fora da China, porque a sua estratégia consiste em manter muito baixa a cotação do yuan. É necessário, portanto, encorajar as saídas de capitais sob todas as formas: compras de títulos do tesouro e de títulos equiparados (americanos, mas também europeus, nomeadamente britânicos), mas também investimentos de carácter estratégico, quer se trate do controlo de fontes de matérias-primas, quer de participações em grandes grupos industriais e financeiros (AREVA, EADS, EDF, Blackstone...).

Os acordos de fornecimento a longo prazo ou o controlo direto de jazidas de matérias-primas espalham-se pelo mundo inteiro: Rússia, Ásia Central, Irão, Médio Oriente, África – a propósito da qual houve quem afirmasse que «a China compra a África» – e, finalmente, América Latina, nomeadamente, a Venezuela, o Chile e o Brasil, com o qual estão em curso negociações para um contrato enorme para a exploração de uma grande jazida de petróleo *off shore*, ao largo do Rio. Esta estratégia está muito avançada: a China, não só toma posse, de uma maneira ou de outra, das riquezas naturais de países que giravam antes na órbita das potências ocidentais, mas também se aventura em alguns espaços dos países ocidentais ou na sua proximidade imediata. Uma exploração *off shore* chinesa no golfo do México era perfeitamente inconcebível há apenas dez anos!

A Austrália, ainda que faça parte do sistema ocidental, interessa muita à China, pois o seu imenso território tem uma população muito reduzida e recursos mineiros consideráveis. No início de 2008, a sociedade Chinalco, especializada em alumínio, ajudara o grupo Rio Tinto a defender-se de uma oferta pública de compra (OPA) hostil por parte da BHP, ficando com uma forte opção no capital da Rio Tinto. Quando, em finais de 2008, a crise das matérias-primas faz cair as cotações das empresas mineiras, a China, ou seja, a Chinalco, esperou, então, obter a muito bom preço o controlo deste grupo e das suas jazidas. Infelizmente, para os dinamizadores deste projeto, o aumento dos preços das matérias-primas ocorreu mais rapidamente do que estava previsto, arrastando consigo a subida da cotação das ações. A situação mudou consideravelmente e a administração da Rio Tinto fez um volte-face, estimulada, sem dúvida, pelo governo australiano, que não estava certamente muito contente por ver uma parte das suas jazidas passar para o controlo do Estado chinês. O grupo preferiu libertar-se da opção da Chinalco, tendo pago uma pesada indemnização de milhares de milhões de dólares, prevista pelo contrato. Em reação, a parte chinesa envia imediatamente uma «mensagem» destinada não somente à Rio Tinto, mas também e sobretudo a todas as companhias do mundo inteiro, suscetíveis de tratar os interesses chineses com esta desenvoltura: quatro quadros dirigentes da Rio Tinto são imediatamente presos (em setembro de 2009) em Xangai sob o pretexto falacioso e totalmente maquinado de atividades de espionagem... Era um aviso aos amadores! Entretanto, a penetração do capital chinês continua a progredir no país: depois da aquisição, em fevereiro de 2009, de 16% do capital do Fortescue Metals Group, a terceira empresa de minério de ferro na Austrália, esta presença é reforçada, em setembro de 2009, pela concessão de financiamentos muito importantes.

Obviamente, devido aos seus excedentes comerciais, a China tem ao seu dispor uma «caixa» inesgotável que lhe permite comprar tudo o que quiser. Contudo, é preciso constatar que o seu ativismo em relação às matérias-primas vai além do que lhe seria necessário para cobrir as suas próprias necessidades a médio e a longo prazo. Este ativismo revela o desejo de obter uma invulnerabilidade total neste domínio e, provavelmente também, de reunir as condições materiais que lhe permitam, no futuro, se assim o desejar, provocar a penúria dos países do G7, o que constituiria, então, um *leverage* suplementar à sua disposição[239].

A sua bulimia de matérias-primas, quer se trate das próprias jazidas, quer das sociedades que as exploram, tem tendência para se estender cada vez mais às grandes empresas ocidentais fora deste setor. Ficar na posse de tecnologias ou de fatias de mercado constitui um uso muito pertinente dos capitais consideráveis de que a China dispõe. A deceção que sofreu, após a reação de defesa dos interesses nacionais por parte do governo australiano, reforçou na China a ideia de que é necessário neutralizar antecipadamente ou, se for caso disso, contornar as reações defensivas dos «governos-tutores»[240].

Devido às suas intervenções massivas atuais nos recursos minerais e petrolíferos, a China está a obter meios para estar em condições, dentro

---

[239] A China já tem este tipo de comportamento: recentemente, recusou exportar «metais raros» (80% dos recursos do planeta), o que lhe valeu uma queixa na OMC.

[240] As grandes sociedades, mesmo que o seu capital esteja amplamente internacionalizado, têm geralmente um país de origem, onde nasceram e com o qual mantêm relações particulares, porque os seus gestores são maioritariamente desse país e porque as suas implantações são nele abundantes e importantes. Assim sendo, mantêm também uma relação particular com o governo desse país, que é ao mesmo tempo seu defensor e seu «tutor».

de alguns anos, de manipular as suas cotações e poder, eventualmente, organizar a penúria dos aprovisionamentos nos países ocidentais.

Tudo isto constitui um elemento da política global e muito coerente da China, cujo elemento chave é a subavaliação do yuan. Ao mesmo tempo, esta política de aprovisionamentos e de controlo de recursos mineiros e petrolíferos constitui uma faceta da política de grande potência da China que tem por objetivo estabelecer a sua hegemonia mediante um sistema muito diversificado de alianças e de redes de países clientes ou dependentes. A construção deste sistema constitui, ao mesmo tempo, uma tentativa de desmantelamento do sistema implementado pelos Estados Unidos. Para isso, é necessário dissociá-los dos seus amigos mais próximos, dos seus aliados, das nações situadas na sua esfera de influência e que constituem pontos de apoio, e igualmente dos países dependentes dos seus amigos europeus, nomeadamente em África. A política chinesa tem por objetivo esse desmantelamento. Esforça-se, em primeiro lugar, em semear a discórdia entre os Estados Unidos e os seus parceiros europeus com intervenções no domínio das divisas. Esforça-se também por alimentar indiretamente os diferendos entre o Ocidente e a Rússia para que a sua aliança com ela, da qual já vimos o carácter circunstancial, não possa ser colocada em causa a curto ou médio prazo. Para além disso, com a sua ação, a China tende a neutralizar alguns aliados importantes dos Estados Unidos situados na Ásia: Coreia, Japão, Paquistão, Arábia Saudita e Emiratos Árabes Unidos. Mais tarde, será a vez da Índia. Finalmente, tentará atrair para a sua esfera de influência países que estavam antes situados na esfera de influência americana, como os países da América Latina, e os que fazem parte da influência europeia, essencialmente os países de África.

c) *As compras estratégicas de empresas ocidentais*

Na grande partida de «Monopólio» que joga à escala mundial, a China tem cada vez mais participações nas grandes empresas dos países desenvolvidos. Tenta mesmo, por vezes, assumir, com ou sem sucesso, o seu controlo. Estamos, contudo, no início de um processo que poderá ser massivo. Ao tomar o controlo das grandes empresas, consegue adquirir tecnologia. Ao mesmo tempo, estas empresas constituem ameaças latentes importantes a pesar sobre as economias dos países desenvolvidos. Tendo em conta o que são as valorizações bolsistas hoje em dia, a China, com os atuais e previsíveis excedentes comerciais, poderia, se a deixássemos, ficar no futuro, isto é, dentro de 15 ou 20 anos, com o controlo de todas as empresas do mundo cotadas em bolsa!

Ela acaba de apresentar um novo instrumento com esse objetivo, que poderia ser de uma eficácia temível: a cotação das empresas ocidentais ou outras que o desejem no mercado bolsista de Xangai. As empresas que aceitarem ser cotadas nesta praça financeira têm a garantia de poder beneficiar do grande apetite dos investidores chineses, sejam eles particulares ou institucionais. Isso deveria provocar uma subida importante das suas ações para grande satisfação dos seus gestores, que receberiam, assim, substanciais gratificações, devido às suas *stock options*. Em contrapartida, a China apropriar-se-ia, discretamente e sem espalhafato, de uma parte significativa do seu capital, por vezes mesmo suficientemente elevada para permitir o controlo da empresa.

No fim de contas, a cotação das empresas ocidentais em Xangai poderia permitir a prazo a sua «sinização» sem que isso perturbasse as autoridades dos seus respetivos países de origem. O método utilizado é simples: lançar as administrações das empresas e os seus acionistas – a subida da cotação em bolsa é um elemento importante – contra os interesses dos países de origem e, eventualmente, contra os seus governos, na medida em que estes fossem recalcitrantes.

d) *A utilização das importações para fins políticos*

O enfraquecimento económico dos Estados Unidos da América e dos países do G7 passa também por uma utilização muito seletiva das importações: a China privilegia os países amigos ou com os quais ela tem um projeto. Quanto mais peso tiver a China no PIB mundial, mais os países terceiros podem sonhar figurar entre os seus fornecedores regulares e mais ela pode tirar partido da concorrência entre os países fornecedores. Mesmo que a China proceda a uma ampla descentralização das decisões no domínio da economia, o monopólio estatal do comércio externo permite exercer um controlo muito estrito. Fica assim em condições de «distribuir» muito seletivamente as suas encomendas de bens a favor de países dos quais pode esperar contrapartidas comerciais ou políticas.

Por esta razão, Singapura, Taiwan e a Coreia do Sul foram, em circunstâncias idênticas, mais bem servidos, no início de 2009, do que o Japão, as Filipinas ou a Tailândia, muito próximos dos Americanos. Isto também explica em parte por que razão, apesar da retoma interna chinesa, as exportações americanas para a China foram em 2009 muito dececionantes.

Finalmente, na guerra económica mundial da China contra o G7, foi preparada uma nova arma para reforçar a sua presença nos mercados externos. Trata-se de acordos de *swap* de moedas: empresta yuans que são reembolsáveis na moeda do país. O país beneficiário dispõe na realidade de um financiamento em yuans; como esta moeda não é convertível, a única utilização possível de tal empréstimo consiste na compra de mercadorias chinesas. Assim, um terceiro país que conclua com a China um desses acordos de *swap* beneficia do que se designava antes como «financiamentos ligados». Após terem registado um grande sucesso entre 1975 e 1985, estes financiamentos ligados, que muito contribuíram para a crise da América do Sul, no início da década de 1980, foram proibidos pelos países da OCDE, na sequência de um acordo mútuo. Constatamos que a China segue uma partitura que lhe é própria e que não tem nenhuma intenção de se conformar com qualquer regra estabelecida pela OCDE. Pelo contrário, lança-se numa via que lhe confere uma vantagem comercial: a do não respeito pelas regras da OCDE. Desta forma, vai poder aumentar ainda um pouco mais as suas fatias de mercado em África, na América Latina e em alguns países da Ásia.

e) *A criação de um instrumento militar à medida das ambições do país*

A riqueza económica e a população constituem a base do poder de um país, que se exprime, nomeadamente, no plano do potencial militar, pois a verdade é que não há poder duradouro sem poder militar. A China lançou-se, desde há muito tempo, embora de maneira discreta, numa política de recuperação do seu atraso em relação ao rival americano[241]. A notável taxa de crescimento do seu PIB permite-lhe progredir muito rapidamente. É razoável pensar que, no horizonte de 2025, que corresponde ao objetivo «Xangai, centro de finança mundial», o exército chinês disporá de meios superiores aos do exército americano, caso se perpetue a diferença de crescimento, ou seja, se o Ocidente aceitar antecipadamente a sua derrota. Como já dissemos, o programa espacial é impressionante. Num domínio em que os Soviéticos foram obrigados a retirar-se da sua última competição da guerra fria com os Americanos – o programa chamado «guerra das

---

[241] A utilização da palavra «recuperação» é uma figura de estilo. Na verdade, a China quer alcançar, num primeiro tempo, os Estados Unidos e, depois, ultrapassá-los.

estrelas»(²⁴²) –, os Chineses, que dispõem de recursos financeiros imensos, puderam reassumir o desafio, tendo destruído intencionalmente, em 2007, um satélite, utilizando um míssil.

No domínio marítimo igualmente, o esforço levado a cabo pela China é impressionante: o programa de submarinos de propulsão nuclear, lançadores de mísseis equipados com cabeças nucleares, está muito avançado, ao mesmo tempo que inicia a construção de porta-aviões. A partir de agora, a China preocupa-se em ter em todo o mundo um certo número de bases navais, indispensáveis para apoiar a atuação da sua frota futura. Foram referidos a este propósito os acordos estabelecidos com o Sri Lanka, para uma base neste país, e com o Paquistão. Outros acordos estão provavelmente em discussão ou em projeto noutras partes do mundo(²⁴³). O equipamento da força aérea levou à cooperação com a Rússia, que fornece uma parte dos aviões e da tecnologia, pelo que a indústria aeronáutica chinesa estará rapidamente em condições de produzir, numa escala muito ampla, aviões de combate muito eficazes.

A China faz progredir o seu programa militar a uma velocidade que deveria levar os governos ocidentais à prudência no que diz respeito às transferências de tecnologia, que tendem cada vez mais a tornar-se norma nos contratos comerciais. Deveria levá-los também à vigilância no que toca às participações ou à compra pura e simples de sociedades que desenvolvem tecnologias de ponta.

O desenvolvimento das capacidades de utilização de meios militares em todo o mundo vai necessitar de tempo e do estabelecimento de muitas alianças políticas, militares e económicas.

f) *As colónias chinesas no estrangeiro*

O estabelecimento de populações chinesas em numerosos países pode fazer-se por vias diferentes e ter significados diferentes. Em primeiro lugar, há implantações espontâneas em regiões limítrofes da China (Sibéria, Extremo Oriente Russo, Ásia Central), que são suscetíveis de constituir o prelúdio ao estabelecimento de uma «Grande China». Apesar dos discursos oficiais dos seus dirigentes, a China

---

(²⁴²) A possibilidade ou não de destruir satélites é da mais alta importância. O país que o puder fazer dispõe de uma vantagem considerável sobre qualquer potencial inimigo: a de danificar gravemente o seu sistema de comunicações.

(²⁴³) O projeto de arrendamento de Vladivostok por 75 anos inclui certamente a utilização da sua base naval pela marinha de guerra chinesa.

nunca renunciou às suas ambições territoriais([244]). Há depois os arrendamentos a longo prazo de vastos territórios agrícolas noutros países. É um fenómeno recente que poderá ter um grande futuro. Tais territórios poderão ter a contribuição de populações chinesas, que as valorizarão e constituirão «colónias» chinesas, dando lugar a potenciais grupos de pressão em países que, por outro lado, estarão numa situação de dependência mais ou menos significativa perante a China.

g) *A ideologia do «desenvolvimento» ao serviço da China*

Ainda que existam nos Estados Unidos, na Europa e no Japão muitos turiferários da China, o seu regime político, a ausência de liberdades da sua população e, sobretudo, a ausência de direitos sociais que reina no país provocam uma reprovação muito ampla nos países dotados de instituições democráticas. Mais do que apresentar ele mesmo as justificações «teóricas» da sua estratégia para uso externo, o regime chinês prefere, aparentemente, dedicar-se a outras. Na verdade, consciente do facto que está muito «marcado» no Ocidente([245]), tudo se passa como se encarregasse outros países e os seus analistas da tarefa de defender a sua estratégia e de a apresentar como se estivesse «ao serviço» das populações pobres do planeta!

A China, que, segundo os dirigentes chineses, é um «país pobre»([246]) (e cujos governantes estariam «ao serviço dos pobres», uma vez que são «comunistas»!) seria, portanto, solidária, por natureza e devido ao seu tipo de governo, com os outros países pobres do mundo... Cabe a estes,

---

([244]) Os dirigentes chineses sublinham frequentemente que a Rússia será incapaz de valorizar a Sibéria. Contudo, oficialmente, já não há diferendo territorial. Na verdade, não esqueceram alguns tratados que foram qualificados como irregulares: os mapas da *Grande China* editados hoje no país são a prova disso. A aliança a médio prazo com a Rússia impõe à China que não fale destas coisas... tal como a França do século XIX em relação à Alsácia e à Moselle: «Nunca falar deste assunto, mas tê-lo sempre em mente»!

([245]) Não só a China é um país totalitário, mas cerca de metade da sua mão de obra, em situação «ilegal», está privada de todos os direitos sociais e é explorada em condições que estão nos limites da escravatura. No plano político, após a «revolução cultural», o regime destacou-se pelo seu apoio a Pol Pot e a guerra que decorreu no Vietname, as suas relações problemáticas com a Coreia do Norte, a repressão no Tibete, o massacre de Tiananmen, etc...

([246]) A China enquanto «país pobre» é uma dupla fraude: 1) a sua população é cerca de 20% da população mundial, o seu PIB (em «paridades de poder de compra») é também da ordem dos 20% do PIB mundial, pelo que o PIB por habitante se situa na média mundial; 2) todavia, é uma média que não significa grande coisa, devido às suas grandes desigualdades. Para se fazer uma ideia, poderemos dizer que há dois países distintos: um que explora o outro, que é rico (12 a 15% do PIB mundial) e cuja população é da ordem dos 250 milhões de habitantes, o segundo, cuja população miserável ultrapassa mil milhões de habitantes.

no quadro de uma divisão internacional do trabalho ideológico bem compreendida, justificar as práticas mercantilistas de subavaliação da taxa de câmbio, mostrando que estas podem resolver os problemas de desenvolvimento mundiais. Por isso, algumas personalidades humanistas – os «grandes espíritos» dos países desenvolvidos – serão recrutadas para, no plano das ideias, e sem mesmo se aperceberem disso, justificarem as práticas chinesas.

Um livro recente de um autor brasileiro[247] e antigo ministro ilustra-o muito bem. Pode ler-se, diz-nos R. Boyer, «como uma alegação a favor do papel determinante da taxa de câmbio como variável – tanto macroeconómica como microeconómica – central», acrescentando que «a subavaliação da moeda nacional teve um papel determinante nalguns países asiáticos, entre os quais, obviamente, o Japão e, mais recentemente, a China». Trata-se, efetivamente, de ideias perfeitamente justas, que, aliás, nós desenvolvemos... Dois «pilares» devem assegurar o desenvolvimento, segundo nos dizem: a poupança nacional e «a escolha de um regime de câmbio que favoreça o crescimento», ou seja, de uma maneira ou de outra, uma taxa de câmbio subavaliada. É essa precisamente a teoria mercantilista! No seu comentário, R. Boyer toca na ferida: «Como se sabe, o crescimento chinês viola a maioria dos princípios do defunto "consenso de Washington": imbricação do político e do económico, escolha de um regime de câmbios e controlo dos capitais a curto prazo, política explícita de recuperação através de uma configuração institucional original. Alguns analistas acreditaram assim ver um novo "consenso de Pequim". Luiz Carlos Bresser-Pereira interpreta o crescimento chinês à luz da sua construção teórica... e a distância não é assim tão grande ao que se poderia qualificar de "consenso de São Paulo"»[248].

A construção de L. C. Bresser-Pereira, justificando um dispositivo institucional destinado a fazer com que a taxa de câmbio seja subavaliada, é sustentada por uma interpretação um pouco abusiva de um lugar-comum da literatura económica, a «doença holandesa». A seguir à descoberta de importantes jazidas de gás na Holanda, na década de 1960, dando lugar a grandes exportações, deu-se uma desindustrialização do país, devido à apreciação do florim[249].

---

[247] Luiz Carlos Bresser-Pereira, *Mondialisation et compétition* (Porquoi certains pays émergents réussissent et d'autres non), prefácio de Robert Boyer, La Découvert, Paris, 2009.

[248] Robert Boyer, *Mondialisation et compétition*, op. cit., p. 12.

[249] Esta «maldição» tem um quadro bem particular: um pequeno país, um recurso natural que dá lugar a grandes exportações, uma taxa de câmbio flexível. As exportações determinam uma apreciação do

Partindo deste argumento, o nosso autor sublinha que, para os países que exportam matérias-primas, há uma tendência para a redução da competitividade dos bens «transacionáveis», de maneira que, diz ele, é necessário «preocupar-se, não com uma, mas com duas taxas de câmbio, relacionada com dois equilíbrios: o equilíbrio «corrente», que salda de maneira intemporal as transações correntes, e o equilíbrio «industrial», que torna economicamente viáveis os setores expostos que utilizam a melhor tecnologia disponível»([250]).

Em suma, é necessário que a taxa de câmbio dos países «em vias de desenvolvimento» seja subavaliada([251]). O autor não fala dos países desenvolvidos, que não são o problema do Brasil, que tem de implementar uma política de «recuperação», caracterizada por um crescimento impulsionado pelas exportações, por oposição ao que seria a política dos países desenvolvidos, um crescimento «impulsionado pela inovação». Toda esta construção é simpática. Infelizmente tem uma falha, uma grande falha: não encara a compatibilidade do «modelo» à escala mundial. Se os países em desenvolvimento tiverem um comércio excedentário, resulta necessariamente que os países desenvolvidos deverão ter um comércio deficitário, o que, como se viu, constitui um obstáculo muito importante para o seu crescimento, sejam quais for as geniais inovações que produzam.

Um crescimento económico que combine défices externos recorrentes, desenvolvimento das inovações e um crescimento mínimo do emprego([252]) parece ser um objetivo bem difícil de atingir. Mas, uma vez mais, é necessário sublinhar que a exposição do «modelo brasileiro» contribui para legitimar, nomeadamente no Ocidente, em algumas camadas, a estratégia da China, à qual o Brasil dá o seu aval, e que só pode conduzir à ruína dos países desenvolvidos e ao desemprego de uma fatia crescente da sua população ativa. As «belas almas» terceiro-mundistas deveriam talvez pensar mais nos custos sociais e nos dramas humanos que representam os despedimentos e o desemprego.

---

florim, de maneira que algumas indústrias perdem toda a sua competitividade na exportação e uma parte da procura interna dirige-se a bens importados e a bens de serviços não exportáveis.
([250]) *Mondialisation et compétition*, op. cit., p. 117.
([251]) Bresser-Pereira destaca as visões erróneas dos economistas que, geralmente, «ignoram o papel central da taxa de câmbio e das exportações no desenvolvimento económico. Estas são essenciais, em qualquer circunstância, para os países em desenvolvimento, e não há nenhuma contradição entre o desenvolvimento do mercado interno e uma estratégia de crescimento impulsionada pelas exportações» (p. 110). Sobre este ponto, ele tem toda a razão.
([252]) Um crescimento «mínimo» do emprego: trata-se, aqui, de um crescimento do emprego que permita evitar um aumento do desemprego e conduzir mesmo a uma reabsorção pelo menos parcial dele.

h) *Um novo «despotismo oriental»?*

No fim de contas, com ajuda de meios principalmente económicos, mas também de outros meios implementados em todo o mundo, a China persegue de maneira metódica o objetivo que consiste em impor ao mundo a sua hegemonia. Depois de terem conhecido sucessivamente o imperialismo britânico e a sua hegemonia e o imperialismo americano, as nações do mundo poderiam acomodar-se muito bem à passagem de uma hegemonia a outra. Esta eventual passagem tem, no entanto, um problema. Sejam quais forem as críticas, e são muitas, que podemos dirigir *a posteriori* às nações que tiveram práticas históricas de hegemonia, há dois ou três séculos, é necessário sublinhar que as suas dominações respetivas, por muito duras que tivessem sido, contribuíram, ao fim e ao cabo, para a difusão de valores «democráticos». O modelo do capitalismo totalitário que propõe a China é bem mais inquietante: será um regresso ao «despotismo oriental»?[253]

Mas, se assim é, por que razão haverá, então, esta passividade em todo o mundo perante tal empreendimento?

---

[253] Karl August Wittvogel, *Oriental Despotism, A Comparative Study of Total Power*, Yale University Press, 1957.

Capítulo 9

A estranha passividade pos países desenvolvidos perante a China

«Ah, os idiotas, se eles soubessem!».
Edouard Daladier,
Presidente do Conselho de Ministros de França
Le Bourget, 30 de setembro de 1938, no regresso de Munique

A SITUAÇÃO DOS PAÍSES DESENVOLVIDOS

não é brilhante no fim do ano de 2010. A crise continua presente. Não é uma crise mundial – o crescimento mundial é de 4 ou 4,5% ao ano –, mas unicamente uma crise dos países desenvolvidos, à qual os povos, com fatalismo, se habituam. Começa-se a pensar que a depressão poderá ser longa! Apesar de as suas importações se terem reduzido automaticamente, devido à diminuição do seu crescimento, os défices externos perpetuam-se. As diferenças de crescimento estão ainda a aumentar, da ordem dos 5 pontos percentuais em relação aos países emergentes([254]) e de 8 a 10 pontos percentuais em relação à China.

As nações ocidentais, cujo poder relativo está em declínio, encontram-se presentemente numa situação de grande vulnerabilidade: por causa da sua dívida crescente face aos países credores, devido ao processo de desindustrialização que afeta hoje em dia cada vez mais as suas atividades de pesquisa e desenvolvimento e, consequentemente, em razão da subida do desemprego e da desvalorização salarial que corroem a sua coesão social. A causa está identificada no que foi dito anteriormente: reside no espantoso desequilíbrio das trocas comerciais mundiais, devido essencialmente às políticas de protecionismo monetário implementadas pela China.

([254]) A China não é um «verdadeiro» país emergente, pois domina agora as tecnologias mais elaboradas: é um país que já emergiu.

Face a este desequilíbrio, que não é de hoje, duas atitudes são possíveis por parte dos Estados Unidos e dos outros países que são vítimas como eles destas práticas protecionistas: lutar, recusar um comércio internacional «de sentido único» e tomar decisões suscetíveis de restabelecer o equilíbrio das trocas comerciais[255], ou, então, pelo contrário, continuar a sofrer défices externos repetidos e a hipotecar gravemente o futuro devido aos expedientes implementados para gerir as consequências destes défices.

1. A cegueira dos países desenvolvidos

Foi a segunda via que foi seguida até hoje. Consiste em não ver o que, no entanto, é cada vez mais visível. Mesmo que Cassandra tenha razão, ninguém a ouve!

Compreende-se bem que a atual taxa de câmbio da China serve os interesses do primeiro distribuidor do mundo, a Walmart, que se abastece amplamente neste país. De igual forma, compreende-se o interesse que os industriais ocidentais têm com as suas operações de subcontratação na China. Compreende-se também que os analistas das grandes empresas que produzem bens de equipamento suscetíveis de serem exportados para a China não digam uma palavra que possa prejudicar a conclusão de futuros contratos.

Como explicar, para além destas empresas, o silêncio dos «especialistas» sobre a China e sobre a adulteração das estatísticas utilizadas para descrever a sua economia? Isto faz pensar, em circunstâncias em tudo o mais análogas, na complacência que as elites europeias mostravam perante o regime czarista no tempo de Nicolau I, que foi denunciado no seu tempo por Jules Michelet[256].

A negação da realidade põe em prática, por vezes, métodos sofisticados. O crescimento do produto interno bruto é muito fraco. Pouco importa. Na esteira de Joseph Stiglitz[257], vamos utilizar outros indicadores que levarão finalmente em conta «o indivíduo», o desenvolvimento sustentável, o ambiente! Desta forma, ninguém duvida de que a situação dos países ocidentais possa parecer bem melhor do que os

---

[255] As «decisões» que consideramos aqui não são «votos pios» do tipo «aumentar a competitividade das nossas empresas» ou «criar polos de competitividade», que, digamos de passagem, procedem de uma «lógica da oferta», mas decisões concretas que procuram opor-se efetivamente ao protecionismo dos câmbios por parte da China e restabelecer o equilíbrio das trocas comerciais.
[256] Jules Michelet, *Légéndes démocratiques du Nord*.
[257] Joseph Stiglitz, prémio Nobel de economia, antigo economista chefe do Banco Mundial, foi conselheiro do governo chinês, de Bill Clinton e, hoje, de Sarkozy.

dados relativos ao PIB deixam supor([258]). Isto evitará sobretudo falar do que poderia provocar desagrado: do comércio externo e da taxa de câmbio da moeda chinesa.

Ao focar-se a atenção em questões que dizem respeito ao ambiente e ao desenvolvimento duradouro, leva-se a que não se preste atenção, não só à gravidade dos desequilíbrios comerciais do mundo, mas também, e sobretudo, à própria natureza do projeto fundamentalmente imperialista que a China tem.

Isto parece, de certo modo, a «política de apaziguamento» das democracias francesa e inglesa de finais da década de 1930 perante as violações cada vez mais frequentes da ordem internacional pelas potências totalitárias imperialistas da Alemanha, da Itália e do Japão. A convergência, nos anos de 1990 e no início dos anos 2000, entre a oligarquia americana dos negócios e uma parte da esfera de influência política do Partido Democrata, ligada ao casal Clinton, por exemplo, faz lembrar, em alguns aspetos, a convergência, na França de 1938, entre uma direita negocista – como, para dar uma ideia, a do Comité des forges e dos 200 maiores acionistas do Banco de França, para a qual «mais [valia] Hitler do que Estaline» – e uma parte da esquerda com ideias «pacifistas». Os temas ecológicos e do desenvolvimento duradouro de hoje desempenham uma função análoga ao pacifismo de outrora. Esta função tem um nome: renúncia.

Pode perguntar-se por que razão esta cegueira continua tão generalizada, apesar dos numerosos indicadores estatísticos que dão conta de uma dinâmica económica e social muito angustiante nos países desenvolvidos. De onde vem? Por que razão Timothy Geithner, secretário de Estado do Tesouro americano, que declarou pouco depois da eleição de Obama que a China manipulava a sua taxa de câmbio, foi desautorizado? Por que razão os países ocidentais aceitam não inscrever a questão da taxa de câmbio da China na ordem do dia das diferentes cimeiras, nomeadamente do G20?

Uma primeira resposta a esta questão é evidente: a China condiciona a sua participação neste tipo de reuniões à exclusão da taxa de câmbio da ordem do dia, a que os dirigentes ocidentais se resignam, considerando que a cooperação da China é primordial e indispensá-

---

([258]) Em setembro de 2009, alguns dias antes da cimeira do G20 em Pittsburg, a «Comissão Stiglitz» propôs que se levasse em conta os novos indicadores estatísticos. De imediato, o Presidente Sarkozy declarou que «a França bater-se-á para que todas as organizações internacionais modifiquem os seus sistemas estatísticos». Os membros do governo francês rejubilaram: «é necessário pensar para além do PIB», disse um deles, enquanto outro declarava muito seriamente: «é a primeira vez que se diz que os números mentem».

vel, mesmo que reconheçam, por vezes, que este parceiro económico é pouco cómodo.

Mas por que razão, então, estes dirigentes se obstinam em crer que a China tem um papel cooperante, ainda que tantos factos demonstrem que não é assim? Os factos demonstram que a oligarquia chinesa dos negócios e do Partido perseguem um objetivo de potência, a que estão sujeitas as suas decisões económicas: trata-se de dotar a China com os meios de exercer a prazo a hegemonia mundial e, para isso, enfraquecer os Estados Unidos e os seus aliados. Até hoje, estes não o querem ver, não querem acreditar em tal.

2. Uma realidade virtual: o consenso dos países desenvolvidos

Pouco a pouco, os círculos dirigentes destes países têm elaborado um conjunto de representações sobre o crescimento, o comércio internacional, a finança, a crise e a China que constituem uma crença coletiva amplamente generalizada e aceite, ou seja, um «consenso». Podemos resumi-lo nos quatro pontos seguintes:

> 1 – O comércio externo é bom para todos os países. Sobretudo não se deve regressar ao protecionismo (que se finge acreditar que não existe, embora a China pratique um descarado protecionismo monetário). A mundialização é um facto adquirido. Qualquer passo atrás seria mau para o nosso nível de vida, mas, felizmente, dizem-nos, uma tal regressão é impossível!
>
> 2 – É claro que os défices externos são preocupantes, mas os países desenvolvidos, ao mobilizarem-se e ao desenvolverem inovações, podem ganhar a batalha da competitividade e restabelecer os equilíbrios comerciais. Para que tal aconteça, é necessário, no entanto, ter contenção no nosso nível de vida e, sobretudo, sobre nas despesas do Estado!
>
> 3 – A China é uma potência como as outras, ou melhor, é pacífica e cheia de virtudes económicas, apesar de a sua organização social estar um pouco longe dos nossos critérios. Poupa muito e, graças a isso, tem um forte crescimento económico. Finalmente, é uma potência «responsável», que não vive acima dos seus meios...
>
> 4 – Ela é de tal maneira «responsável» que, graças aos seus créditos externos, por um lado, e ao relançamento da sua economia, por outro, vai «salvar o mundo», permitindo-o sair da crise!

Já vimos anteriormente que as ideias baseadas neste consenso assentam num conjunto de crenças completamente falsas porque:

1 – O comércio internacional, nas suas modalidades atuais, é ruinoso para a Europa e para os Estados Unidos;

2 – Continuá-lo, nas condições atuais, acelera necessariamente a desindustrialização. As inovações e os ganhos de produtividade, apesar de todos os esforços públicos e privados que possam ser feitos, nunca poderão contrariar este movimento. Por esta razão, o desemprego agravar-se-á ainda mais;

3 – A China não é uma potência capitalista como qualquer outra, é uma potência capitalista totalitária, tendo como objetivo dominar o mundo[259];

4 – Ela não se sente, aliás, de maneira nenhuma responsável pelo futuro do mundo, não procura de maneira nenhuma ajudar os Estados Unidos, mas antes levar à sua queda, primeiro no plano económico e depois no plano político, diplomático e militar. A sua elevada poupança articula-se com a subavaliação do yuan, não sendo uma «virtude», mas antes um elemento indispensável da sua estratégia de guerra económica.

As crenças que constituem este «pensamento único» são de tal maneira contrárias à realidade que se pôs a claro anteriormente que se teria podido acreditar que, com o contributo da crise, iria produzir-se uma espécie de viragem nas representações, a passagem de um paradigma a outro. Isto ainda não aconteceu. É necessário, portanto, ter em conta a solidez deste «pensamento único».

É claro que os portadores de más notícias raramente são apreciados: prefere-se a imagem tranquilizadora da «mundialização feliz», em que as nossas preocupações são apenas passageiras, desde que façamos um esforço para nos adaptar! Contudo, a desindustrialização e o aumento do desemprego para níveis cada vez mais elevados deveriam fazer refletir os nossos dirigentes e alterar um pouco as suas crenças «otimistas». Apesar disso, o edifício formado por elas resiste e mantém-se: há, claramente, interesses económicos poderosos nas economias desenvolvidas que produzem e reproduzem estas crenças. Falou-se da grande

---

[259] Um indicador muito claro desta vontade de hegemonia mundial é constituído pela estratégia de expansão territorial que começa a ser implementada pela China: migrações forçadas de populações (uma tradição histórica chinesa) para o «interior» (Tibete, Sinkiang), diáspora chinesa organizada em certos países (Mongólia, Cazaquistão, Rússia), cartas geográficas chinesas onde aparece a Mongólia e uma grande parte da Sibéria e do Extremo Oriente russo como parte integrante da China.

distribuição e das grandes empresas industriais, falou-se também da bolsa e da finança. Digamos que é o mundo da finança, tomado num sentido muito amplo, que ao mesmo tempo determina esta «cegueira» e as políticas que são implementadas.

3. A prudência das empresas e dos governos face ao totalitarismo chinês

As empresas ocidentais que têm negócios com a China, quer comprem ou vendam, quer produzam diretamente ou subcontratem produções, são extremamente prudentes, porque sabem muito bem que represálias fortes e imediatas poderiam comprometer as suas atividades.

Sabe-se, por exemplo, que a China produz aproximadamente 80% dos brinquedos do mundo. O principal importador americano de brinquedos chineses teve a desafortunada ideia de criticar a qualidade das mercadorias distribuídas pelas PME chinesas com as quais fazia negócio. Perante o corte dos fornecimentos, teve de apresentar um pedido de desculpas público e, muito provavelmente, concordar com aumentos substanciais dos preços de compra para «reparar» a injustiça feita aos pobres produtores da região de Cantão!

Em 2008, a França recebeu o Dalai-Lama, e Paris foi palco de manifestações a favor do Tibete no momento da passagem da chama Olímpica. Imediatamente a seguir, apossou-se da população chinesa uma grande emoção e tiveram lugar na China manifestações «espontâneas» para protestar contra esta «campanha antichinesa». As vendas de bilhetes de avião e as reservas nos hotéis da França caíram para metade sem que houvesse, bem entendido, a mais pequena diretriz. De igual modo, os hipermercados Carrefour na China viram os seus volumes de vendas baixar sensivelmente, enquanto, por outro lado, os dossiês para novos investimentos franceses (os «IDE») ficaram misteriosamente parados. Os interesses franceses na China estavam afetados: era uma «lição», não só para a França, mas também para as outras nações ocidentais[260].

Mais recentemente, pouco depois da eleição de Obama, a declaração do Secretário do Tesouro americano, Timothy Geithner, indicando que a China manipulava a sua taxa de câmbio e que esta estava amplamente subavaliada, provocou a ira das autoridades chinesas. Imediatamente o vice-presidente americano desautorizou-o: ele ter-se-á «exprimido

---

[260] Tal como no caso do negócio dos brinquedos, iria ser necessário uma mostra de arrependimento: o senhor Raffarin foi, então, encarregue dessa tarefa.

mal»! A taxa de câmbio da China é, evidentemente, um assunto tabu que será melhor não abordar!

Ainda mais recentemente, após a anunciada compra do gigante mineiro australiano Rio Tinto pela chinesa Chinalco, o súbito volte-face (com o pagamento de uma indemnização de mil milhões de dólares pela quebra de contrato) da Rio Tinto provocou uma grande irritação na China. Imediatamente, os quatro dirigentes da Rio Tinto colocados em Xangai foram presos sob a acusação de espionagem económica e, depois, julgados durante um processo em que se declararam «culpados», esperando a clemência do tribunal, mas no fim do qual foram condenados a 14 anos de prisão[261]!

Com estas questões, percebe-se a enorme força da China enquanto conjunto que reage como um bloco a qualquer estimulação externa, seja ela económica ou política. A China não só é forte por ser grande e representar 20% do PIB mundial, mas é-o também devido à sua organização totalitária.

Nestas condições, as grandes empresas internacionais são extremamente prudentes nos seus atos e nas suas declarações em relação à China. O mesmo acontece com os bancos que lhes estão associados. Poder-se-á imaginar que o serviço económico de um grande banco ocidental apresente uma análise do género da nossa no fim da qual a China apareça, de alguma forma, como a «fautriz da crise»? Mesmo que esse banco não tivesse interesses diretos na China, o governo chinês responderia penalizando os seus principais clientes industriais e comerciais, que, sabendo disso, fechariam as suas contas para escapar às sanções. O banco, que não tem nenhuma vantagem em perder os seus grandes clientes, vai, por isso, propor e difundir análises que não corram o risco de indispor o gigante chinês. Progressivamente, vê-se que todos os círculos de negócios dos países avançados têm interesse em não indispor a China.

4. O lobby chinês

O volume do comércio externo chinês é enorme. As empresas dos países desenvolvidos fazem compras na China, cuja importância é considerável para os seus lucros. O mesmo acontece com as exportações para a China, uma vez que representam frequentemente uma parte importante do mercado mundial.

([261]) Isto faz pensar no tristemente célebre processo de Moscovo dos anos 30 do século passado.

Para além do facto de a China saber perfeitamente jogar com as rivalidades entre a Europa, os Estados Unidos e o Japão, também pode, numa escala mais fina, jogar com as rivalidades entre países e empresas europeias. Os felizes eleitos dos negócios com a China devem contudo passar por alguns canais. Um industrial que queira desenvolver os seus negócios com a China deve solicitar os serviços de um «consultor» bem introduzido na China, com boas ligações, com muitos amigos bem colocados no Partido, no aparelho de Estado e no mundo dos negócios e da finança, e com conexões com a oligarquia. Estes consultores não são qualquer um: se têm ligações ao mais alto nível na China é porque eles próprios são muito importantes no seu país.

Eles utilizam a sua notoriedade para difundir nos seus respetivos países uma imagem positiva e tranquila da China: um país agradável, não agressivo, trabalhador, sério. Evidentemente, dizem eles, os Chineses não têm as mesmas conceções políticas que nós (deve-se evitar lembrar que o Partido Comunista exerce uma ditadura na China), mas a sua civilização é tão diferente da nossa que não se deve cair no perigo do etnocentrismo, sendo necessário compreender mais do que estigmatizar! Acrescenta-se ainda, para que não restem dúvidas, que são impressionantes os progressos realizados em apenas algumas décadas, nomeadamente graças à ordem, à paz social e à ausência de greves!

Estes consultores são reconhecidos pelo governo chinês como «amigos da China» e, de facto, em todas as circunstâncias, eles dizem bem tanto da sua política como dos seus dirigentes. Por exemplo, no dia seguinte ao massacre de Tiananmen, Henry Kissinger, que era nessa época um dos pilares do «lobby chinês» nos Estados Unidos, descreve Deng Xiaoping como *one of the great reformers in Chinese history [...] who choose a more humane and less chaotic course for China* [Um dos maiores reformadores da história da China [...] que escolheu uma via mais humana e menos caótica para a China]. Não se poderia dizer melhor! Outro antigo secretário de Estado americano, Alexander Haig, desempenhou um papel importante no lobby chinês. Mais recentemente, em França, o especialista das missões informais à China foi um antigo primeiro-ministro, J.-P. Raffarin.

As grandes empresas que queiram negociar com a China consultam este tipo de conselheiros, que remuneram. Consoante a importância dos negócios a realizar, eles estabelecerão os contactos com o presidente da Câmara Municipal de uma grande cidade, com um ministro ou mesmo com um vice-primeiro-ministro. Conseguem então fazer sempre declarações favoráveis à China nos meios de comunicação social. Essa é uma das condições, certamente não formulada, mas bem real, do sucesso da sua missão e, portanto, da conclusão dos acordos económicos com a China. Numerosas empresas e, sobretudo, empresas muito poderosas, fazem parte do lobby chinês, tanto na Europa como na América. Os seus dirigentes podem, por vezes, encontrar-se com altos dirigentes chineses. Por exemplo, Bill Gates foi recebido por Jiang Zemin, em abril de 1994. O lobby é constituído, não só por empresas e «conselheiros», mas também por intelectuais, universitários e, sobretudo, por organizações que federam empresas e constituem poderosos grupos de pressão. Estas organizações, tal como The United States-China Business Council, difundem «informações» e análises valorizando o interesse partilhado das relações económicas com a China e a ausência de perigo dessas relações. É assim que encontramos listas de argumentos que minimizam a importância do défice comercial entre a China e os Estados Unidos: há «erros estatísticos», dizem, e, mesmo assim, o défice vai reduzir-se com o crescimento dos rendimentos e do consumo na China... o que os factos desmentem regularmente!

Como é evidente, o lobby chinês e as suas organizações são muito apegados à liberdade... à do comércio, queremos nós dizer! Descrevem os que falam do comércio desleal da China, da sua taxa de câmbio subavaliada e das suas proteções não tarifárias como espíritos «doutrinários» e passadistas, que apenas desejam, em suma, o regresso do protecionismo! Até porque, acrescentam perfidamente, por vezes, no Ocidente, também se desenvolvem práticas comerciais desleais...

Há, depois, os jornalistas, os artistas, os intelectuais, os escritores, os cineastas e os universitários aos quais se dá um estatuto de «amigos» da China. Eles escrevem artigos e livros, e fazem declarações, conferências e filmes sobre a China. Para isso, facilita-se a obtenção dos seus vistos, as deslocações ao interior do país e os contactos com os oficiais chineses. Ainda que não haja qualquer condição explícita para obter o estatuto de amigo ou as facilidades a que dá lugar, é necessário que os textos, as conferências, os filmes destes amigos sejam «amigáveis», ou seja, se apresentem conformes ao que os responsáveis chineses esperam([262]). Trata-se, de alguma forma, de uma instrumentalização para fins de propaganda que faz lembrar o que eram outrora os métodos da União Soviética.

Em certos casos, estes «amigos» podem ter o estatuto de «conselheiros» do governo chinês ou de uma instituição importante, como

---

([262]) Se os textos, conferências, filmes, etc. não estiverem em conformidade com o que se espera deles, o seu autor perde o estatuto de amigo e, geralmente, a possibilidade de obter um visto de entrada no território chinês. De alguma forma, a «amizade» foi traída...

o Banco Central da China. Tais conselheiros são bem mais utilizados pelos escritos e declarações favoráveis à China que fazem nos seus respetivos países do que pelos conselhos que possam dar, por muito informados que sejam.

Estes conselheiros recebem, então, não só a gratificação usual dos amigos da China, que é constituída pelo capital relacional e simbólico que podem assim adquirir, mas também uma gratificação monetária[263]. Estes conselheiros são muitas vezes economistas de grandes países desenvolvidos com os quais a China negoceia: Estados Unidos, Grã--Bretanha, Alemanha, Japão, França... Alguns deles, como J. Stiglitz, ganharam o Prémio Nobel, outros não. No entanto, uns e outros são escolhidos devido à sua forte produção editorial, nomeadamente quando se trata de análises que dizem respeito à economia mundial, à finança internacional, ao comércio internacional e à política económica. São também escolhidos, de uma forma mais ampla, devido à «influência e reconhecimento» que possam ter nos *media* e às suas ligações com os círculos dirigentes das empresas, da finança e do Estado.

Como dissemos, o lobby chinês compreende organizações, dirigentes de empresas, intelectuais e políticos. Está muito desenvolvido nos Estados Unidos, mas não o está menos, igualmente, num país como França. No lobby chinês deste país encontramos grandes empresários da indústria e da finança, numerosos economistas, políticos como o antigo primeiro-ministro Raffarin e também, o que é uma originalidade francesa, um partido político que promoveu, em 2009[264], relações de «confiança recíproca» com o Partido Comunista Chinês e que é, nada mais nada menos, do que o principal partido de direita, atualmente no poder, a UMP. O texto assinado refere o «respeito mútuo e da não ingerência nos assuntos internos alheios» e constitui, portanto, um compromisso implícito deste partido a deixar de falar do Tibete: uma boa operação para o PCC!

---

[263] Estaline convidava «intelectuais» para visitar a Rússia para que pudessem relacionar-se com os seus colegas soviéticos e difundir a seguir, no Ocidente, opiniões e análises favoráveis à União Soviética. Nos anos que precederam a guerra, Hitler e Mussolini iriam mais longe ao pagar a jornalistas importantes de países democráticos, sobretudo da Grã-Bretanha e da França, para que escrevessem artigos favoráveis à Alemanha nazi ou à Itália fascista. Os atuais «conselheiros» da China têm um papel idêntico ao desses jornalistas.

[264] A 22 de outubro de 2009, Xavier Bertrand, liderando uma delegação da UMP, assinou na China uma declaração comum com o PCC que precisa nomeadamente: «Os dois partidos são da opinião que, com base nos princípios da independência e da autonomia, da completa igualdade, do respeito mútuo e da não ingerência nos assuntos internos alheios, o PCC e a UMP desenvolverão ativamente contactos no sentido de melhorar o conhecimento mútuo, alargar o consenso, reforçar a confiança recíproca, etc.».

As ideias e análises que, de uma maneira geral, os membros de um lobby chinês devem difundir têm de estar de acordo com o *«main stream»* do pensamento económico e com o que esperam os dirigentes chineses. Podemos citar os seguintes temas:

- O livre-cambismo não deve ser posto em causa: o regresso ao protecionismo seria sinónimo de regressão social e de empobrecimento, sobretudo no Ocidente;
- A China é um país pobre, em transição, confrontada com grandes dificuldades; ela não pode, portanto, liberalizar rapidamente as suas trocas externas, nomeadamente os fluxos de capitais e a sua finança;
- A fixação da sua taxa de câmbio é um elemento do exercício da sua soberania;
- A taxa de câmbio está um pouco subavaliada... mas não muito e isto vai desvanecer-se no futuro;
- Não é necessário «precipitar as coisas»: afrontar a China sobre a sua taxa de câmbio seria contraproducente. É necessário, pelo contrário, saber ser paciente, de maneira a que as evoluções que se têm de fazer se possam realizar efetivamente[265];
- A presente crise económica é, no essencial, uma crise americana: tendo os Estados Unidos recorrido muito ao endividamento, a sua poupança era notoriamente insuficiente;
- Finalmente – a cereja no cimo do bolo, poderíamos dizer –, a China tem um papel estabilizador devido aos seus créditos concedidos em todo o mundo (sobretudo ao Tesouro americano) e ao seu crescimento interno, que vai salvar o mundo da crise!

Estas ideias, que são geralmente apresentadas com um certo talento, estão em completa contradição com as teses que nós, por outro lado, desenvolvemos. Para nós, recordemo-lo então, os baixos salários chineses associados a uma taxa de câmbio amplamente subavaliada conduzem à perda de competitividade de muitas produções dos países desenvolvidos e a um desequilíbrio comercial persistente em seu desfavor. A necessidade de compensar este desequilíbrio por recurso exces-

---

[265] Sobre o tema da paridade do *renminbi*, de que não se pode falar, porque «Não é um dossiê muito bom» (P. Artus), pode consultar-se a obra *La Chine*, editada pela PUF (2008) (*Les Cahiers du Cercle des économistes*), sob a direção de P. Artus, nomeadamente os artigos:
  – de P. Artus, «L'objectif central de politique économique de la Chine: croître le plus vite possible» (pp. 19-26).
  – de M. Aglietta, «La rivalité monétaire sino-américaine et le régime de change de la Chine» (pp. 35-54), que constitui uma verdadeira peça de antologia.

sivo ao endividamento tem conduzido à crise. Não se trata do insolúvel problema do ovo e da galinha: há uma causa primeira para a crise, e essa causa encontra-se na Ásia. Há também, é verdade, a estranha passividade dos países ocidentais perante a agressão mercantilista, que tem a sua origem no facto de muitas empresas destes países terem aqui o seu interesse. Os créditos *subprime* e a assunção de riscos pelo sistema financeiro americano no seu conjunto devem ser colocados no seu justo lugar: o de uma causa desencadeadora, nada mais. Contudo, uma questão permanece: por que razão o «consenso dos economistas» está tão de acordo com as ideias do lobby chinês? A resposta passa pela finança.

5. A finança e o lobby chinês

O desequilíbrio comercial considerável dos países ocidentais, sobretudo dos Estados Unidos, foi acompanhado, para as grandes empresas industriais cotadas na bolsa, da possibilidade de realizar taxas de lucro notáveis, da ordem dos 15%, graças às suas atividades asiáticas. A necessidade de os Estados Unidos assegurarem um crescimento mínimo, apesar do défice comercial, conduziu à implementação de políticas de estimulação do endividamento interno e, por consequência, a um crescimento, também ele notável, do setor da banca e da finança, assim como dos serviços imobiliários. Estes setores representam nos Estados Unidos mais de 20% do valor acrescentado do país.

As «inovações financeiras» de todos os tipos, com as taxas de juro muito baixas, permitem ao mesmo tempo o crescimento da finança e, sobretudo, o aumento dos seus lucros (os famosos «15%»), assim como das remunerações de uma parte do pessoal que emprega. Os economistas, jovens ou velhos, estavam perfeitamente encantados com o lugar que fora assumido pelo setor da finança, quer pela importância dos seus mercados, quer pelo nível das suas gratificações. Dar empregos muito bem remunerados: eis um estimulante poderoso para a produção de representações económicas nas quais a finança, tal como a Estátua da Liberdade, em Nova Iorque, ilumina o mundo! Ouvimos, assim, professores das nossas grandes escolas de gestão declarar doutamente à rádio e à televisão que os agentes económicos, que são «cegos», podem fazer escolhas económicas eficazes graças à finança que os ilumina! Em suma, os mercados são «eficientes»[266].

---

[266] No fim do mês de setembro de 2009, o presidente Sarkozy declarava à imprensa: «se os mercados são eficientes, logo se verá!». Esta frase teria podido ser o indicador de uma reviravolta nas representações económicas dos círculos dirigentes em França, mas não foi este o caso.

É necessário ver que o setor da finança tem hoje em dia um reconhecimento social excecional nos países ocidentais: supõe-se que tem uma utilidade «indiscutível» para o crescimento. Com efeito, vimos que na explicação usual que deste é dada (pela OCDE, por exemplo) e com a qual estamos em desacordo[267], a taxa de crescimento resulta de uma média de taxas de crescimento da despesa interna e do saldo do comércio externo, respetivamente, ponderados pelo lugar destes agregados no PIB, de maneira que o comércio externo apareça aqui como tendo sempre uma importância insignificante. O crescimento nos Estados Unidos, em França, em Inglaterra, etc. é «puxado» pela despesa interna, ou seja, pelo que a estimula, o crédito, isto é, pelo sistema da banca e da finança. E esta última asserção é verdadeira! Mesmo se esta representação oculta o verdadeiro lugar do comércio externo, os países que têm défice sentem, no entanto, necessidade, para compensar o obstáculo que o défice constitui, de desenvolver o endividamento a todo o custo, o que se exprime pelo aumento dos efetivos do seu sistema financeiro e bancário.

Eis, portanto, um setor de atividade, a finança, reconhecida como socialmente muito útil, que distribui bons salários e absorve de facto os melhores licenciados dos cursos de economia dos estabelecimentos de ensino superior. Estes felizes eleitos também não vão desenvolver modelos de pensamento suscetíveis de colocar em questão o que lhe assegura uma vida confortável, agora que dispõem de todas as ferramentas «teóricas» necessárias à legitimação das suas funções! Estas ferramentas, a eficiência dos mercados, assim como o suposto fraco impacto do comércio externo no crescimento justificam amplamente o crescimento do setor da finança e, por consequência, a sua hipertrofia...

Se o interesse é agora não tanto pelos indivíduos, mas pelas empresas do setor da finança, devemo-nos interrogar sobre a origem da sua prosperidade, que lhes confere um lugar tão destacado no seio das atividades económicas. Uma boa fatia dos seus benefícios vêm-lhe dos bons negócios que os seus importantes clientes, que são as grandes empresas industriais, realizam na Ásia, principalmente na China. Por isso, não se levanta sequer a hipótese de pôr em causa as modalidades do comércio internacional, nomeadamente as taxas de câmbio, uma vez que são estes elementos que permitem o êxito destes clientes. A sua prosperidade é também devida ao forte estímulo da despesa interna que permitem, devido ao aumento do crédito, a qual é uma necessidade devido à existência de grandes défices externos. Em suma, o setor da banca e

---

[267] Cf. sobre este ponto o que é dito no capítulo 3.

da finança lucra «pelos dois lados», devido ao modo de funcionamento atual da economia ocidental, que contribui para reproduzir ao longo do tempo, embora tenha levado à crise que atravessamos.

6. A cegueira do mundo académico

E os «especialistas»? Os economistas das organizações internacionais, os que aconselham os governos, enfim, os universitários considerados muito «independentes», pois estão dedicados à qualidade da «ciência»? Este pequeno círculo é, em grande medida, estruturado pelo mundo da finança[268]. Na verdade, este oferece saídas de qualidade aos melhores licenciados das universidades, bem como oportunidades de *consulting*, ou mesmo de emprego, a alguns universitários. Daqui resulta uma influência notável deste setor da finança nos especialistas, o que se expressa nomeadamente por uma certa «normalização» das pesquisas e das representações económicas características do consenso que foi discutido anteriormente.

Os que controlam as profissões académicas exercem também, muitas vezes, funções de aconselhamento junto dos organismos do Estado, das grandes empresas e dos bancos. Este reconhecimento externo, ao mesmo tempo que o dos *media*, é importante para eles pecuniariamente, mas mais ainda simbolicamente: constitui uma espécie de consagração. Mais preocupados com a sua carreira do que com a «Ciência» e, ainda que a defendam, não prestando grande atenção à qualidade da sua deontologia, produzem «conhecimentos» que estão realmente de acordo com as expetativas das organizações[269] de que são conselheiros. Como controlam o mundo académico, nomeadamente as revistas científicas e os recrutamentos, as produções deste meio académico não podem contradizer as suas análises «científicas», que difundem amplamente. Na sua atividade de «bloqueio» deste meio, o seu credo poderia ser: se quer fazer carreira, faça ciência, modelos esotéricos, tudo o que quiser, mas não toque no «consenso» dos economistas, nomeadamente no dogma do «não regresso ao protecionismo»![270]

---

[268] O «mundo da finança» é tomado aqui numa ampla aceção: os bancos e as instituições financeiras, mas também os bancos centrais e algumas organizações internacionais.

[269] Em certos casos, aplica-se tanto aos Estados Unidos como à Europa. O Estado chinês intervém diretamente ao recorrer a especialistas que remunera. O caso mais conhecido é o de Joseph Stiglitz, mas há outros. Em certos aspetos, faz lembrar a década de 1930, quando alguns jornalistas franceses recebiam dinheiro da Alemanha nazi ou da Itália fascista para escrever artigos favoráveis a estes países.

[270] Olivier Pastré, «Gouvernance: attention à la menace protectionniste», *Enjeux-Les Échos*, julho de 2009.

A este respeito, a organização do Congresso Mundial dos Economistas, em São Francisco, no início de janeiro de 2009, foi muito reveladora: podia ouvir-se, na sala principal, comunicações sobre «a crise» (que, como cada um sabe, é uma crise «americana») e, paralelamente, no mesmo momento, noutra sala, um atelier sobre «a economia na China». Com tal dispositivo, não havia qualquer perigo de ver surgir comunicações sobre «A China e a Crise»! Foi, consequentemente, deste ponto de vista, um congresso «politicamente correto»... Também não poderiam deixar de o ser os Rencontres d'Aix, organizados pelo Círculo dos Economistas([271]).

As necessidades do momento levam os economistas do *main stream* a desenvolver as suas tendências esquizofrénicas. De facto, aceitaram sem hesitar, em 2008 e 2009, as políticas de apoio à procura, devido às facilidades espantosas concedidas aos setores da finança, incluindo a criação monetária pelo *quantitative easing*, no caso dos Estados Unidos e da Grã-Bretanha, características de uma espécie de hiperkeinesianismo que deveria transtornar os grandes espíritos cuja visão da economia está centrada na Oferta. A crise das finanças públicas e as medidas de restrição da despesa para lhe fazer face, que começam a ser implementadas em 2010, permitem, sem dúvida, ir ao encontro das suas crenças usuais. A sua «grande diferença» teórica continua, no entanto, a residir no comércio mundial: ainda que aceitem o modo de apresentação do crescimento como uma soma ponderada das taxas de crescimento da despesa interna e do saldo externo, o que leva a negligenciar este, por outro lado, defendem com unhas e dentes o comércio livre, a mundialização contra qualquer «regresso ao protecionismo», o que é a prova de que, apesar de tudo, atribuem importância ao comércio externo.

Em qualquer caso, dão a sua modesta contribuição ao empreendimento da consolidação do consenso dos países desenvolvidos para alertar a opinião pública para os perigos de um possível «regresso ao protecionismo», a fim de evitar falar da taxa de câmbio da China como um problema central e orientar, pelo contrário, os discursos para falsas pistas como as novas tecnologias ou o ambiente([272]).

([271]) «Como sucede todos os anos, a Enjeux associou-se a esta manifestação prazenteira, musical (concomitante com o Festival de Aix), que associa o mundo académico e o mundo da economia real, o mundo das empresas e das instituições [...]. Aix tem os seus fiéis, como Christine Lagarde, Jean-Claude Trichet, Pascal Lamy, uma lista muito longa de presidentes executivos...», *Enjeux-Les Echos*, julho de 2009.

([272]) Trata-se de falsas pistas (e não de falsos problemas) no sentido em que as medidas tomadas nestes domínios não poderão constituir verdadeiras soluções para restabelecer o equilíbrio do comércio mundial.

7. A passividade dos Estados leva ao aventureirismo

O termo «passividade» pode parecer pouco apropriado para falar dos Estados desenvolvidos, no final de 2010. Com efeito, pode constatar-se que a sua atitude é frequentemente intervencionista. Não se mostram, portanto, «passivos», mas ativos. A sua atividade consiste em resignar-se ao papel que lhes dão os países mercantilistas, principalmente a China.

Uma via possível, a única que é viável, seria recusar claramente o desequilíbrio atual das trocas mundiais: os Estados desenvolvidos obrigariam os países que manipulam a sua taxa de câmbio (subavaliada) a acabar com este tipo de práticas e, se recusassem, puni-los-iam com medidas concertadas de proteção para assegurar esse equilíbrio.

Em vez disso, a via que foi escolhida até hoje foi a do endividamento. Depois do endividamento excessivo das famílias e das empresas, passou-se também ao endividamento excessivo dos Estados soberanos. Não podemos continuar indefinidamente nesta via, apesar do que diz James Kenneth Galbraith[273] e como o mostram as políticas de desendividamento que alguns Estados europeus estão hoje a implementar.

Como dissemos, os Estados Unidos tiveram uma política de fuga para a frente, que se apoiava num amplo consenso. As suas grandes empresas eram prósperas e declaravam que era necessário continuar a desenvolver o comércio mundial e que as taxas de câmbio da China não constituíam problema. Os bancos asseguravam que os seus clientes, sobretudo as grandes empresas, estavam satisfeitos, que era necessário continuar a desenvolver o crédito, que a situação económica era saudável. O Tesouro americano, que colocava os seus títulos junto de fundos chineses com taxas baixas, estava muito satisfeito e os seus especialistas consideravam a globalização como uma boa coisa, preconizando o desenvolvimento do crédito e os esforços em matéria de competitividade. Só alguns senadores afirmavam, pelo contrário, que a situação não era boa, insistindo na subida do desemprego e no frenesim das deslocalizações de produções para a China[274]. Tentavam fazer-se

---

[273] À questão de saber se o FED pode continuar a monetizar a dívida, J. K. Galbraith responde: «Perfeitamente: a bancarrota é uma solução do sobre-endividamento das partes privadas que não tem nenhuma aplicação aos negócios do Estado. E se os estrangeiros já não quisessem deter dívida americana, seria uma questão de desvalorização do dólar e de alguma, pouca, inflação interna, mas não de financiamento do Estado». (jornal *Le Monde*, 13 de outubro de 2009).

[274] Estas «deslocalizações» não são necessariamente transferências de estabelecimentos. O processo é mais insidioso e decorre numa escala bem mais vasta. São, muito simplesmente, novos investimentos que se fazem na China, e não nos estabelecimentos do país de origem.

ouvir, mas não os escutavam: o mundo quase unânime das empresas, da finança e dos especialistas tinha muito mais credibilidade!

Preferia-se e continua a preferir-se, pelo menos na Europa, os discursos lenitivos dos oráculos da «mundialização feliz», que dizem que as dificuldades serão ultrapassadas graças a uma gestão séria das nossas finanças e a uma «política de oferta» consequente, tendo por objetivo baixar os custos de produção com descidas de salários e a obtenção de ganhos de produtividade permitidos pelas inovações industriais resultantes dos esforços realizados em matéria de pesquisa e desenvolvimento.

Face às dificuldades do presente, ao movimento de desindustrialização iniciado há muito tempo[275] nos países ocidentais e à força de negociação da China, que lhe permite adquirir uma a uma as principais tecnologias, como se poderá imaginar um cenário de desenvolvimento do mundo em que a China teria por tarefa produzir bens materiais para todo o mundo, enquanto a Europa e a América seriam especializadas no imaterial e na pesquisa e desenvolvimento? É necessário dizer e repetir: a «política de oferta» não pode funcionar. Podemos muito bem mobilizar créditos públicos consideráveis para financiar a pesquisa e desenvolvimento e estimular os ganhos de produtividade para melhorar a competitividade das empresas que isso não resolverá em nada o problema do desemprego. As inovações industriais feitas no Ocidente encontrarão as suas aplicações na Ásia. Numa segunda fase, estas inovações serão ali feitas: a Índia e a China produzem anualmente muito mais engenheiros do que os países desenvolvidos no seu conjunto!

Para que o cenário da divisão internacional do trabalho referido anteriormente pudesse funcionar, seria necessário que previamente fosse destruída a dinâmica atual da economia mundial sustentada no mercantilismo da China, que hoje implica a desindustrialização e amanhã, de maneira idêntica, a transferência das atividades de pesquisa para a China.

O papel que seria, então, reservado aos países ocidentais, num cenário muito menos «otimista» do que o dos economistas do *main stream*, seria o de constituir um espaço turístico e cultural. Era exatamente o papel previsto para França nos projetos geopolíticos de Hitler! Isso induziria, certamente, um forte crescimento do emprego de empregados de café, mas sobretudo o declínio inexorável do emprego global e a emigração forçada de um número crescente de jovens para encontrar

---

[275] Este movimento de desindustrialização é bem descrito, no caso dos Estados Unidos, por Emmanuel Todd no seu livro *Aprés l'Empire, essai sur la décomposition du système américain*.

trabalho remunerado com base no nível dos salários desses países. Não podemos deixar de recordar o «caso Moulinex» em França!([276])

Na mesma ordem de ideias, a sociedade SEB acaba de abrir uma quarta localização industrial na China... Isto mostra que, muitas vezes, os estabelecimentos industriais veem os seus efetivos diminuir devido aos novos investimentos que são efetuados na Ásia, pelo que as empresas correspondentes estão, por isso, numa situação florescente. Este não é o caso de outras empresas que estão cada vez mais exangues, vítimas da concorrência impiedosa dos países mercantilistas, com a China à cabeça. A indústria automóvel americana é um bom exemplo([277]).

Há, assim, na América, mas também na Europa, uma oposição de interesses cada vez mais evidente. Encontra-se, por um lado, a maior parte do mundo do trabalho, as «classes médias», assim como uma parte crescente das empresas numa sua situação cada vez mais difícil e, por outro, o mundo da finança e das grandes empresas, ou mesmo outras PME, que são prósperas e estão ligadas à oligarquia chinesa. Até 2008, as políticas implementadas pelos Estados inclinaram-se sobretudo para favorecer este conjunto, que, num universo de guerra económica, pode ser considerado uma espécie de «inimigo interno», no qual os dirigentes chineses sabem que se podem apoiar.

8. O medo

Haveria, assim, para algumas grandes empresas mundiais, um fenómeno de autonomização crescente em relação à «casa-mãe», em relação ao país de origem, exemplificando desta forma as palavras de Karl Marx de que «o capital não tem pátria»([278]), enquanto outras empresas, muitas vezes mais pequenas e certamente bem mais numerosas, continuam agarradas ao seu substrato territorial e social. Devido ao peso crescente das classes médias, estas últimas deveriam pesar cada

---

([276]) É necessário recordar sobre este assunto que o encerramento da atividade da Moulinex em França, em benefício de implantações situadas no Sudeste da Ásia, deu lugar a uma declaração da direção desta empresa particularmente apreciada pelos sindicatos: em suma, «comprometemo-nos a readmitir na Malásia todos os empregados despedidos que o desejem, nas condições salariais desse país!».

([277]) As empresas concorrentes são, neste caso, coreanas ou japonesas. A sua concorrência é ainda mais temível por poderem recorrer, e não se privam disso, a subempreiteiros chineses...

([278]) A deslocalização da direção do primeiro banco mundial, o HSBC, de Londres para Hong Kong, anunciada durante a reunião do G20 de setembro de 2009, ilustra este ponto de vista. Neste caso, o capital britânico pactuou de tal maneira com o capital chinês que se encontra provavelmente agora em minoria no seio do Conselho de Administração da empresa.

vez mais na política dos Estados: a eleição de Barack Obama constitui, deste ponto de vista, um indício importante.

Perante as dificuldades económicas e sociais cada vez maiores, os dirigentes dos países desenvolvidos saberão encontrar coragem para afrontar a China? Convém sublinhar aqui um fator de fraqueza específico das nações democráticas. Estas, precisamente por serem «democráticas» e os seus dirigentes serem obrigados, a intervalos regulares, a passar pela prova das eleições, são relativamente pusilânimes: os seus governantes, que procuram conservar as suas funções, têm tendência para privilegiar as soluções de curto prazo, a procurar «acomodar-se», como sucedeu outrora com a Inglaterra e a França face à Alemanha nazi. Pelo contrário, um país totalitário possui uma vantagem enorme[279]: os seus dirigentes, não tendo preocupações eleitorais, podem implementar uma estratégia de longo prazo e cumpri-la.

Ora, uma rutura em relação à China conduziria inevitavelmente a medidas de retaliação e a represálias, a acontecimentos imprevisíveis, a perturbações mais ou menos importantes. Iniciar-se-ia então um período cheio de incertezas, no decurso do qual os mercados correriam um grande risco de soçobrar, porque não gostam da incerteza. É, no entanto, a única via razoável a longo prazo. Contudo, podemos compreender que um político tenha medo de enveredar por ela, tendo em contas as implicações a curto prazo que supõe.

A China mete medo a um grande número de empresas, à classe política, à finança... Ela mete medo também ao «pequeno poupador». Com efeito, uma política corajosa face à China não deixaria de provocar uma forte descida dos valores bolsistas!

Tal descida teria uma significação e mostraria de maneira muito clara que os patrimónios, nomeadamente da classe média, estão sobreavaliados, que apenas valem metade do valor que se lhes atribui... Ainda que duvidem, as pessoas não desejam ser confrontadas com esta prova de verdade, porque têm medo dela!

Os dirigentes e as classes médias têm medo. Têm medo que se torne patente o fundamento dos seus temores e receiam os analistas que os formulam e que, por isso, devem ser desautorizados.

Jean-Luc Gréau assinala com justiça: «O nosso maior motivo de assombro, cada vez que a questão do protecionismo é abordada, é ver

---

[279] Consideramos falsas as tolices ideológicas desenvolvidas pela maioria das organizações internacionais (Banco Mundial, Fundo Monetário Internacional, Comissão Europeia, etc.), segundo as quais a democracia constituiria um fator de força e um fator favorável ao crescimento económico. Pensamos exatamente o contrário, o que não significa de maneira nenhuma que tenhamos a mínima inclinação para as ditaduras ou os regimes totalitários!

esta opção económica tratada como manifestação de uma patologia do espírito assente no medo. O protecionismo não pode ser introduzido no debate económico, uma vez que se supõe que qualquer indivíduo que formule o seu princípio fala sob a influência do medo de um futuro do qual não percebe as oportunidades favoráveis. Alguns tê-lo-ão notado: qualquer debate virtual que se pudesse iniciar sobre o assunto é inevitavelmente rejeitado com interrogações formuladas como um exorcismo: "quem tem medo da mundialização?", "quem tem medo da China?" […]».[280]

---

[280] Jean-Luc Gréau, *La trahison des économistes*, Gallimard, Paris, 2008, pp. 61 e 62.

Capítulo 10

Pôr a China em xeque

É AINDA POSSÍVEL pôr a China em xeque e restaurar o crescimento económico na maioria dos países do mundo. Para que isso aconteça, são necessárias alterações profundas nas modalidades das relações económicas internacionais. A primeira das coisas seria que os dirigentes dos países desenvolvidos mais poderosos tomassem consciência de que não se devem esquivar a um confronto económico com a China, sob pena de assistirem impotentes à destruição das suas economias. Serão necessárias, também, pelo menos provisoriamente, medidas de proteção aduaneira para se protegerem da agressão que é o *dumping* cambial chinês. Finalmente, seria necessário sair da OMC, que se tornou, de facto, uma organização ao serviço da China, e criar uma nova organização internacional tendo como objetivo o desenvolvimento de um comércio mundial equilibrado, de acordo com a preocupação de J. M. Keynes, em Bretton Woods.

1. Os países desenvolvidos não escaparão a um confronto com a China

A maioria dos economistas keynesianos está errada em relação ao combate a travar e ao adversário. A sua subestimação sistemática da importância do comércio externo para o crescimento[281] impede-os de

---

[281] No fim da sua vida, Keynes, ao contrário da maioria dos seus discípulos, compreendera que o comércio externo é um elemento decisivo do crescimento e que os desequilíbrios do comércio mundial são o principal flagelo das relações internacionais.

discernir, hoje, o papel desestabilizador da China nas trocas comerciais mundiais. Desde logo, têm dificuldade em compreender a viragem de 180 graus que se deu em 2010 nas políticas implementadas nos países desenvolvidos. Estes tinham acabado de esbarrar num muro, não o «muro do dinheiro», como na década de 1930 e das 200 famílias, mas, de facto, com um muro ainda mais resistente, a «grande muralha»... da China!

A crise da dívida soberana na Europa, trazida à luz do dia pelos mercados obrigacionistas, permitiu verificar que era ilusório contar com qualquer benevolência por parte da China. Aos países fortemente endividados, a China diz essencialmente: vocês estão presos numa armadilha e nós não vos vamos ajudar a sair dela porque fomos nós que para lá vos conduzimos!

Portanto, agora já não se trata, de maneira nenhuma, de um simples debate académico entre economistas para definir a melhor solução macroeconómica para uma crise que seria diagnosticada como resultado de um processo endógeno dos países desenvolvidos. Trata-se, pelo contrário, de reconhecer que, desde 1989-1994[282], a China optou pela via do afrontamento geopolítico com os países ocidentais, o qual se acentuou de maneira decisiva a partir de 2007 e que decorre, agora, nos terrenos comercial, económico, orçamental, monetário e financeiro.

Neste contexto de afrontamento, mais do que debater-se atabalhoadamente, pondo em prática medidas que agravam a sua situação, os países desenvolvidos deveriam preocupar-se em abolir o privilégio comercial de que a China se apropriou. Ao desfazer, assim, o «nó corredio» que asfixia as suas economias, inverteriam finalmente o curso das coisas e poriam fim ao forte aumento do poderio da China, que prossegue em detrimento do resto do mundo desde 2001.

É com uma ofensiva que é necessário responder à agressão chinesa. Torna-se urgente pôr fim ao privilégio que os países ocidentais concederam erradamente à China, em 2001, ao permitirem-lhe entrar na OMC sem nenhuma condição prévia quanto à sua taxa de câmbio.

Deste ponto de vista, ter em conta as grandes crises anteriores, a de 1875 e a de 1929, indica-nos o caminho a seguir.

---

[282] Em 1994, um documento interno do PCC afirmava pela primeira vez que os Estados Unidos constituem «o inimigo principal». Contudo, o arranque da política do *dumping* cambial remonta ao ano de 1989. Do fim de 1989 ao início de 1994, a China procede a uma série de desvalorizações que conduzem a uma subavaliação considerável do yuan.

2. A lição das crises

A análise das grandes crises «recentes», que começaram, respetivamente, em 1875 e em 1929, permite ver que, num e noutro caso, foram as medidas de protecionismo «defensivo», aduaneiras e monetárias, que possibilitaram realmente a saída da crise.

a) *A grande crise de 1875-1895 e a sua solução*

Uma primeira grande crise afligiu o mundo europeu entre 1875 e 1895. Num mundo em que, mesmo na Europa, o valor acrescentado do setor agrícola representava ainda mais de 50% do valor acrescentado total, os agricultores europeus, quer britânicos quer continentais, perderam subitamente toda a competitividade em relação aos seus concorrentes dos novos países (Estados Unidos da América, Canadá, Austrália, Argentina, Brasil, Rússia). Estes não tinham, então, qualquer intenção particular de prejudicar os países europeus. Os Estados Unidos, nomeadamente, que ainda não alimentavam o projeto de arrebatar a hegemonia mundial ao Império Britânico, acabavam somente de «inventar» a agricultura e a criação de gado extensivas, que eram muito mais produtivas do que a agricultura e a criação de gado intensivas praticadas na Europa. Beneficiando também de progressos simultâneos nos transportes (caminhos de ferro, frigoríficos, marinha mercante a vapor), os produtos agrícolas dos novos países, ao chegar aos portos europeus, eram bem mais baratos do que os dos agricultores europeus.

Durante longos anos, houve na Europa muitos espíritos dogmáticos para justificar e impor o *laisser-faire* e a ausência de direitos aduaneiros em nome da suposta vantagem teórica do comércio livre. Após uma crise muito longa e muito grave, caracterizado pelo desemprego, oculto, é claro, mas enorme, nas zonas rurais, o bom senso acabou, no entanto, por se impor ao dogma. Depois da lei Méline em França e de textos análogos noutros países europeus, foram finalmente restabelecidas as proteções aduaneiras para os produtos agrícolas, a crise acabou na Europa e a economia recuperou então uma grande prosperidade até 1914.

b) *A grande crise de 1919 e a sua solução*

Uma segunda grande crise afligiu ao mesmo tempo os Estados Unidos da América, a Europa e o Japão, a crise de 1929. Havia, na realidade, dois epicentros nesta crise: um nos Estados Unidos, o outro na Europa.

- Nos Estados Unidos, a prosperidade ligada nomeadamente aos excedentes comerciais externos provocou um movimento de euforia que deu lugar, tal como no Japão entre 1985 e 1989, a uma temível sequência «Bulle + Krach» em Wall Street, com o mesmo tipo de consequências que as que se seguiram ao crash imobiliário e bolsista de 2007.
- Por seu lado, os países europeus, após a Primeira Guerra Mundial, estavam desestabilizados pelos défices comerciais que registavam repetidamente com os Estados Unidos. Estes eram então excedentários em todos os tipos de matérias-primas: carvão, petróleo, minério de ferro, minério de cobre, trigo, milho, algodão, açúcar... e, por terem descoberto antes da Europa a produção em cadeia, também eram excedentários em produtos manufaturados. Os países europeus acumulavam já uma dívida pública que estava, em grande parte, nas mãos do grande Estado credor do mundo, os Estados Unidos da América. Tiveram, então, necessidade de uma reavaliação do dólar face à libra esterlina, ao franco e ao marco. Esta foi recusada e os Estados Unidos fizeram mesmo uma desvalorização do dólar em 1933, o que lhe permitiu, a partir de 1940, arrebatar a hegemonia mundial ao Império Britânico.

Como é que a Europa saiu da crise de 1929? É demasiado simples dar como única resposta a viragem para a Segunda Guerra Mundial, sem sequer precisar os seus encadeamentos.

Uma das respostas construtivas para a crise de 1929 foi, em 1948, a decisão americana de realizar uma enorme reavaliação do dólar em relação ao iene e às moedas europeias. Era necessário, então, restabelecer rapidamente a prosperidade económica nos aliados, fossem eles antigos ou novos (Japão, Reino Unido, França, Alemanha) para evitar que caíssem nos braços da URSS. Esta decisão teve um papel considerável e permitiu dar início a 30 anos de grande prosperidade na Europa (os gloriosos trinta), assim como no Japão.

3. Uma reavaliação significativa do yuan desejável, mas pouco provável

a) *Era necessário que se desvalorizasse o conjunto das moedas ocidentais face ao yuan*

Como acabámos de ver, nas duas grandes crises anteriores, a saída da crise foi possível devido à interrupção do desequilíbrio cumulativo no comércio mundial, que era a sua origem. Foi este desequilíbrio que a China criou deliberadamente a partir de 1989 e acentuou a partir de 2001. Pretende mantê-lo para melhor prolongar a crise dos países ocidentais e talvez mesmo transformá-la numa crise sistémica, constituída por uma crise de confiança nas suas moedas e nas responsabilidades assumidas pelos seus Estados.

Em 2010, tal como também em 1948 e em 1985, trata-se de pôr um fim ao desequilíbrio das trocas comerciais internacionais. De facto, é francamente insuportável que sejam sempre os mesmos países a permanecer deficitários e sempre os mesmos países a permanecer excedentários, e que os países excedentários, que se tornaram grandes credores, imponham, desta forma, uma recessão prolongada aos países deficitários, que se tornaram grandes devedores, sem que estes tenham qualquer possibilidade de obter os meios para se restabelecerem. Ao recusar reavaliar o yuan, a China sabe bem que impede os países ocidentais de obterem excedentes comerciais significativos consigo, excedentes que são o único fator que lhes permitiria desendividar-se em relação a si.

O paradoxo é que os dirigentes ocidentais utilizaram sucessivamente, mas em vão, todas as ferramentas macroeconómicas para tentar pôr em marcha uma retoma significativa. Todas as ferramentas salvo uma, que é, contudo, indispensável à recuperação do seu comércio externo e à dinamização da atividade económica que daqui resultaria, mas que eles não dominam: a desvalorização das suas moedas em relação, precisamente, à moeda chinesa.

Objetar-se-á, certamente, que desde meados de 2007 não deixou de haver movimentos oscilantes entre o euro e o dólar, entre o dólar e o yuan... Como era previsível, estes movimentos não melhoraram em nada a situação global do G7: trata-se de um jogo de soma nula entre estes países. Um euro a 1,6 dólares favorece o comércio externo dos Estados Unidos em detrimento da zona euro; um euro a 1,2 dólares favorece o comércio externo da zona euro, mas aumenta mais o défice externo dos Estados Unidos.

Quando falamos da desvalorização das moedas do G7, trata-se de uma desvalorização significativa e simultânea do conjunto de moedas do G7 face à moeda da China, o yuan.

A cotação mais pertinente é entre o dólar e o yuan. Entre julho de 2008 e julho de 2010, a cotação yuan/dólar continuou fixada em 6,83 yuans([283]) por dólar, o que foi acompanhado por uma flutuação do euro à volta de 9,5 yuans por euro (entre 8 e 11 yuans por euro, à medida que o euro flutuava face ao dólar à volta de 1,4 dólares).

Para fornecer oxigénio às suas economias cada vez mais asfixiadas, os países desenvolvidos teriam necessidade de que a relação dólar/yuan passasse rapidamente a uma nova paridade, da ordem dos 3,40 yuans por dólar([284]), o que, indiretamente, faria flutuar o euro à volta dos 4,75 yuans, e não dos 9,50 atuais. Qual é o problema? A organização político-económica do mundo é tal que não é possível arrancar à China o que ela não quer dar.

b) *A China demonstrou que não cederá na questão do yuan*

Como já dissemos anteriormente, a China arquitetou um regime de câmbios (inconvertibilidade do yuan, controlo draconiano das trocas comerciais e intervenções massivas quotidianas do Estado chinês) que lhe assegura o domínio total da cotação dólar/yuan e torna impossível aos países ocidentais impor-lhe uma reavaliação do yuan que não deseja. Devido a este facto, para obterem a reavaliação do yuan de que necessitam, os países ocidentais estão dependentes da boa vontade da China. Poderão alimentar alguma esperança neste domínio?

A China sabe muito bem que a sua estratégia agressiva de «guerra económica relâmpago» assenta num pilar central: a paridade dólar/yuan fixada unilateralmente pelo Estado chinês a um nível de combate. Assim, não é razoável que os países ocidentais esperem que a China aceite privar-se do que constitui para ela uma arma absoluta. Isto seria pedir-lhe que renunciasse à estratégia ofensiva que tem vindo a desenvolver metodicamente desde 1989-1994. Pensar que a China possa aceitar tal abandono de toda a sua estratégia é um pouco como se em 1934 a Inglaterra e a França tivessem esperado que, a um simples pedido seu,

---

[283] Desde julho de 2010, o yuan apreciou-se de maneira homeopática: estava, em novembro de 2010, a 6,63.

[284] Esta paridade de 3,4 yuans por euro corresponde implicitamente aos cálculos de «paridades de poder de compra» dos grandes organismos internacionais. Só a experiência permitirá encontrar a paridade que pode assegurar o equilíbrio. Trata-se aqui, portanto, de avançar uma ordem de grandeza.

Hitler aceitasse renunciar ao rearmamento da Alemanha, ainda que esse rearmamento fosse o pilar central da estratégia alemã de invasão militar e de tornar seu vassalo o resto da Europa. Aliás, o comportamento agressivo nos domínios diplomático e militar manifestado pela China, desde meados de 2007, vem ainda confirmar que jamais cederá na questão da política cambial.

4. A necessidade de proteções aduaneiras e o obstáculo da OMC

a) *As proteções aduaneiras contra um protecionismo monetário agressivo*

O *dumping* cambial que a China impõe ao mundo constitui um protecionismo monetário particularmente agressivo e devastador. Quando a China mantém a cotação da sua moeda a um nível duas vezes abaixo do que deveria ser, é como se concedesse um subsídio às exportações igual a 50% do valor do produto exportado e como se taxasse os produtos importados em cerca de 100% do seu valor. As autoridades chinesas fazem, claramente, batota: praticam deliberadamente um protecionismo monetário sem vergonha que é perfeitamente equivalente a um protecionismo aduaneiro extremamente forte. Contudo, é importante sublinhar, este protecionismo não é sancionado pela Organização Mundial do Comércio, o que mostra bem o erro fundamental que está na base desta organização.

Sabendo que não têm poder para obrigar a China a renunciar à paridade atual da sua moeda, o que podem e devem fazer os países ocidentais se quiserem evitar que continue o terrível processo de desestabilização das suas economias e das suas sociedades? Ao protecionismo monetário ofensivo da China seria necessário responder com um protecionismo aduaneiro defensivo[285] dos países ocidentais.

---

[285] A palavra «protecionismo» tem muito má fama: os que se reclamam do protecionismo são por vezes identificados como espíritos passadistas que se opõem ao que é necessário fazer. Sublinhemos, aqui, que «protecionismo» tem a mesma raiz que «proteção». O «verdadeiro» protecionismo é, portanto, defensivo. Contudo, o mundo é confrontado com uma prática protecionista que já não é defensiva, mas sim ofensiva: a do *dumping* monetário da China. Podemos fazer notar aos economistas que temem um «regresso ao protecionismo» que não se dão conta de uma coisa: que não há nenhum risco de que o mundo «regresse» ao protecionismo, uma vez que, de facto, está já completamente atolado no protecionismo, o da China, na sua variante «monetária/agressiva».

b) *A OMC tornou-se, de facto, um polícia ao serviço da China*

O grande problema reside na OMC, cuja tarefa essencial consiste em combater as proteções aduaneiras, quer se trate de direitos alfandegárias ou de subsídios à exportação. A OMC é um polícia internacional muito reativo e poderoso com a missão de punir o protecionismo aduaneiro, e somente o protecionismo aduaneiro. A OMC não reconhece a noção de protecionismo monetário. Mesmo que Pascal Lamy, o seu atual diretor, reconhecesse publicamente que a paridade do yuan deveria situar-se em 3,4 yuans por dólar, e não em 6,8, não o poderia utilizar como argumento, nem para punir a China, nem sequer para ser indulgente em relação aos países que se protegem da China. Porquê? Porque o único mandato que, desde a sua origem, foi dado à OMC pelos países membros é o de se opor ao protecionismo aduaneiro.

Até 1973, havia um segundo polícia internacional, o FMI, que se dedicava, paralelamente à OMC, a punir o protecionismo monetário. Quando, por incitação dos Estados Unidos, os países ocidentais abandonaram (sem o impedir) o regime de câmbios fixos e começaram a aplicar o regime de câmbios flutuantes entre as suas moedas, afastaram o FMI das suas funções de polícia do protecionismo monetário.

30 anos mais tarde, quando a China começou a aplicar a sua estratégia de conquista do mundo por via monetária, praticava o regime de câmbios fixos, o que não lhe era interdito, e pôde fixar a cotação de câmbio do yuan a um nível monstruosamente vantajoso para ela, pois já não havia «polícia internacional» com a missão de proibir e impedir o protecionismo monetário. No fim de contas, como um polícia primário e simplista, a OMC tem, assim, punido sem hesitação todos os países que tentam proteger-se com medidas aduaneiras do protecionismo monetário que a China mantém. E quando os países punidos protestam com a sua boa fé, a OMC dá-lhes essencialmente esta resposta: «Protecionismo monetário? Não sei o que é». De facto, a OMC funciona agora como um polícia ao serviço da China!

c) *A China tem meios diplomáticos para paralisar a reforma da OMC que seria necessária*

Chegados aqui, os bons apóstolos, pacifistas e ecuménicos, vêm propor-nos a longa via diplomática de uma reforma da OMC. Porque não propor aos países membros da OMC, dirão eles, uma reforma profunda, de maneira que a OMC punisse, quer o protecionismo monetário, quer o protecionismo aduaneiro? Esta via é a que conduz pela certa a um atoleiro, por isso, não é praticável.

A China, ameaçada por esta reforma, colocará imediatamente todo o tipo de entraves e de contrafogos para que não tenha êxito. Ela irá colocar em estado de alerta a sua rede de países aliados e a sua rede de países vassalos para que a maioria qualificada necessária para tal reforma nunca seja alcançada.

Os países ocidentais desperdiçarão a sua energia diplomática e, sobretudo, desperdiçarão um tempo precioso É necessário recordar que, na primavera de 2004, o Congresso americano exigiu oficialmente da China uma reavaliação muito significativa do yuan. Já passaram mais seis anos!

Foi precisamente porque, então, o Congresso ameaçara seriamente a China com sanções aduaneiras que a China fez a concessão de reduzir, entre meados de 2005 e meados de 2008, a cotação do yuan de 8,28 para 6,8 yuans por dólar, uma alteração quase irrisória quando se sabe que era necessário passar de 8,28 para 3,4. A ameaça do Congresso funcionou uma vez, mas não funcionará uma segunda: a China sabe que uma decisão unilateral aduaneira dos Estados Unidos contra a China é punível com sanções pesadas e imediatas por parte da OMC.

Quando se faz o balanço, seis anos de diplomacia, utilizando nomeadamente o recurso à ameaça de sanções aduaneiras, terão apenas conseguido, no fim de contas, uma revalorização do yuan em 21%. No espaço de seis anos, isso é pouco, sobretudo quando se sabe que o valor do yuan é hoje, na melhor das hipóteses, igual a metade do que deveria ser.

5. A solução: os países desenvolvidos devem sair da OMC para criar uma «OMC Bis»

Na situação extremamente grave em que se encontram, os países desenvolvidos já não podem dar-se ao luxo de perder mais alguns anos num projeto de reforma da OMC cuja solução favorável está longe de assegurada. É uma situação urgente, de uma urgência absoluta[286].

---

[286] Um leitor não advertido poderia objetar, aqui, que não é o caso da Alemanha ou do Japão. Duas respostas podem ser dadas a isto:
  1) A Alemanha, que tem um crescimento fraco, está dentro da zona euro, que é deficitária no seu conjunto.
  2) O Japão tem um saldo externo ligeiramente positivo, mas um crescimento fraco: está diretamente interessado, através do seu comércio externo, na retoma do crescimento nos países ocidentais.

A única solução razoável é que os países desenvolvidos, depois de se concertarem entre si, acordem sair simultaneamente da OMC para formar imediatamente uma «OMC Bis», que seria o decalque da OMC atual com apenas duas modificações estruturais essenciais:

- Só farão parte da OMC Bis os países cujas moedas continuem livremente convertíveis;
- Os países membros da OMC Bis aceitam sanções graves, que podem ir até à exclusão definitiva em caso de reincidência, que punam a prática do protecionismo monetário a partir do momento em que esta seja atestada pelo coletivo dirigente da organização.

Assim, os dirigentes do Partido Comunista Chinês seriam finalmente encostados à parede, obrigados a escolher entre a adesão ou, pelo contrário, a recusa da adesão a esta nova organização.

- Ou a China faz as diligências para aderir à OMC Bis. Contudo, neste caso, seria necessário previamente reavaliar o yuan em 100%, renunciar ao seu controlo dos câmbios e à inconvertibilidade que daí resulta, e acabar com as suas intervenções cambiais. Assim, pôr-se-ia um fim ao seu privilégio cambial: a China perderia finalmente a sua competitividade cambial excessiva e já não poderia apoderar-se tão facilmente de novas fatias do mercado mundial. Tornar-se-ia «normalmente competitiva», como são hoje grandes países como a Índia, o Brasil ou a Turquia.
- Ou, então, a China recusa aderir à OMC Bis e tenta assegurar uma «OMC mantida», levando com ela um número significativo de países emergentes. Nesse caso, os países desenvolvidos teriam finalmente a possibilidade de taxar pesadamente os produtos «made in China» assim como o dos países emergentes que optassem por essa OMC mantida. Apostamos que, confrontados com este dilema, alguns grandes países emergentes como a Índia, a Coreia, o Brasil, o México ou a Turquia optariam por sair da OMC mantida e entrariam na OMC Bis. Teriam, com efeito, mais vantagem em retomar, como os países ocidentais, a competitividade face a uma China que procura açambarcar tudo, desde as jazidas de matérias-primas até à produção mundial.

Esta proposta é eficaz e apresenta três grandes vantagens:

1) Recusa que a governação do mundo continue encerrada no dogma do livre-câmbio. Será correto sustentar um dogma que afirma que o livre-câmbio é a regra do jogo «ideal» para todos os países intervenientes, seja qual for a configuração em presença? Quando um ator importante como a China tenta enganar praticando em exclusivo um protecionismo monetário sem vergonha e proibindo as proteções aduaneiras aos seus parceiros, graças à OMC, o livre-câmbio surge claramente como uma regra de jogo inaceitável. Quem poderia demonstrar o contrário[287]? Ao reencontrar, finalmente, a competitividade perdida desde há muito tempo, poder-se-ia ver reaparecer o espírito de empreendimento nos países ocidentais, suscitando de novo projetos industriais, rentáveis e não subsidiados, materializados **dentro** das próprias fronteiras destes países. Poder-se-ia voltar a ver as empresas, grandes ou pequenas, ganhar impulso **dentro** dos países desenvolvidos sem que fossem obrigadas a deslocalizar estabelecimentos ou a recorrer a recursos humanos em **outsourcing**. Poder-se-ia ver recriar empregos industriais e experiência industrial **dentro** dos países desenvolvidos. Tudo isto restauraria permanentemente a confiança das famílias e o dinamismo das empresas.

2) Esta proposta é a única praticável. Exige, é claro, da parte dos dirigentes ocidentais, muita determinação e coesão. Mas aceitar o **status quo** sobre o yuan conduzi-los-ia à catástrofe muito antes de 2020. Implorar à China não serviu nem servirá de nada. Quanto à reforma da OMC, seria bloqueada muito facilmente pela China, pelo que não se deve pensar nisso.

3) Finalmente, esta proposta isolaria a China. Mantém um quadro de livre-câmbio, mas reservado aos países que aceitem jogar um

---

[287] Há uma confusão que muitos comentadores fazem sobre a noção de ótimo em relação com a questão do livre-câmbio. Este ponto é explicado de maneira detalhada e muito pertinente por Maurice Allais no seu livro de 1999 *La mondialisation, la destruction des emplois et de la croissance, l'évidence empirique*.

jogo leal em matéria de câmbios. Países como a Coreia, a Índia, a Indonésia, o México, o Brasil ou a Turquia deveriam ser sensíveis a esta questão. Estes países teriam, com efeito, a opção entre aderir à OMC Bis, mantendo assim o acesso ao mercado representado pelos países ocidentais, ou aderir a uma «OMC mantida» e coexistir com uma China que continuará a fechar-lhes o seu mercado, ao mesmo tempo que lhes pilha os seus mercados internos. O bom senso deveria levá-los a privilegiar a primeira solução.

Nesta fase, o leitor atento deveria poder concordar com as análises que foram apresentadas. A China é duplamente perigosa: porque tem um objetivo hegemónico e porque tem um regime totalitário de que não quer provavelmente ver-se livre. A sua estocada secreta, desde há mais de 15 anos, é o seu regime de câmbios, graças ao qual não parou de marcar pontos muito importantes em todos os domínios, tanto em relação aos países desenvolvidos, como em relação aos grandes países emergentes. Isto dura há muito tempo. O que, agora, está em jogo é tão-só a possibilidade de manter a estabilidade económica, social e política dos países desenvolvidos e, para além disso, do mundo no seu conjunto. O que está agora ameaçado não é senão a sobrevivência da democracia neste planeta.

Se os dirigentes dos países desenvolvidos e seus aliados, por fraqueza, preferirem continuar a fechar-se, durante muitos anos ainda, no *status quo* do yuan, ficarão, de facto, com a pesada responsabilidade de levar os povos que dirigem a atolar-se cada vez mais «numa crise profunda, que os levará ao abismo», segundo a expressão de Allais, e também, acrescentamos nós, que os levará à servidão.